아내가 이끄는

알기쉬운
세테크

| 행복한 노년을 준비하는 꼼꼼한 자산관리 매뉴얼 |

아내가 이끄는
알기쉬운 세테크

카르페 디엠 샐리던트 연구모임 엮음

이담
Books

들어가면서

사람들은 행복해지기를 원한다.

하지만 행복의 파랑새는 먼 곳에 있지 않고 항상 행복을 갈구하는 사람들 주변에 있다고 한다.

현재 자신의 입장에서 한 계단만 더 내려가 보면 행복을 갈구하고 있는 자신의 모습이 행복한 모습의 하나라고 느낄 수 있을 것이다.

고령화 사회로 접어들면서 사람들은 부적 노후 생활에 관심을 가지게 되었다. 더불어 자산관리, 재테크, 세테크 이런 용어들이 우리 주변에서 서성이고, 이제는 50~60대뿐만 아니라 30~40대도 안락한 노후 생활을 위해 어떻게 준비해야 할지 고민하기 시작했다.

우리 모임에서도 구성원 하나하나씩 이런 움직임에 동참하기 시작하였지만 솔직히 어떻게 시작해야 할지 몰라 고민하다가 다음과 같이 '안락한 노후 생활' 로드맵을 만들어 보았다.

안락한 노후 생활	
⇧	⇧
자산 관리	
	성실한 생활 관리
⇧	
세테크	⇧
	재테크

안락한 노후 생활에 있어 경제력이 필수 요소라고 할 수 없지만 어느 정도 중요한 부분을 차지하고 있다고 공감할 것이다.

경제력은 개인이 평생 벌어들인 소득을 기준으로 나름대로 재테크 및 세테크 활동을 통한 자산관리에 의해 결정된다.

자산관리에 있어 재테크보다 세테크가 중요하게 여겨지는 이유는 재테크를 통해 벌어들인 모든 소득에 대해 세금이 연결되기 때문에 자산관리를 본인이 직접 해야 하는 근로자 및 자영업자의 경우에는 재테크에 앞서 세금을 절약할 수 있는 노하우가 절실히 필요하다고 본다.

이러한 고민 끝에 개인의 소득과 관련하여 현행 세법에서 다루고 있는 비과세상품, 세금우대상품, 분리과세상품, 근로자의 연말정산 및 퇴직소득에 대해 정확한 이해를 돕기 위해 본 책자를 기획하게 되었다.

본 책자를 기획하고 집필하면서 이런 내용들은 세금에 대한 상식으로 사회생활을 하면서 반드시 필요한 내용인데 실제 이에 대한 전문가가 별로 없고, 잘못 알려져 있는 것이 많다는 것을 알게 되었다.

그래서 우선 세금 상식에 대한 정확성에 중점을 두고, 해당 항목별로 이해하기 쉽도록 도표 등을 이용하여 설명하였으며, 필요에 따라 항목별로 선택하여 읽을 수 있도록 정리하였다.

예부터 집안이 잘되려면 아내 말을 들어야 한다고 했다. 어려운 시절에 지독한 헌신과 알뜰한 절약정신으로 집안의 자산관리를 예술적으로 다루었던 조강지처의 현명함을, 선조들의 오랜 경험에서 우러나온 그 격언을 교훈으로 삼아 제목을 『아내가 이끄는 알기쉬운 세테크』로 하였음을 알려 드린다.

아무쪼록 본 책자가 독자 여러분의 개인 자산관리에 뒷받침이 되기를 기대한다.

2010. 10.
카르페 디엠 샐러던트 연구모임 올림

제3장 비과세되는 금융상품

제4장 세금우대가 적용되는 금융상품

제5장 전통적인 금융상품 투자와 세금

제9장 노후생활에 뒷받침이 되는 퇴직소득

부록

제1장
세테크 기초 개념 정리

1

세금절약을 위한 기초 개념

세금은 국가 또는 지방자치단체가 나라 살림에 필요한 수입을 얻기 위하여 직접적인 재화나 서비스를 제공하지 않으면서 법률에 따라 개인이나 법인에게 부과하는 부담으로 개인에게 소득이 발생하는 경우 예외 없이 세금을 납부하여야 한다.

하지만 국가 또는 지방자치단체는 기부 등 바람직한 사회현상과 투자 등 경제활동을 장려하기 위해 필요시 세금을 절약해 주는 세금지원제도를 운용하고 있다.

이러한 세금지원제도를 정확히 이해하고 적절히 잘 이용하면 동일한 소득에 대해 합법적으로 세금을 적게 부담할 수 있다.

세금지원제도에는 비과세, 소득공제, 세액공제, 과세이연이 있으며 구체적인 내용은 다음과 같다.

가. 비과세

세금이 부과되는 소득이더라도 국가 정책 등의 이유로 세금을 부과하지 아니하고 있는 것이 있는데 이를 비과세라 하고, 이러한 비과세는 주로 소득세법과 조세특례제한법에서 규정하고 있다.

예) 저축에서 발생하는 이자소득에 대한 비과세 등

나. 소득공제

소득이 발생하면 세금이 부과될 대상을 산출하는데 이를 과세소득이라 하고 소득공제는 과세소득을 산출한 후 여러 가지 이유로 차감되는 금액을 의미하며 대표적인 것이 근로소득에서의 인적공제, 특별공제 등이 이에 해당한다.

소득공제로 인한 세금 절약 효과는 소득공제로 감소된 금액에 적용되는 세율을 적용하여 계산한 금액으로 한다.

다. 세액공제

세액공제는 과세표준에 세율을 적용하여 산출세액을 계산한 후 산출세액에서 여러 가지 이유로 일부 세액을 차감하는 것으로 세금을 절약하는 방법 중 가장 직접적인 효력이 있다.

예) 근로소득 연말정산 시 근로소득 세액공제

라. 과세이연

　해당 연도에 과세될 소득에 대해 과세하지 아니하고 나중에 특정한 상황이 발생하면 과세하는 방법으로 과세되지 아니하는 연도에는 세금이 감소되지만 향후 그에 대한 세금을 부담하여야 하므로 세금납부 시기 연장에 따른 이자 효과가 발생한다고 보는 것이 타당할 것이다.

예) 연금저축을 가입한 후 연금불입액에 대해 소득공제를 하여 세금을 과세하지 않다가 연금수령 시 연금소득을 과세하는 경우

〈세금을 계산하는 주요 산식을 이용한 세금절약 포인트 검토〉

소득	(세금절약 포인트)
－ 비과세	비과세 소득이 많으면 수입금액이 감소되어 세금을 절약할 수 있음
수입금액	
－ 필요경비	필요경비를 많이 인정받을수록 세금은 감소
과세소득	
－ 소득공제	소득공제가 많을수록 과세표준은 감소되어 세금이 감소
과세표준	
× 세율	세율은 일정구간별로 다르게 설정되어 필요경비 및 소득공제를 이용하여 보다 낮은 구간의 과세표준이 되는 경우 부담할 세금은 대폭 감소됨 예) 과세표준 1,200만원 이하인 경우 6%가 적용되고 1,200만원을 초과하는 금액은 15%가 적용됨
산출세액	
－ 세액공제	10만원 세액공제가 100만원 소득공제보다 그 효과가 클 수 있다.
－ 기납부세액	
납부할 세액	

〈사례〉

	일반	비과세	소득공제	세액공제
소득	20,000,000	20,000,000	20,000,000	20,000,000
− 비과세		1,000,000	1,000,000	1,000,000
수입금액	20,000,000	19,000,000	19,000,000	19,000,000
− 필요경비	5,000,000	5,000,000	5,000,000	5,000,000
과세소득	15,000,000	14,000,000	14,000,000	14,000,000
− 소득공제			2,000,000	2,000,000
과세표준	15,000,000	14,000,000	12,000,000	12,000,000
× 세율	1,200만원 이하 6%, 초과분 15% 적용			
산출세액	1,170,000	1,020,000	720,000	720,000
− 세액공제				100,000
− 기납부세액				
납부할 세액	1,170,000	1,020,000	720,000	620,000
(세금절약효과)		150,000	300,000	100,000

2

소득과 관련된
세금 구조 간단히 알아보기

개인이 직장에서 근로를 제공하고 급여를 받거나, 저축에서 이자가 발생하거나 사업을 하여 벌어들인 소득이 있는 경우 세금을 내야 한다고 생각한다.

이렇게 개인이 벌어들인 소득에 대해 부담해야 하는 세금을 소득세라 한다. 소득세는 1.1부터 12.31까지 1년 동안 발생한 소득을 기준으로 세금을 납부하며 개인별로 세금을 납부하는 것이 원칙이다.

따라서 맞벌이 부부의 경우에도 남편은 남편의 소득을 기준으로, 부인은 부인의 소득을 기준으로 각각 별도로 세금을 부담하게 된다.

또한 소득이 발생하는 분야는 매우 다양하다. 소득세가 과세되는 소득은 소득세법에서 다음과 같이 규정하며 주로 소득을 지급 시 원천징수 방법에 의해 세금을 미리 납부하고 연말정산, 종합소득 합산과세 등에 의해 소득자가 부담할 세금을 정산하게 된다.

소득 구분	과세방법	비 고
이자소득	지급 시 원천징수에 의해 세금납부	이자소득과 배당소득을 합하여 4천만원 이하인 경우 원천징수에 의해 세금문제 종료
배당소득	지급 시 원천징수에 의해 세금납부	이자소득과 배당소득을 합하여 4천만원 초과하는 경우 금융소득종합과세 대상에 해당되므로 종합소득세 확정신고를 하여야 함
사업소득	지급 시 일부 사업소득은 원천징수에 의해 세금납부	보험모집인 등의 경우 사업소득 연말정산에 해당하고 그 외 소득은 종합소득에 합산
근로소득	지급 시 원천징수에 의해 세금납부	연말정산
연금소득	지급 시 원천징수에 의해 세금납부	공적연금은 연말정산, 그 외 연금은 종합소득에 합산
기타소득	지급 시 원천징수에 의해 세금납부	기타소득금액 300만원 초과 시 종합소득에 합산
퇴직소득	지급 시 원천징수에 의해 세금납부	해당 연도에 2개 이상의 퇴직소득 발생 시 퇴직소득 합산과세
양도소득	소득자가 자진 신고	

다음 장부터는 개인의 소득과 관련된 세테크에 대해 소득공제가 가능한 금융상품, 비과세금융상품, 세금우대 금융상품, 전통적 금융상품 투자와 세금, 신종 금융상품 투자와 세금, 연말정산 세테크, 퇴직소득과 세금으로 구분하여 정리하였다.

제2장
소득공제가 가능한
금융상품

1

보험

✓ 아내가 이끄는 알기쉬운 세금절약 레시피

○ 소득공제→거주자인 근로자만 적용 가능
- 보장성보험계약에 따른 보험료: 연 100만원 한도 내에서 소득공제
- 장애인전용보장성보험계약에 따른 보험료: 연 100만원 한도 내에서 소득
  공제

○ 과세 제외
- 저축성보험의 보험차익(이자소득으로 과세하지 않음)
- 단체순수보장성보험의 보험료(연 70만원 이하)→(근로소득에서 제외)
- 단체환급부보장성보험의 보험료(연 70만원 이하)→(근로소득에서 제외)

○ 비과세
- 장애인 및 상이자를 수익자로 하는 보험의 보험금→비과세 증여재산에
  해당

가. 보험의 개념

자기 자신이나 가족에게 닥칠 수 있는 위험에 대해 미리 대비하기 위한 방법 중 하나가 보험(保險)일 것이다.

보험은 같은 위험에 처할 가능성이 있는 많은 사람들이 모여 그 위험에 대비해 조금씩 돈을 내어 공동의 재산으로 사고를 당한 사람에게 미리 정해진 금액을 지급함으로써 서로 돕는 제도이다.

보험에 가입하여 보험계약에 따라 납부하는 돈을 '보험료'라고 하고, 보험계약에 정해진 사고를 당한 경우 보험계약에 따라 지급하는 보상금을 '보험금'이라 한다.

나. 보험의 종류

구 분		내용 및 종류
사회보험		우리 전 국민이 꼭 필요한 기본생활을 유지하는 것이 목적 예) 국민의 최소한의 건강과 소득 등을 보장 −국민건강보험, 국민연금, 고용보험, 산업재해보험
민영보험	생명보험	사람의 생명이나 건강을 해지치는 사고에 대비 −종신보험: 보험기간을 한정하지 아니하고 보험대상이 되는 사람의 전 생애를 보장 −질병보험: 질병에 걸린 경우 그 치료비 및 질병으로 인한 받지 못하는소득을 보상 −암보험: 암으로 인한 치료비·입원비, 요양비, 사망보험금 보장 −연금보험: 연금 지급을 통해 노후의 안정된 생활을 보장 −교육보험: 부모가 자녀를 위해 들어주는 보험으로 주로 만기 시 지급받는 보험이 자녀의 교육자금에 이용 −상해보험: 우연한 사고로 인해 치료를 하거나 장애 또는 사망을 하게 되어 보험금을 지급받는 보험

구 분		내용 및 종류
민영보험	손해보험	재산에 손해를 가져다주는 위험이나 다른 사람에게 사고를 끼친 손해에 대비 −책임보험: 다른 사람에게 피해를 입혀서 돈을 물어 주는 등 다른 사람에게 끼친 손해에 대비 −재산보험: 재난·화재·도난 등의 위험에 대해 보상 −자동차보험: 자동차책임보험과 자동차종합보험

다. 보장성보험과 저축성보험

① 보장성보험

사망·상해·입원·생존 등과 같이 사람의 생명과 관련하여 보험사고가 발생했을 때 피보험자*에게 약속된 급부금을 제공하며 소액의 보험료를 거두어 높은 보험금을 지급하므로 만기에 환급되는 금액이 납입보험료를 초과하지 아니하는 보험계약을 말한다.

* 피보험자란 생명보험 계약에 있어서는 사람의 생·사라는 보험사고 발생의 객체가 되는 사람, 손해보험 계약에서는 피보험이익의 주체, 즉 보험사고가 발생함으로써 손해를 입은 자를 말한다.

보장성보험은 보험계약 또는 보험료납입영수증에 보험료공제대상임이 표시된 보험으로 다음의 어느 하나에 해당하는 보험을 말한다.

㉮ 상해보험

㉯ 상해보험

㉰ 화재·도난 기타의 손해를 담보하는 가계에 관한 손해보험

㉱ 「농업협동조합법」·「수산업협동조합법」·「신용협동조합법」 또는 「새마을금고법」에 따른 공제

㉠ 「군인공제회법」·「한국교직원공제회법」·「대한지방행정공제회법」·「경찰공제회법」 및 「대한소방공제회법」에 따른 공제

○ 장애인전용보장성보험
장애인을 피보험자 또는 수익자로 하는 장애인전용보장성보험으로 보험계약으로서
보험계약 또는 보험료납입영수증에 장애인전용보장성보험으로 표시되어 있음

② 저축성보험

저축성보험은 저축의 성격과 보장기능을 동시에 가지는 보험을 말한다. 저축성보험은 목돈마련이나 노후생활자금을 대비가 가능하며 납입한 보험료보다 만기 시 지급되는 급부금이 더 많은 보험이다.

따라서 보험료 중 사업비와 보장에 필요한 부분을 제외한 금액에 대해 높은 이율로 적립하여 만기에 지급하는 보험으로 다음의 어느 하나에 해당하는 보험계약을 말한다.

㉮ 보험법에 따른 생명보험계약

㉯ 「농업협동조합법」에 의한 농업협동조합중앙회 및 조합이 취급하는 생명공제계약 또는 손해공제계약

㉰ 「수산업협동조합법」에 의한 수산업협동조합중앙회 및 조합이 취급하는 생명공제계약 또는 손해공제계약

㉱ 「신용협동조합법」에 의한 신용협동조합중앙회가 취급하는 생명공제계약 또는 손해공제계약

㉲ 「새마을금고법」에 의한 새마을금고연합회가 취급하는 생명공제계약 또

는 손해공제계약

㉑ 「우체국예금·보험에 관한 법률」에 의한 우체국보험계약

라. 보험과 관련된 세금상식

① 보장성보험에 가입한 근로자는 보험료에 대해 소득공제가 가능하다.

　근로자가 기본공제대상자를 피보험자로 하는 보장성보험계약에 따라 지급하는 보험료는 연 100만원까지 연말정산 시 소득공제를 받을 수 있다.

㉮ 사업자나 일용근로자가 지급하는 보장성보험의 보험료는 소득공제대상에 해당하지 아니한다.

－ 보장성보험의 보험료는 근로자만이 공제받을 수 있으므로 사업자가 지급하는 보장성보험의 보험료에 대해서는 소득공제를 받을 수 없다.

－ 일용근로소득은 일당 10만원을 초과하는 소득에 대해 원천징수를 통해 세금을 납부하며 연말정산 대상 소득에 해당하지 아니하므로 보험료 공제를 받을 수 없다.

㉯ 근로기간에 지출한 보장성보험료만 공제받을 수 있다.

－ 보험료공제는 근로 제공 기간 동안에 지출한 보험료에 대해 공제가 가능하므로 근무기간이 아닌 입사 전 또는 퇴직 후에 지출한 보험료는 공제대상에 해당하지 아니한다.

㉰ 기본공제대상자에 해당하지 아니하는 만 22세 자녀를 피보험자로 하는 보장성보험의 보험료는 소득공제대상에 해당하지 아니한다.

－ 보험료 공제는 기본공제대상자를 피보험자로 하는 보장성보험계약에

따라 지출한 보험료를 공제대상으로 하므로 일반적으로 자녀를 피보험자로 하는 경우 만 20세 이하, 부모님을 피보험자로 하는 경우 만 60세 이상인 경우에만 공제가 가능하다.

- 다른 형제가 기본공제를 받고 있는 부모님을 피보험자로 하는 보장성보험계약의 보험료는 소득공제대상에 해당하지 아니한다.

㉱ 소득이 없는 가족명의로 계약한 보험료 공제 가능 여부

- 보장성보험에 대한 보험료 공제에 있어 근로자 본인 또는 소득이 없는 가족명의로 계약하고 피보험자가 기본공제대상자인 보험으로서 근로자가 실제 납입한 보험료는 소득공제가 가능하다.

㉲ 맞벌이 부부의 보험료 공제

- 소득기준을 초과하여 기본공제대상자에 해당하지 아니하는 배우자를 피보험자로 하는 보험의 보험료를 불입한 경우 해당 보험료에 대해 소득공제를 받을 수 없다.

- 맞벌이 부부인 근로자 본인(남편)이 계약자이고 피보험자가 부부공동인 보장성보험의 보험료는 근로자(남편)가 연말정산 시 보험료공제를 받을 수 있다.

② 장애인을 피보험자 또는 수익자로 하는 장애인전용보장성보험의 보험료

기본공제대상자 중 장애인을 피보험자 또는 수익자로 하는 장애인전용보험의 보험료를 근로자가 지출하는 경우 소득공제가 가능하며, 이 경우 보장성보험의 공제한도를 적용받지 아니하고 보장성보험과는 별도로 100만원 범위 내에서 공제받을 수 있다.

③ 저축성보험의 보험차익은 이자소득으로 과세되나 일정요건을 갖춘 저축성 보험의 보험차익은 과세되지 아니한다.

㉮ 저축성보험의 보험차익

보험차익	=	보험금*	−	보험료**

* 보험금: 만기에 받는 보험금·공제금 또는 계약기간 중도에 해당 보험계약이 해지됨에 따라 받는 환급금
** 보험료: 납입보험료 또는 납입공제료

㉯ 이자소득으로 과세되는 보험차익
− 보험계약에 따라 최초로 보험료를 납입한 날부터 만기일 또는 중도해지 일까지의 기간이 10년 미만인 경우
− 최초 납입일부터 만기일 또는 중도해지일까지의 기간은 10년 이상이지 만 최초 납입일부터 10년이 경과하기 전에 납입한 보험료를 확정된 기간 동안 연금형태로 분할하여 지급받는 경우

○ 보험계약에 따라 최초로 보험료를 납입한 날부터 만기일 또는 중도해지일까지의 기간이 10년 이상인 경우로서 그 최초 납입일부터 10년이 경과하기 전에 원금 일부를 인출(확정된 기간 동안 연금형태로 분할하여 지급받는 경우 제외)하는 저축성보험 보험차익은 2005년 1월 1일 이후 가입하는 분부터는 소득세법 제16조 제1항 제10호의 규정에 의한 이자소득에 해당하지 아니하며 확정된 기간 동안 연금형태로 분할하여 지급받는 경우의 확정된 기간이란 연금의 지급기간이 일정한 기간(5년, 10년, 20년 등)으로 정해져 있는 것을 말한다.

ⓓ 이자소득으로 과세되지 아니하는 보험차익

−피보험자의 사망·질병·부상 기타 신체상의 상해로 인하여 받거나 자산
　의 멸실 또는 손괴로 인하여 받는 보험금

−보험계약에 따라 최초로 보험료를 납입한 날부터 만기일 또는 중도해지
　일까지의 기간이 10년 이상인 경우

④ 단체순수보장성보험과 단체환급부보장성보험

○ 보험계약기간이 10년 이상인 저축성보험에 가입한 거주자(父)가 보험계약기간 중
도에 보험계약자 및 수익자를 아들(子)로 변경하고, 계약변경 1년 후 보험계약자 및
수익자인 아들이 보험계약을 해지하여 환급금을 수령하거나 또는 만기 시 보험금을
수령한 경우에, 저축성보험의 보험차익을 계산함에 있어서 계약변경과 관계없이 최
초의 보험료 납입일부터 만기일까지를 보험계약 기간으로 계산한다.

㉮ 개념

단체순수보장성보험	단체환급부보장성보험*
종업원의 사망·상해 또는 질병을 보험금의 지급사유로 하고 종업원을 피보험자와 수익자로 하는 보험으로서 만기에 환급하지 아니하는 보험으로 보험료를 사용자가 부담	종업원의 사망·상해 또는 질병을 보험금의 지급사유로 하고 종업원을 피보험자와 수익자로 하는 보험으로서 만기에 납입보험료를 초과하지 아니하는 범위 안에서 환급하는 보험으로 보험료를 사용자가 부담

* 보험기간 중 보험회사의 지급재원이 부족한 경우 보험료를 추가로 납입하고 만기에 잔
여 미지급분이 있는 경우 이를 환급받는 조건의 단체상해보험은 소득세가 비과세되는
단체순수보장성보험 및 단체환급부보장성보험에 해당하지 아니한다.

㉯ 사용자가 근로자를 위해 부담하는 보험료에 대한 세금처리

해당 법인의 종업원이 계약자이거나 또는 그 배우자 기타의 가족을 수익자로 하는 보험과 관련하여 사용자가 보험료로 지급하는 금액은 종업원의 근로소득에 해당한다.

다만, 사업자가 부담하는 단체순수보장성보험과 단체환급부보장성보험의 보험료 중 연 70만원 이하의 금액은 근로소득에 해당하지 아니한다.

㉰ 단체순수보장성보험 등의 보험금

종업원의 가족을 피보험자와 수익자로 하여 사용자가 부담한 보험료가 근로소득에 포함되는 경우, 해당 종업원의 가족에 대한 보험금 지급사유 발생으로 종업원 또는 그 가족이 받는 보험금은 과세대상 소득에 해당하지 아니한다.

⑤ 보험금과 증여

㉮ 생명보험이나 손해보험에서 보험금 수령인과 보험료 납부자가 다른 경우

보험사고*가 발생한 경우에 보험금 상당액을 보험금 수령인의 증여재산가액으로 한다.

* 보험사고에는 만기 보험금 지급의 경우를 포함한다.

- 이 경우 보험계약 기간에 보험금 수령인이 타인으로부터 재산을 증여받아 보험료를 납부한 경우

⇨ 그 보험료 납부액에 대한 보험금 상당액에서 그 보험료 납부액을 뺀 가액을 보험금 수령인의 증여재산가액으로 한다.

－ 보험료 중 일부를 보험금 수령인이 납부하였을 경우

⇨ 보험금에서 납부한 보험료 총액 중 보험금 수령인이 아닌 자가 납부한 보험료액이 차지하는 비율에 상당하는 금액만을 증여재산가액으로 한다.

$$\text{증여재산가액} = \text{보험금} \times \frac{\text{보험금 수령인이 아닌 자가 납부한 보험료액}}{\text{납부한 보험료 총액}}$$

㉯ 증여세가 비과세되는 보험금

장애인을 보험금 수령인으로 하는 보험으로서 장애인복지법 제32조에 따라 등록한 장애인 및 국가유공자 등 예우 및 지원에 관한 법률 제6조에 따라 등록한 수익자로 한 보험의 보험금 경우 연간 4천만원까지 비과세된다.

2

퇴직연금

○ 퇴직연금 관련 소득공제 및 과세
- (불입)근로자가 부담하는 부담금에 대해서는 소득공제
- (연금 수령)근로자가 연금으로 수령하는 경우 연금소득으로 과세
- (일시금 수령)근로자가 일시금으로 수령하는 경우 퇴직소득으로 과세

가. 퇴직연금제도*

　퇴직연금은 기존의 퇴직금을 사외 금융기관에 안전하고 충분하게 적립하여 실제 은퇴시점에 연금으로 지급받을 수 있는 제도이다.

* 퇴직연금제도는 국민연금제도의 보완을 통해 근로자의 노후소득보장 강화, 기업 도산 시 근로자의 수급권보장 및 기업의 일시 퇴직금지급에 따른 자금부담을 해소하기 위해 2005년 12월부터 시행하였다.

나. 퇴직연금의 종류

구 분	확정급여형(DB)	확정기여형(DC)
적립방식	기업이 퇴직급여(월 평균임금×근속년수) 지급재원을 매년 금융기관에 적립	기업이 퇴직연금 부담금(연간 임금총액의 1/12)을 근로자 계좌별로 매년 금융기관에 적립
근로자 추가적립	불가	가능
운용	해당 적립금을 기업이 운용	해당 적립금을 근로자가 금융기관의 도움을 받아 운용
수령금액	기존 퇴직금과 동일한 금액으로 확정	운용실적에 따라 달라짐

다. 퇴직연금과 세금

① 확정기여형 퇴직연금에 가입한 근로자가 추가 불입하는 퇴직연금불입액은 소득공제가 가능하다.

　확정급여형 퇴직연금의 경우 근로자가 추가 적립할 수 없으나 확정기여형 퇴직연금은 근로자가 퇴직연금 부담금 등을 추가 적립할 수 있다. 이 경우 근로자가 확정기여형 퇴직연금에 추가 불입하는 금액은 소득공제가 가능하다.

소득공제는 연금저축 불입액에 따른 소득공제와 통합하여 연 300만원으로 받을 수 있다.

② 퇴직연금을 연금으로 수령하는 경우

다음에 해당하는 금액을 연금소득으로 보아 연금 수령 시 연금소득세(연금소득×5%)를 원천징수방식을 통해 납부한다.

$$\text{과세대상 연금소득} = \text{총 수령액} \times \left[1 - \frac{\text{근로자가 실제 소득공제 받은 금액을 초과하여 불입한 금액의 누계액}^*}{\text{연금지급개시일 현재의 원리금 합계액}} \right]$$

* 연금불입 시 소득공제 한도를 초과하여 불입한 부분에 대해서는 연금수령 시 비과세함으로써 이중과세 방지

○ 과세대상 연금소득 계산		
연금 불입 시		연금 수령 시
소득공제(연 300만원까지)	⇒	과세
소득공제 초과분 공제 제외	⇒	과세 제외

〈사례〉 과세대상 연금소득 계산

- 총 수령액 500만원

- 매년 400만원을 불입하고 이 중 300만원에 대해 소득공제(10년)

  이 경우 근로자가 실제 소득공제 받은 금액을 초과하여 불입한 금액의 누계액

  ⇒ 1,000만원[1,000만원 = (400만원 − 300만원)×10년]

- 연금지급개시일 현재의 원리금 합계액 5,000만원

$$\begin{array}{c}\text{과세대상} \\ \text{연금소득} \\ \text{(400만원)}\end{array} = \begin{array}{c}\text{총 수령액} \\ \text{(500만원)}\end{array} \times \left[1 - \dfrac{\begin{array}{c}\text{근로자가 실제 소득공제 받은 금액을} \\ \text{초과하여 불입한 금액의 누계액(1,000만원)}\end{array}}{\begin{array}{c}\text{연금지급개시일 현재의 원리금 합계액} \\ \text{(5,000만원)}\end{array}} \right]$$

③ 퇴직연금을 일시금으로 수령하는 경우

다음에 해당하는 금액을 퇴직소득으로 보아 일시금 수령 시 퇴직소득세를 원천징수방식을 통해 납부한다.

$$\begin{array}{c}\text{과세대상} \\ \text{일시금}\end{array} = \text{총 수령액} \times \left[1 - \dfrac{\begin{array}{c}\text{근로자가 실제 소득공제 받은 금액을} \\ \text{초과하여 불입한 금액의 누계액}\end{array}}{\text{지급개시일 현재의 원리금 합계액}} \right]$$

3

국민연금

○ 국민연금 관련 소득공제 및 과세
- (불입)거주자가 부담하는 부담금에 대해서는 소득공제
- (연금 수령)연금으로 수령하는 경우 연금소득으로 과세
- (일시금 수령)일시금으로 수령하는 경우 퇴직소득으로 과세

가. 국민연금제도

　국민연금은 국가가 국민의 생활안정과 복지증진을 도모하기 위해 보험의
원리를 도입하여 만든 사회보험의 일종으로 가입자, 사용자 및 국가로부터 일
정액의 보험료를 받고 이를 재원으로 연금을 지급하는 제도로 1988년 1월부
터 시행하고 있다.

나. 가입자 유형

유 형	내 용
사업장가입자	국민연금에 가입된 사업장의 18세 이상 60세 미만의 사용자 및 근로자로서 국민연금에 가입된 경우
지역가입자	국내에 거주하는 18세 이상 60세 미만의 국민으로서 사업장가입자가 아닌 경우 지역가입자로 가입 가능
임의가입자	사업장가입자와 지역가입자가 될 수 없는 사람이 60세 이전에 본인의 희망에 의해 가입신청을 한 경우
임의계속 가입자	가입기간이 20년 미만인 가입자가 60세 도달로 국민연금 가입자 자격을 상실하였으나, 가입기간이 부족하여 연금을 받지 못하거나 가입기간을 연장하여 더 많은 연금을 받고자 원할 경우는 65세에 달할 때까지 신청에 의해 가입한 경우

다. 연금보험료

① 기준소득월액

　국민연금의 보험료 및 급여 산정을 위하여 가입자가 신고한 소득월액에서

천원 미만을 절사한 금액으로, 기준소득월액은 최저 23만원에서 최고 368만원까지로 한다.

통상 사업장가입자의 기준소득월액은 전년도에 해당 사업장에서 얻은 소득총액을 근무일수로 나눈 금액의 30배에 해당하는 금액으로 하되 전년도의 소득을 해당 연도 7월부터 다음 연도 6월까지 적용한다.

② 연금보험료

보험료율은 9%로 하되 사업장가입자의 경우 본인과 사업장의 사용자가 각각 절반, 즉 4.5%씩 부담하며 지역가입자·임의·임의계속가입자는 보험료를 본인이 전액 부담한다.

이 경우 사업장가입자의 연금보험료는 사용자에 의해 일괄적으로 납부한다.

라. 연금 급여

① 특성

국민연금은 연금을 받는 동안 매년 전국소비자물가변동률을 반영하므로 항상 연금액의 실질가치를 보장받을 수 있다.

120만원 이하의 금액에 대해서는 압류가 불가능하여 연금을 통한 기본적인 생활을 보장받을 수 있다.

② 급여의 종류

국민연금 가입 후 급여의 종류는 노령연금(분할연금), 장애연금, 유족연금, 반환일시금, 사망일시금이 있다.

〈연금급여(매월 지급)〉

구 분	내 용
노령연금	국민연금의 기초가 되는 급여로 노후 소득보장을 위한 급여 (노령으로 인한 근로소득 상실을 보전 목적)
장애연금	장애로 인한 소득감소에 대비한 급여(질병 또는 사고로 인한 장기근로능력 상실에 따른 소득상실 보전 목적)
유족연금	가입자의 사망으로 인한 유족의 생계보호를 위한 급여 (주 소득자의 사망에 따른 소득상실 보전 목적)

〈일시금 수령〉

구 분	내 용
반환일시금	연금을 받지 못하거나 더 이상 가입할 수 없는 경우 지급받는 급여
사망일시금	유족연금 또는 반환일시금을 받지 못할 경우 장제보조 및 보상 성격으로 지급하는 급여

③ 급여액

연금액 = (기본연금액 × 연금종별 지급률 및 제한율) + 부양가족연금액*

* 부양가족연금액: 수급권 취득 당시 가입자 또는 수급권자에 의하여 생계를 유지하던
  배우자, 자녀 또는 부모가 있는 경우에 지급하는 일종의 가족수당 성격의 부가급여

〈2010.4.~2011.3. 적용되는 부양가족연금액〉

구 분	금 액
배우자	연 220,870원
18세 미만 또는 장애등급 2급 이상에 해당하는 자녀	1인당 연 147,230원
60세 이상 또는 장애등급 2급 이상에 해당하는 부모	1인당 연 147,230원

마. 국민연금과 세금

① 국민연금법에 따라 부담하는 연금보험료를 납부한 경우 해당 과세기간에 납부한 보험료를 공제받을 수 있다.

국민연금보험료를 납부하지 아니한 경우 추후에 납부하는 경우 납부한 연도에 소득공제를 받을 수 있다.

거주자의 배우자 명의의 국민연금 불입액은, 해당 거주자의 종합소득금액에서 공제받을 수 없다.

② 국민연금법에 따라 받는 연금은 연금소득으로 과세되며, 연금 수령 시 연금소득 간이세율표에 따른 연금소득세를 원천징수방식으로 납부한다.

㉮ 연금 수령 시 연금소득 과세방법

국민연금 보험료에 대해 전액 소득공제가 허용된 2002년 1월 1일 이후 불입분에 대해서는 연금소득으로 과세하고, 2001년 12월 31일 이전 불입분은 연금소득으로 과세하지 아니한다.

구 분	소득공제	연금소득 과세 여부
2000.12.31 이전 불입분	공제 불가능	과세 제외
2001.1.1~2001.12.31 불입분	불입금의 50%	과세 제외
2002.1.1. 이후 불입분	불입금의 100%	과세

㉯ 과세대상 연금소득 계산

과세대상연금소득=

$$총\ 수령액 \times \left(\frac{2002년\ 1월\ 1일\ 이후\ 불입기간\ 동안의\ 환산소득^*의\ 누계액}{총\ 불입기간\ 동안의\ 환산소득의\ 누계액} \right)$$

$$\times \left[1 - \left(\frac{수급권자가\ 실제\ 소득공제\ 받은\ 부분을\ 초과하여\ 불입한\ 연금보험료\ 누계액^{**}}{2002년\ 1월\ 1일\ 이후\ 불입기간\ 동안\ 불입한\ 연금보험료\ 누계액} \right) \right]$$

* 환산소득: 「국민연금법」 제47조 제1항 제2호의 규정에 의하여 가입자의 가입기간 중 매년의 표준소득월액을 보건복지부장관이 고시하는 연도별 재평가율에 의하여 연금 수급 개시 전년도의 현재가치로 환산한 금액을 말한다.
** 해당 수급권자가 제출한 증빙에 의하여 확인되는 금액에 한한다.

〈사례〉 올해 아버지의 연금 수령액이 1,000만원인 경우 과세되는 연금소득은?

구 분	금 액
① 총 수령액	10,000,000
② 2002년 1월 1일 이후 불입기간 동안의 환산소득의 누계액	60,000,000
③ 총 불입기간 동안의 환산소득의 누계액	100,000,000
④ 수급권자가 실제 소득공제 받은 부분을 초과하여 불입한 연금보험료 누계액	-
⑤ 2002년 1월 1일 이후 불입기간 동안 불입한 연금보험료 누계액	40,000,000

과세대상연금소득 = 10,000,000×(60,000,000/100,000,000)×[1-(0/40,000,000)]

= 10,000,000×0.6×1 = 6,000,000원

③ 국민연금법에 따라 받는 반환일시금 또는 사망일시금은 퇴직소득으로 과세되며, 일시금 수령 시 퇴직소득세를 원천징수방법을 통해 납부한다.

㉮ 일시금 수령 시 퇴직소득 과세방법

국민연금법에 따른 받는 반환일시금 또는 사망일시금 중 퇴직소득은 2002년 1월 1일 이후에 납입된 연금 기여금 및 사용자 부담금을 기초로 받는 일시금으로 한다.

구 분	소득공제	퇴직소득 과세 여부
2000.12.31 이전 불입분	공제 불가능	과세 제외
2001.1.1~2001.12.31 불입분	불입금의 50%	과세 제외
2002.1.1. 이후 불입분	불입금의 100%	과세

○ 국민연금법 제56조 제2항에 따라 지급받는 반환일시금

수급권자에게 국민연금법에 의한 2 이상의 급여가 발생한 경우 그중 하나만을 지급하는 것이 원칙이나, 선택하지 아니한 급여가 유족연금 또는 반환일시금인 경우 다음과 같이 일정액을 추가로 지급함

-선택하지 아니한 급여가 유족연금일 경우 선택한 급여와 유족연금의 20% 지급
 (단, 선택한 급여가 반환일시금일 경우 유족연금의 20%를 지급하지 아니함)

-선택하지 아니한 급여가 반환일시금일 경우 선택한 급여를 전액 지급하고 반환일시금은 '사망일시금 상당액'을 지급(단, 선택한 급여가 장애연금이고 선택하지 않은 급여가 본인의 연금보험료 납부로 인한 반환일시금일 경우 장애연금만 지급함)

㉯ 과세대상 퇴직소득 계산

－「국민연금법」 제56조 제2항에 따라 지급받는 반환일시금으로서 같은 법

제80조 제2항의(사망일시금) 한도를 초과하는 경우

$$\text{과세대상 일시금} = \text{총 수령액} \times \left(\frac{\text{2002년 1월 1일 이후 납입월수}}{\text{총 납입월수}} \right)$$

$$- \text{2002년 1월 1일 이후 납입기간 중 소득공제 받은 금액을 초과하여 납입한 연금보험료 누계액}^{*}$$

* 해당 수급권자가 제출한 증거자료에 의하여 확인되는 금액에 한한다.

- 그 밖의 경우

  과세대상 일시금 = (2002년 1월 1일 이후 납입한 연금보험료 누계액과

  이에 대한 이자 및 가산이자)

  - (2002년 1월 1일 이후 납입기간 중 소득공제 받은

  금액을 초과하여 납입한 연금보험료 누계액*)

* 해당 수급권자가 제출한 증거자료에 의하여 확인되는 금액에 한한다.

4

직역연금

✓ 아내가 이끄는 알기쉬운 세금절약 레시피

○ 직역연금 관련 소득공제 및 과세
- (불입)거주자가 부담하는 부담금에 대해서는 소득공제
- (연금 수령)연금으로 수령하는 경우 연금소득으로 과세
- (일시금 수령)일시금으로 수령하는 경우 퇴직소득으로 과세

가. 직역연금의 종류

특정직종에 종사하는 사람들을 가입대상으로 하는 연금으로 다음에 해당하는 연금을 말한다.

① 「공무원연금법」에 따른 공무원연금
② 「사립학교교직원 연금법」에 따른 사립학교교직원연금
③ 「군인연금법」에 따른 군인연금
④ 「별정우체국법」에 따른 별정우체국직원연금

나. 국민연금과 직역연금의 연계*

① 개념

국민연금과 직역연금의 연금을 수령하기 위한 최소가입기간(국민연금의 경우 10년, 직역연금의 경우 20년)을 채우지 못하고 이동하는 경우 각각 일시금으로만 받아야 했던 것을 연금 간 가입기간을 합쳐 20년 이상이면 60세부터 연금을 받을 수 있도록 하는 제도로 국민연금의 가입기간과 공무원연금, 사립학교교직원연금, 군인연금 및 별정우체국직원연금의 재직기간·복무기간을 연계하여 연계급여를 지급받을 수 있다.

* 연계: 연계급여를 지급받을 목적으로 국민연금가입기간과 직역재직기간이나 직역재직기간과 직역재직기간을 더하는 것을 말한다.

〈사례〉

일반기업에서 재직하면서 국민연금을 9년간 불입한 후 공무원으로 14년 재직하는 경우 총 보험료 납부기간이 23년에 달하더라도 가입기간 연계제도가 도입되지 아니한 경우 연금을 수령할 수 없게 되나 연계제도가 도입된 경우 연금 수령이 가능해짐.

구분		보험료 불입기간에 따른 수령 방법	
국민연금	9년	→ 반환일시금 수령	
공무원연금		14년	→ 일시금 수령
연계 시		23년	→ 연금 수령

② 2009.8.7 이후 최초로 연금제도 간 이동하는 사람은 연계 신청할 수 있다.

③ 급여의 종류

급여지급기관	급여 수급자	
	연금가입자	수급자
국민연금공단	연계노령연금	연계노령연금
공무원연금관리공단 사학연금관리공단 국방부 별정우체국연합회	연계퇴직연금	연계퇴직유족연금

④ 급여의 지급요건

구 분	지급요건
연계노령연금	연계기간 20년 이상이고 60세에 도달
연계퇴직연금	60세 이상이고 연계기간이 20년이 된 때
연계노령유족연금	연계노령연금 수급권자 사망 시
연계퇴직유족연금	연계퇴직연금 수급권자 사망 시

다. 직역연금과 세금

① 직역연금에 가입한 근로자가 부담하는 기여금 또는 부담금은 소득공제가 가능하다.

　종합소득이 있는 거주자가 「공무원연금법」, 「군인연금법」, 「사립학교교직원 연금법」 또는 「별정우체국법」에 따라 기여금 또는 부담금을 납부한 경우에는 해당 과세기간의 종합소득금액에서 그 과세기간에 납부한 보험료 등을 공제 한다.

② 다음에 해당하는 직역연금 등은 연금소득으로 과세되며, 연금 수령 시 연 금소득을 지급하는 자가 연금소득 간이세율표에 따른 연금소득세를 원천징 수방식으로 납부한다.

　㉮ 「공무원연금법」, 「군인연금법」, 「사립학교교직원연금법」 또는 「별정우체 국법」에 따라 받는 각종 연금

㉴ 「국민연금과 직역연금의 연계에 관한 법률」에 따라 받는 연계노령연금·

연계퇴직연금

– 일반적인 경우의 과세대상 연금소득

$$\text{과세대상 연금소득} = \text{총 수령액} \times \frac{\text{2002년 1월 1일 이후 기여금 불입월수}}{\text{총 기여금 불입월수}}$$

따라서 2001년 12월 31일 퇴직한 경우 연금을 지급받는 경우의 연금소득
은 과세대상에 해당하지 아니한다.

국민연금과 직역연금의 연계에 관한 법률에 따라 급여를 반납한 경우 그
에 상응하는 재직기간에 대한 연계퇴직연금은 제외한다.

○ 직역연금가입자이었던 자가 직역연금법에 따른 퇴직급여 또는 「군인연금법」
제6조 제1호부터 제4호까지의 급여를 지급받은 경우에는 국민연금가입자 자격을 취
득한 후 2년 이내에 연계 신청을 할 수 있다. 이 경우 지급받은 퇴직급여 또는 「군인
연금법」 제6조 제1호부터 제4호까지의 급여(연금인 급여는 제외한다)를 반납하여야
한다.

〈사례〉 2010년 총 수령액 2,880만원(매월 240만원씩 수령)

– 2002년 1월 1일 이후 기여금 불입월수 ⇒ 96개월(8년×12개월)

– 총 기여금 불입월수 ⇒ 360개월(30년×12개월)

– 매월 250만원 수령 시 매월 과세되는 연금소득은 64만원이다.

$$640,000원 = 2,400,000원 \times \frac{96개월}{360개월}$$

㉔ 퇴직한 공무원·군인·사립학교교직원 또는 별정우체국 직원이 2002년
  1월 1일 이후 공무원·군인·사립학교교직원 또는 별정우체국 직원으로
  임용·임명되어 「공무원연금법」 제23조 제2항, 「군인연금법」 제16조 제6
  항, 「사립학교교직원 연금법」 제32조 제1항 또는 「별정우체국법」 제34조
  제2항에 따라 퇴직당시 수령한 퇴직급여액을 반납하고 재직기간을 합산
  하는 경우의 연금

$$\text{과세대상 연금소득} \ = \ \text{총 수령액} \ \times \ \frac{\text{재임용일 이후 기여금 불입월수}}{\text{총 기여금 불입월수}}$$

③ 「공무원연금법」, 「군인연금법」, 「사립학교교직원연금법」 또는 「별정우체국
법」에 따라 받는 일시금은 퇴직소득으로 과세되며, 일시금 수령 시 퇴직소득세
를 원천징수방식을 통해 납부한다.

㉮ 일반적인 경우의 과세대상 퇴직소득

$$\text{과세대상 일시금} \ = \ \text{총 수령액} \ \times \ \frac{\text{2002년 1월 1일 이후 기여금 불입월수}}{\text{총 기여금 불입월수}}$$

국민연금과 직역연금의 연계에 관한 법률에 따라 급여를 반납한 경우 그
에 상응하는 재직기간에 대한 일식금은 제외한다.
㉯ 퇴직한 공무원·군인·사립학교교직원 또는 별정우체국 직원이 2002년
  1월 1일 이후 공무원·군인·사립학교교직원 또는 별정우체국 직원으로
  임용·임명되어 「공무원연금법」 제23조 제2항, 「군인연금법」 제16조 제6

항, 「사립학교교직원 연금법」 제32조 제1항 또는 「별정우체국법」 제34조 제2항에 따라 퇴직당시 수령한 퇴직급여액을 반납하고 재직기간을 합산하는 경우의 일시금

$$\text{과세대상 일시금} \ = \ \text{총 수령액} \ \times \ \frac{\text{재임용일 이후 기여금 불입월수}}{\text{총 기여금 불입월수}}$$

5

개인연금저축

✓ 아내가 이끄는 알기쉬운 세금절약 레시피

○ 개인연금저축 관련 소득공제 및 과세
- (불입)저축 납입액의 100분의 40에 대해 소득공제
- (중도 해지)소득공제 받는 거주자가 중도해지 하는 경우 해지추징세액 징수 및 이자소득으로 과세
- (연금 수령)연금으로 수령하는 경우 소득세를 부과하지 아니함
- (연금 외의 형태로 수령)연금 외의 형태로 받는 경우 이자소득으로 과세

〈개인연금저축의 라이프 사이클에 따른 세금 검토〉

저축 가입 기간			연금 수령 기간	
(5년)		(10년)		
저축불입	중도해지	중도해지	연금 외 형태로 수령	연금으로 수령
⇩	⇩	⇩	⇩	⇩
소득공제	해지추징세액 부과 이자소득 과세	이자소득 과세	이자소득 과세	과세 제외

가. 개인연금저축 특징

개인의 노후생활과 장래생활안정을 위해 1994년부터 2000년까지* 가입할 수 있는 금융상품으로 일정 금액을 저축하여 그 원리금을 연금으로 수령할 수 있다.

* 2000년까지 가입한 기존 가입자는 계약만료 시까지 소득공제가 가능하다.

연간 불입액에 대해서는 소득공제 혜택이 있고 저축기간은 10년 이상이며, 예금자보호법에 따라 보호되는 상품이다.

① 불입금액

㉮ 분기마다 300만원 이내 불입이 가능(연간 1,200만원 불입 가능)

㉯ 해당 분기 이후 또는 이전의 저축금을 미리 불입하거나 후에 불입할 수 없음

㉰ 다만, 보험 또는 공제의 경우 최종불입액이 속하는 달의 말일부터 2년 2

월이 경과하기 전에는 그동안의 저축금을 불입할 수 있음

② 저축불입기간 및 연금수령방법

㉮ 10년 이상일 것
㉯ 저축불입 계약기간 만료 후 가입자가 만 55세 이후부터 5년 이상 연금
으로 지급받아야 함

나. 개인연금저축과 세금

① 저축 불입액에 대한 소득공제
해당 연도의 저축 납입액의 100분의 40에 상당하는 금액을 해당 연도의 종합소득금액에서 공제받을 수 있다.

개인연금저축을 중도에 해지하는 경우 중도 해지한 연도에 불입금액은 연말정산 시 소득공제를 받을 수 없다.

거주자의 본인 명의로 가입된 경우에만 소득공제 대상이므로 거주자의 배우자 명의의 개인연금저축 불입액은, 해당 거주자의 종합소득금액에서 공제하지 아니한다.

보험회사에서 취급하는 개인연금저축보험은 개인연금저축에 보장성보험 상품을 가미한 저축상품으로 해당 연도 저축불입액을 개인연금저축분과 보장성보험분으로 각각 구분하여 개인연금저축소득공제 및 보험료공제를 적용받는다.

(공제한도) 공제금액이 72만원(납입액 기준 180만원)을 초과할 수 없다.

〈사례〉

개인연금저축(2000년 이전에 가입)과 연금저축(2001년 이후에 가입)을 별도 가입

하고 있는 사람으로서 연간 개인연금저축불입액이 2,400,000원이고, 연금저축불

입액이 3,000,000원인 경우의 소득공제 금액은? (단위: 원)

구분	납입금액	공제금액 계산	공제금액
개인연금저축	2,400,000	적은 금액(납입금액×40%, 720,000)	720,000
연금저축	3,000,000	적은 금액(납입금액, 3,000,000)	3,000,000
합계	5,400,000		3,720,000

② 저축 가입일로부터 5년이 지나기 전에 중도에 해지하는 경우 저축 취급기

관이 해지 추징세액을 추징한다.

저축가입일로부터 5년이 지나기 전에 해지하는 때까지의 저축 납입액의

100분의 4에 상당하는 금액과 연간 7만 2천원 중 적은 금액을 해지추징세액

으로 한다. 이 경우 개인연금저축에 대하여 소득공제를 받지 아니한 사실을

증명하는 경우 해지추징세액을 추징당하지 아니한다.

③ 개인연금저축에 가입한 사람이 저축 계약 내용에 따라 연금을 받는 경우

개인연금저축에서 발생한 소득에 대해서는 소득세가 과세되지 아니한다.

④ 개인연금저축의 가입자가 저축납입기간 만료 전에 해지하는 경우

개인연금저축에서 발생한 소득에 대해서는 이자소득으로 보아 개인연금저

축취급기관이 소득세를 원천징수방법에 의해 징수한다.

다만, 개인연금저축 가입자가 사망하거나, 해외 이주하여 중도 해지하는

경우 소득세를 징수하지 아니한다. 또한 저축자가 퇴직한 날로부터 6월 이내에 해지하거나, 저축 가입자 본인의 3월 이상의 입원치료 또는 요양을 요하는 상해·질병이 발생하여 6월 이내에 해지하는 경우에도 그러하다(특별해지 사유에 의한 해지 특례*).

* 개인연금저축을 가입한 사람이 해당 개인연금저축을 다른 금융기관의 개인연금저축으로 계좌이체를 통해 이전하는 경우에는 해지로 보지 아니한다.

〈사례〉

법인의 종업원이 당해 법인과 직접 또는 간접으로 출자관계에 있는 다른 법인으로 전출하는 경우로서 그 전출·입 법인 간에 해당 종업원의 퇴직금이 승계되는 경우 개인연금저축을 해지하는 경우 개인연금저축에서 발생하는 소득에 대해 소득세는 비과세받을 수 있는가?

⇒ 이 경우 개인연금저축에서 발생하는 소득에 대해 소득세를 과세하지 아니하는 특별해지사유에 해당되지 않는다.

⑤ 개인연금저축에 가입한 사람이 납입 계약기간 만료 후 연금 외의 형태로 지급받는 경우

개인연금저축에서 발생한 소득에 대해서는 이자소득으로 보아 개인연금저축취급기관이 소득세를 원천징수한다.

다만, 개인연금저축 가입자가 사망하거나, 해외 이주하여 연금 외의 형태로 받는 경우 소득세를 징수하지 아니한다. 또한 저축자가 퇴직한 날로부터 6월 이내에 연금 외의 형태로 받거나, 저축 가입자 본인의 3월 이상의 입원치료 또는 요양을 요하는 상해·질병이 발생하여 6월 이내에 연금 외의 형태로 받는 경우에도 그러하다.

6

연금저축

✓ 아내가 이끄는 알기쉬운 세금절약 레시피

○ 연금저축 관련 소득공제 및 과세
- (불입)저축 납입액에 대해 소득공제
  중도 해지한 경우 해지한 당해 연도의 납입금액에 대해서는 소득공제를
  받을 수 없음
- (중도 해지)소득공제 받는 경우로서 중도 해지하는 경우 해지가산세 징
  수 및 기타소득으로 과세
- (연금 수령)연금으로 수령하는 경우 연금소득으로 과세
- (연금 외의 형태로 수령)연금 외의 형태로 받는 경우 기타소득으로 과세

〈연금저축의 라이프 사이클에 따른 세금 검토〉

저축 가입 기간			연금 수령 기간	
	(5년)	(10년)		
저축불입	중도해지	중도해지	연금 외 형태로 수령	연금으로 수령
⇩	⇩	⇩	⇩	⇩
소득공제	해지추징세 부과 기타소득 과세	기타소득 과세	기타소득 과세	연금소득 과세

　노령화 사회로 변화됨에 따라 각종 연금의 불입액에 대해 소득공제를 허용하고 연금을 받을 때 과세하는 방식으로 전환됨에 따라 저축 불입액의 일부에 대해 소득공제가 가능한 개인연금저축은 폐지되고 2001년부터는 저축 불입액에 전부 소득공제가 가능하고 연금수령 시 연금소득으로 과세되는 연금저축이 신설되었다.

가. 연금저축의 특징

　거주자가 저축납입 계약기간 만료 후 연금형태로 지급을 받는 저축으로 다음에 해당하는 요건을 충족하는 저축상품을 말한다.

구 분	해당 요건
저축취급기관	다음에 해당하는 금융회사 등이 취급하는 연금저축 - 「자본시장과 금융투자업에 관한 법률」 제12조에 따라 인가를 받아 설립된 신탁업자(이 경우 신탁에 한하여 취급) - 「자본시장과 금융투자업에 관한 법률」에 따른 집합투자업자(종합금융회사 제외) - 「보험업법」에 의한 보험회사 - 「우체국예금·보험에 관한 법률」에 의한 체신관서(우체국보험만 해당)
저축취급기관	- 「농업협동조합법」 또는 「수산업협동조합법」에 의하여 설립된 조합·중앙회, 「신용협동조합법」에 의하여 설립된 신용협동조합중앙회 및 「새마을금고법」에 의하여 설립된 새마을금고연합회(생명공제만 해당) - 「자본시장과 금융투자업에 관한 법률」에 따른 투자회사
가입연령	연금저축에 가입하는 사람이 만 18세 이상
저축불입기간	10년 이상
저축불입금액	연금저축을 취급하는 금융회사 등에 가입한 저축의 합계액 기준으로 분기마다 300만원 이내에서 불입할 수 있다. - 이 경우 당해 분기 이후 또는 이전의 저축금을 미리 불입하거나 후에 불입할 수 없으나 - 보험 또는 공제의 경우에는 최종 불입일이 속하는 달의 말일부터 2년 2월이 경과하기 전에는 그동안의 저축금을 불입할 수 있다.
연금수령 시기 등	저축불입 계약기간 만료 후 가입자가 만 55세 이후부터 5년 이상 연금으로 지급받아야 한다.

나. 연금저축과 세금

① 거주자가 연금저축에 가입하여 해당 연도에 납입한 금액은 해당 연도의 종합소득에서 공제한다.

 개인연금저축은 해당 연도 저축 불입액의 40%에 해당하는 금액을 소득공제를 받을 수 있는 반면, 연금저축은 해당 연도 저축 불입액에 대해 소득공제를 받을 수 있다.

다만, 연금저축가입자가 연금저축을 중도에 해지하는 경우 해지한 해당 연도 저축불입액은 연말정산·종합소득 신고 시 연금소득공제를 받을 수 없다.

연금저축은 해당 연도의 저축납입액과 300만원 중 적은 금액을 공제한다. 연금저축에 가입한 사람이 퇴직연금에 가입한 경우 연금저축 납입액에 따른 공제금액과 퇴직연금 보험료에 따른 공제금액은 합하여 연 300만원을 초과할 수 없다(공제한도).

② 연금저축 가입자가 저축 가입일로부터 5년 이내에 저축계약을 해지하는 경우 해지가산세를 원천징수방식에 의해 납부하여야 한다.

- 해지가산세: 매년 납입한 금액(300만원 한도)의 누계액×2%
  * 연금저축 해지가산세는 저축 납입액에 대한 소득공제와 관계없이 징수됨을 유의

〈사례〉

연금저축을 가입한 사람이 400만원씩 납입하여 3년간 전체 1,200만원을 불입하고 해지한 경우 해지가산세는?

⇒ min(연간납입금액, 300만원)×3년×2% = 180,000원

- 다만, 연금저축가입자의 사망으로 연금저축을 해지하거나, 저축자의 해외이주 또는 저축자의 3월 이상의 입원치료 또는 요양을 요하는 상해·질병이 발생하여 그 발생일로부터 6월 이내에 해지하는 해지가산세를 적용하지 아니한다.

③ 연금저축 가입자가 저축납입 계약기간 만료 전에 해지하거나 저축납입 계약기간 만료 후 연금 외의 형태로 받는 경우에는 기타소득으로 원천징수방식에 의해 기타소득세를 납부하여야 한다.

기타소득 = 해지 또는 연금 외의 형태로 받는 금액

$$\times \left[1- \left(\cfrac{\text{실제 소득공제 받은 금액을 초과하여 납입한 금액의 누계액}}{\text{총 지급액 또는 예상액}^*} \right) \right]$$

* 가입자가 가입 계약기간 만료 전에 해약하는 경우에는 총 지급액, 가입자가 가입 계약기간 만료 후 연금 이외의 형태로 받는 경우 총 지급예상액으로 한다.
* 기타소득을 계산함에 있어서 실제 소득공제 받은 금액을 초과하여 납입한 누계액이 총 지급액 또는 예상액보다 많은 경우에는 당해 기타소득금액을 영으로 본다.

연금저축 가입자가 다른 금융기관의 연금저축으로 계좌이체를 통하여 계약을 이전하는 경우에는 이를 해지로 보지 아니한다.

다만, 가입자가 저축 납입계약기간 만료 전에 사망하여 계약이 해지되거나 저축납입 계약기간 만료 후 사망하여 연금 외의 형태로 받는 경우에는 위의 금액을 연금소득으로 보고 소득세를 부과한다(예외사항).

* 기타소득과 연금소득의 원천징수 세율

구분	기타소득	연금소득
원천징수세율	20%	5%

연금저축에서 발생한 소득은 연금저축 가입자가 실제로 그 소득을 받은 때 발생한 것으로 본다.

○ 기타소득세와 해지가산세는 계약의 해지로 인하여 연금저축 가입자가 받는 환급금을 한도로 한다.

④ 연금저축 가입자가 저축계약 내용에 따라 연금을 받는 경우 연금소득으로 보아 원천징수방식에 의해 연금소득세를 납부하여야 한다.

연금소득 = 연금수령액 ×

$$\left[1-\left(\frac{\text{실제 소득공제 받은 금액을 초과하여 납입한 금액의 누계액}}{\text{연금지급개시일 현재의 원리금합계액}} \right) \right]$$

이 경우 연금저축의 운용 실적에 따라 추가로 받는 금액은 연금수령액에 포함되는 것으로 본다.

연금저축에서 발생한 소득은 연금저축 가입자가 실제로 그 소득을 받은 때 발생한 것으로 본다.

7

청약저축

✓ 아내가 이끄는 알기쉬운 세금절약 레시피

○ 청약주택 관련 소득공제

- 근로자가 청약저축에 가입하여 납부한 저축 납입액에 대해 소득공제 가능
- 해당 과세연도 중에 중도 해지한 경우에는 해당 과세연도에 납입한 금액 은 일반적으로 소득공제가 불가능함
- 다음 연도 이후 분을 선납한 금액에 대해서는 소득공제 불가능함

* 가입 연도에 따라 소득공제 요건이 달라짐에 유의

가. 입주자주택의 종류

입주자 저축에는 청약저축, 청약예금, 청약부금, 주택청약종합저축이 있다.

저축 종류	내 용
청약저축	국민주택 등*을 공급받기 위하여 가입하는 저축
청약예금	민영주택과 민간건설 중형국민주택을 공급받기 위하여 가입하는 예금
청약부금	85㎡ 이하의 민영주택과 민간건설 중형국민주택을 공급받기 위하여 가입하는 부금
주택청약종합저축	모든 주택(국민주택 등, 민간건설 중형국민주택, 민영주택) 청약 가능

* 청약저축으로 입주 가능한 국민주택 등
- 국민주택기금의 지원을 받아 건설·개량하는 주택으로 전용면적 85㎡ 이하 주택
- 국가, 지방자치단체 및 한국토지주택공사 등이 공급하는 전용면적 85㎡ 이하 주택
- 공공택지 내에 건설하여 임대하는 85㎡ 이하 주택

○ 소득공제가 가능한 입주자 저축
- 청약저축
- 주택청약종합저축

나. 청약저축

① 가입요건 등

⑦ 가입대상: 무주택세대주

청약주택 가입자는 가입 시에 청약저축 취급기관에 주민등록표등본을

제출

㉯ 납입기간: 가입일로부터 국민주택 등의 입주자로 선정된 날까지

㉰ 저축금액

– 납입금액의 단위 : 5천원

– 월납입금 : 2만원 이상 10만원 이하

– 청약저축의 원금 및 이자는 청약저축을 해지할 때 일시 지급

가입기간	(연)이자율*	비 고
1년 미만	2.5%	
1년 이상 2년 미만	3.5%	가입일로부터 1개월 이내에 해지할 경우 이자를 지급하지 아니함
2년 이상	4.5%	

* 청약저축 해지 시 적용 이자율

② 주요 질문과 답변

– 청약예금제도가 실시되지 아니하는 농촌지역에 거주하는 경우에 청약통장에 가입이 가능한지?

답) 청약예금제도가 실시되지 아니하는 지역의 거주자는 청약예금 및 청약부금에 가입할 수 없으나, 청약저축의 경우 청약제도 실시지역 거주지역에 관계없이 가입이 가능하다.

단, 20세 미만인 단독세대주는 청약통장에 가입할 수 없다.

– 전용 25㎡ 단독주택 소유자의 경우 청약저축에 가입이 가능한지?

답) 청약주택에 가입대상자는 무주택세대주이나, 20㎡ 이하의 1주택을 소

유하고 있는 경우에는 주택을 소유하지 아니한 것으로 보나 이 경우 이에 해당하지 아니하여 청약저축 가입은 불가능하다.

- 재외동포의 경우 청약저축에 가입이 가능한지?

답) 청약저축에 가입하기 위해서는 무주택세대주 요건을 갖추어야 한다. 이 경우 세대주를 입증하는 서류는 주민등록표등본으로 한정하고 있다. 따라서 재외동포의 경우 세대별 주민등록표가 없으므로 청약저축 가입 대상이 되지 아니한다.

* 청약저축의 경우 무주택세대주에 해당한 경우 가입이 가능하고 가입 후 주택을 취득하는 경우에도 자동으로 해지되지 아니한다. 주택을 보유하고 있는 기간은 주택입주자 선정 요건 중 하나인 무주택기간 계산 시 제외된다.

다. 청약저축과 세금

청약저축에 가입한 근로자는 일정요건을 갖추고 있는 경우 해당 연도의 납입금액에 소득공제가 가능하나, 해당 과세연도 중도에 청약저축을 해지하는 경우에는 해지한 청약저축의 해당 연도 불입액은 소득공제대상에 해당하지 아니한다.

① 소득공제 대상자

㉮ 2009.12.31 이전에 가입한 사람은 다음에 해당하는 경우에 해당 연도의 저축납입액에 대해 소득공제가 가능하다.

- 청약주택에 가입한 근로자 중 주택을 소유하지 아니한 세대의 세대주

- 다만, 청약주택에 가입 후 주택을 취득하는 경우 취득 당시 기준시가가
  3억원 이하인 경우에 해당된다.

* 배우자 및 자녀 명의로 가입한 청약저축의 불입액은 소득공제 대상에 해당하지 아니함

〈참고〉 각 법률에 따른 세대주의 개념

청약저축 가입 시 요건 (주택공급에 관한 규칙)	청약저축 납입액에 대한 소득공제 시 요건 (조세특례제한법 및 소득세법)
−세대별 주민등록표상에 배우자, 직계존속 또는 직계비속인 세대원으로 이루어진 세대의 세대주 • 다만, 세대별 주민등록표상에 배우자 및 직계존·비속인 세대원이 없어도 20세 이상인 자는 세대주(단독세대주)로 봄	−세대: 거주자와 그 배우자, 거주자와 동일한 주소 또는 거소에서 생계를 같이하는 거주자와 그 배우자의 직계존비속(그 배우자를 포함) 및 형제자매를 모두 포함한 세대 • 거주자와 그 배우자는 생계를 달리하더라도 동일한 세대로 보며 거주자와 배우자가 각각 세대주인 경우에는 어느 한 명만 세대주로 본다.

㉯ 2010.1.1 이후 가입한 사람의 경우

- 과세연도 중 주택을 소유하지 아니하는 세대의 세대주에 해당하는 경우
  에만 저축납입액에 대해 소득공제가 가능하다.

② 소득공제금액

저축납입액(월 10만원 이하)×40%

㉮ 공제한도 적용

- 청약저축 납입액 공제 + 장기주택마련저축 납입액 공제 + 주택청약종
  합저축 납입액 공제 ≤ 300만원

– 청약저축 납입액 공제 + 장기주택마련저축 납입액 공제 + 주택청약종합저축 납입액 공제 + 주택임차차입금 원리금상환액공제 + 월세액 공제 ≤ 300만원

③ 청약저축을 가입한 자가 연도 중에 주택 당첨 외의 사유로 중도 해지한 경우에는 해당 과세연도에 납입한 금액은 소득공제를 받을 수 없다.

따라서 청약저축에 가입한 근로자가 주택공급에 관한 규칙 제2조 제5호에 따른 국민주택 등에 당첨되어 청약저축을 해지한 경우 해지한 연도에 불입한 금액은 소득공제를 적용받을 수 있다.

④ 청약저축 중 당해 연도에 불입하지 아니한 금액은 소득공제대상에 포함하지 아니한다.

해당 연도에 다음 연도 이후 분을 미리 납부하는 경우 해당 금액은 소득공제대상에 해당하지 아니한다.

⑤ 청약저축에서 발생한 소득은 이자소득으로 해지 시 이자에 대해 비과세 대상에 해당하지 아니하여 청약저축을 해지함에 따라 받는 이자소득은 이자소득세 과세대상으로 저축 취급기관에서 이자소득세를 원천징수 한다.

8

주택청약종합저축

✓ 아내가 이끄는 알기쉬운 세금절약 레시피

○ 저축 관련 소득공제
- 근로자가 주택청약종합저축에 가입하여 납부한 저축 납입액에 대해서는
  일정요건을 갖춘 경우에만 소득공제 가능
- 해당 과세연도 중에 중도 해지한 경우에는 해당 과세연도에 납입한 금액
  은 일반적으로 소득공제가 불가능함
- 다음 연도 이후 분을 선납한 금액에 대해서는 소득공제 불가능함
- 저축 가입일로부터 5년 이내에 저축계약을 해지하는 경우 추징세액 추징

〈주택청약종합저축의 라이프 사이클에 따른 세금 검토〉

저축 가입 기간		
	(5년)	
저축불입	중도해지	해지
⇩	⇩	⇩
소득공제	·가입일로부터 5년 이내 : 추징세액(○) ·국민주택규모 초과 주택 당첨 : 추징세액(○) ·국민주택규모 주택 당첨 : 추징세액(×)	이자소득세 과세

가. 가입요건 등

① 가입대상자*

다른 입주자 저축에 가입하지 아니한 사람은 가입이 가능하다. 따라서 무주택세대가 아닌 사람도 가입이 가능하다.

* 청약저축에 가입한 사람이 주택청약종합저축에 가입하려는 경우 청약저축을 해지하여야 할 것으로 판단됨

② 월납입금

납입금액의 단위는 5천원 단위로 월 2만원 이상 50만원 이하까지는 납입할 수 있다. 다만, 월납입금 총액이 다음에 해당하는 청약예금의 예치금액의 최대한도에 이를 때까지는 50만원을 초과하여 납입할 수 있다.

(단위 : 만원)

지 역 공급받을 수 있는 주택의 전용면적*	특별시 및 부산광역시	기타 광역시	특별시 및 광역시를 제외한 시·군 지역
85㎡ 이하	300	250	200
85㎡ 초과 102㎡ 이하	600	400	300
102㎡ 초과 135㎡ 이하	1,000	700	400
135㎡ 초과	1,500	1,000	500

* 85㎡ 초과 102㎡ 이하의 주택을 청약할 수 있는 지역별 예치금액을 예치한 사람은 85㎡ 이하의 민영주택에 청약할 수 있다.

③ 공급받을 수 있는 주택의 규모 통보

주택청약종합저축 가입자는 청약 신청 전까지 공급받을 수 있는 주택의 규모를 선택하여 입주자 저축기관에 통보하여야 한다.

④ 청약저축 가입자로 보는 경우

주택청약종합저축 가입자가 국민주택 등에 청약할 수 있는 자격*을 갖추고 국민주택 등에 청약할 경우에는 청약저축가입자로 보며, 국민주택 등에 청약하는 주택청약종합저축 가입자가 월 납입금액 10만원을 초과하여 납입한 경우에는 10만원을 납입한 것으로 한다.

* 국민주택 등에 청약할 수 있는 자격: 입주자모집공고일 현재 해당 주택건설지역에 거주하는 무주택세대주(1세대 1주택 공급)

⑤ 청약예금 가입자로 보는 경우

　　주택청약종합저축 가입자가 청약예금의 예치금액의 기준에 따른 청약예금의 예치금액 이상이고 민영주택 또는 민간건설 중형국민주택에 청약할 수 있는 자격*을 갖추고 민영주택 또는 민간건설 중형국민주택에 청약할 경우에는 청약예금 가입자로 본다.

* 민영주택 또는 민간건설 중형국민주택에 청약할 수 있는 자격: 입주자모집공고일 현재 해당 주택건설지역에 거주하는 20세 이상인 사람(1인 1주택 공급)

⑥ 주택청약종합저축 해지 시 적용 이자율

가입기간	(연)이자율	비 고
1년 미만	2.5%	가입일로부터 1개월 이내에 해지할 경우 이자를 지급하지 아니함
1년 이상 2년 미만	3.5%	
2년 이상	4.5%	

* 주택청약종합저축의 원금 및 이자는 저축을 해지할 때에 일시에 지급한다.

나. 주택청약종합저축과 세금

　　근로소득이 있는 거주자로서 과세연도 중에 주택을 소유하지 않은 세대의 세대주가 해당 연도에 주택청약종합저축에 납입한 금액은 소득공제가 가능하다.

① 공제요건

　　주택청약종합저축에 납입한 금액에 대하여 소득공제를 적용받으려는 사람은 해당 저축 취급기관에 주택을 소유하지 아니한 세대의 세대주임을 확인하는 무주택확인서 및 주민등록표 등본을 제출하여야 한다.

* 세대주인지 여부는 해당 연도 12.31 현재를 기준으로 판단한다.

〈무주택 여부 확인 절차〉

근로자		저축취급기관		국토해양부
무주택확인서를 저축취급기관에 제출	⇨	무주택확인서 제출 명단을 국토해양부장관에게 제출	⇨	무주택확인서 제출자의 무주택 여부 검토 * 결과 국세청 통보

② 공제대상 금액

주택청약종합저축의 경우 무주택 확인서를 제출한 과세연도 이후에 납입한 금액만 해당하며, 월 납입액이 10만원을 초과하는 경우 그 초과금액은 없는 것으로 한다.

③ 공제금액 및 한도

근로자가 해당 과세기간에 납입한 금액의 100분의 40에 상당하는 금액을 공제금액으로 한다.

〈사례〉 공제금액

(단위 : 만원)

	1월	2월	3월	4월	5월	6월	7월	8월	9월	10월	11월	12월	합계
납입액	13	12	10	10	30	10	12	15	22	26	30	12	202
공제가능 금액	10	10	10	10	10	10	10	10	10	10	10	10	120

⇒ 공제금액 48만원 = 120만원 × 40%

－공제한도 적용

· 주택청약종합저축 납입액공제 + 청약저축 납입액 공제 + 장기주택마련저축 납입액 공제 ≤ 300만원

· 주택청약종합저축 납입액공제 + 청약저축 납입액 공제 + 장기주택마련저축 납입액 공제 + 주택임차차입금 원리금상환액공제 + 월세액 공제 ≤ 300만원

④ 주택청약종합저축을 가입한 자가 연도 중에 주택 당첨 외의 사유로 중도해지한 경우에는 해당 과세연도에 납입한 금액은 소득공제를 받을 수 없다.

⑤ 주택청약종합저축 중 해당 연도에 불입하지 아니한 금액은 소득공제대상에 포함하지 아니한다.

해당 연도에 다음 연도 이후 분을 미리 납부하는 경우 해당 금액은 소득공제대상에 해당하지 아니한다.

⑥ 주택청약종합 납입액에 대해 소득공제를 받은 사람이 저축가입일로부터 5년 이내에 저축계약을 해지하는 경우에는 해당 저축을 해지하는 때에 저축금액에서 원천징수 방법에 의해 납부하여야 한다.

$$추징세액 = \frac{주택청약종합저축 \; 가입자가 \; 저축취급기관에 \; 무주택확인서를}{제출한 \; 연도 \; 이후에 \; 납입한 \; 금액(월 \; 10만원 \; 한도)의 \; 누계액} × 6\%$$

이 경우 소득공제를 받은 사람이 해당 소득공제로 감면받은 세액이 추징세액에 미달하는 사실을 증명하는 경우에는 실제로 감면받은 세액상당액을 추

징세액으로 한다.

다만, 저축자의 사망, 해외이주 또는 다음에 해당하는 사유로 주택청약종합저축 계약을 해지한 경우에는 추징세액을 징수하지 아니한다.

- 주택법에 따른 사업계획승인을 받아 건설되는 국민주택규모의 주택에 청약하여 당첨된 경우
- 저축자의 퇴직, 저축자의 3월 이상의 입원치료 또는 요양을 요하는 상해·질병의 발생하여 6월 이내에 해지한 경우

⑦ 또한 주택법에 따른 사업계획승인을 받아 건설되는 국민주택규모를 초과하는 주택에 청약하여 당첨된 경우에는 해당 저축을 해지하는 때에 저축금액에서 원천징수 방법에 의해 추징당한다.

〈청약저축과 주택청약종합저축 비교〉

구분	청약저축	주택청약종합저축
소득공제 대상 납입금액	월 10만원 이내	월 10만원 이내
공제비율	40%	40%
해지 시 추징세액 징수 여부	×	○

⑧ 주택청약종합저축에서 발생한 소득은 이자소득으로 해지 시 이자에 대해 비과세 대상에 해당하지 아니하여 주택청약종합저축을 해지함에 따라 받는 이자소득은 이자소득세 과세대상으로 저축 취급기관에서 이자소득세를 원천징수한다.

9
장기주택마련저축

✓ 아내가 이끄는 알기쉬운 세금절약 레시피

○ 장기주택마련저축
- 2009.12.31 이전에 가입한 경우 일정요건을 갖춘 경우 저축 납입액에 대해 2012년까지 소득공제 가능
- 장기주택마련저축에 발생하는 소득에 대해서는 비과세 적용
  다만, 저축계약일로부터 7년 이내에 원금이나 이자 등을 인출하거나 계약을 해지한 경우 비과세를 적용하지 아니함
- 2010.1.1 이후 저축에 가입한 경우 소득공제대상에 해당하지 아니하나 저축에서 발생한 소득에 대해 비과세 적용 가능

〈2009년 이전 가입한 장기주택마련저축의 라이프 사이클에 따른 세금 검토〉

저축 가입 기간			
		(5년)	(7년)
저축불입	중도해지	해지	저축에서 발생한 소득
⇩	⇩	⇩	⇩
소득공제 가능	·가입일로부터 5년 이내: 해지추징세액(○) ·저축에서 발생한 소득: 과세	저축에서 발생한 소득 과세	비과세

〈2010년 이후 가입한 장기주택마련저축의 라이프 사이클에 따른 세금 검토〉

저축 가입 기간		
		(7년)
저축불입	해지	저축에서 발생한 소득
⇩	⇩	⇩
소득공제 불가능	저축에서 발생한 소득 과세	비과세

가. 저축 가입 요건

장기주택마련저축은 1994년 7월부터 판매되어 불입금액에 대해 소득공제, 저축에서 발생하는 소득에 대해서는 비과세가 적용되어 많은 사람들로부터 사랑을 받아 온 저축상품이었다.

① 저축 특징
 − 저축취급기관 : 금융실명거래 및 비밀보장에 관한 법률 제2조 제1호에서 규정하는 금융기관(부록 참고)

- 가입자 : 거주자. 비거주자는 저축 가입대상에 해당하지 아니함

- 통장에 소득세가 비과세되는 장기주택마련저축임이 표시되어야 함

- 모든 금융기관에 가입한 저축의 합계액의 기준으로 분기마다 300만원

  이내 불입 가능

* 해당 분기 이후의 저축금을 미리 납입하거나 해당 분기 이전의 납입금을 후에 납입할
  수 없음. 다만, 보험 또는 공제의 경우에는 최종 납입일이 속하는 달의 말일부터 2년 2
  개월이 지나기 전에 그동안의 저축금을 납입할 수 있음

- 저축 계약기간이 7년 이상이고, 해당 기간에 원금이나 이자 등의 인출이

  없어야 함

② 가입 요건

구분	2009년 이전 가입	2010년 이후 가입
나이	만 18세 이상 거주자	만 18세 이상 거주자
주택	주택을 소유하지 아니하는 세대의 세대주	주택을 소유하지 아니하는 세대의 세대주
	국민주택규모의 주택으로서 가입 당시 주택의 기준시가가 3억원 이하인 주택을 1채 소유한 세대의 세대주	국민주택규모의 주택으로서 가입 당시 주택의 기준시가가 3억원 이하인 주택을 1채 소유한 세대의 세대주
	-	주택의 기준시가가 5천만원 이하인 주택을 1채 소유한 세대의 세대주

* 청약저축이나 주택청약종합저축의 경우 무주택 세대의 세대주만 가입이 가능

나. 장기주택마련저축 가입대상 확인 및 관리

가입자		저축취급기관		국세청		저축취급기관
저축 가입 또는 가입일로부터 7년이 되는 경우 등	⇨	저축 가입명단을 국세청에 통보	⇨	저축 가입자 가입요건 적격 여부 검증	⇨	부적격 가입자를 국세청으로부터 통보받음

① 확인 시기

국세청은 다음에 해당되는 시기에 장기주택마련저축 가입요건을 갖추었는지를 확인한다.

　㉮ 장기주택마련저축 가입 당시

　㉯ 장기주택마련저축의 계약일로부터 7년이 되는 날이 속하는 과세연도 종료일

　㉰ 장기주택마련저축의 계약일로부터 7년이 되는 날이 속하는 해당 과세연도 이후 매 3년이 되는 과세연도 종료일

〈사례〉 2010년 7월 1일에 가입한 경우 가입요건 확인 시기별 검토 내용

확인대상 및 시기			2010		2016		2019		2022
세대주 여부			○		○		○		○
주택 소유	무주택		○	⇒	○	⇒	○	⇒	○
	1주택	국민주택규모	○		○		○		○
	1주택	기준시가 3억원 이하	○						

② 저축가입일이 속하는 달의 말일까지 국세청은 가입 당시 저축가입 요건을 충족하였는지를 확인하여 저축가입일로부터 6개월 이내에 저축 취급기관에

통보하여야 한다.

③ 부적격 통보에 의한 의견 제시

국세청	저축취급기관	가입자	세무서
부적격 가입자 검색	국세청으로부터 통보받은 날로부터 14일 이내에 가입자에게 통보	이의가 있는 경우 국세청이 저축취급기관에 통보한 날로부터 2달 이내에 의견서 제시 * 의견서 제출 시 저축취급기관에도 알려야 함	의견제시일로부터 14일 이내에 해당 저축기관에 수용여부 통보

④ 요건을 갖추지 못한 것이 확인되는 경우

확인 결과 가입 요건 중 어느 하나에 해당되지 아니한 경우에는 그 통보를 받은 날에 저축을 해지하는 것으로 본다.

다. 저축과 세금

① 저축 불입액에 대한 소득공제

2009.12.31 이전에 장기주택마련저축에 가입한 경우에는 근로자는 불입액에 대해 소득공제가 가능하다.

다만, 소득공제를 받기 위해서는 다음에 해당하는 요건을 충족하는지 확인하여야 한다.

확인대상 공제 요건		확인
세대주	공제 시 세대주인지 여부는 과세연도 종료일 현재를 기준으로 판단	
총 급여	해당 연도 총 급여 8,800만원 이하인 경우	
주택 보유	무주택	
	저축 가입 당시 무주택이었으나 저축 가입 후 주택을 취득한 경우에는 취득 당시 기준시가가 3억원 이하 주택을 한 채만 소유	
	국민주택규모의 주택으로서 주택마련저축 가입 당시 기준시가가 3억원 이하인 주택을 한 채만 소유	

* 위의 세대주, 총 급여, 주택보유 요건을 모두 충족한 경우에만 공제 가능
* 2010년 이후 가입한 장기주택마련저축의 경우 불입액에 따른 소득공제는 적용받을 수 없음에 유의

㉮ 공제금액

근로자는 저축 불입액의 40%에 해당하는 금액을 공제받을 수 있으나 아래의 공제한도를 초과할 수 없다.

- 주택청약종합저축 납입액공제 + 청약저축 납입액 공제 + 장기주택마련저축 납입액 공제 ≤ 300만원

- 주택청약종합저축 납입액공제 + 청약저축 납입액 공제 + 장기주택마련저축 납입액 공제 + 주택임차차입금 원리금상환액공제 + 월세액 공제 ≤ 300만원

구 분	근로자인 경우	근로자가 아닌 경우
소득공제	○	×
중도해지 시 해지추징세액	○	×
저축에 대한 소득 비과세	○	○

② 2009.12.31 이전에 장기주택마련저축에 가입하여 저축 불입액에 대해 소득공제를 받은 근로자가 해당 장기주택마련저축을 저축가입일로부터 5년이 지나기 전에 해지한 경우 그 저축을 취급하는 금융기관은 해지추징세액을 원천징수 방식에 의해 해당 저축금액에서 차감하여 납부한다.

〈해지추징세액 계산방법〉

구 분	해지추징세액 계산	해지추징세액 연간 한도	해지추징세액 전체 한도
저축가입일로부터 1년 이내에 해지한 경우	저축불입액×8%	연간 60만원	소득공제로 인해 실제로 감면받은 세액상당액
저축가입일로부터 2년부터 5년 이내에 해지한 경우	저축불입액×4%	연간 30만원	

③ 장기주택마련저축에 가입한 사람이 해당 저축의 계약일로부터 7년 이내에 원금이나 이자 등을 인출하거나 계약을 해지한 경우, 그 저축을 취급하는 금융회사 등은 저축에서 발생한 이자소득과 배당소득에 대해 원천징수 방법에 의해 해당 저축금액에서 차감하여 납부한다.

다만, 일정한 사유로 저축계약일로부터 7년 이내에 저축계약을 해지하는 경우에도 저축에서 발생한 이자소득과 배당소득에 대해 소득세를 비과세한다.

○ 저축을 중도해지한 경우에도 비과세가 적용되는 사유

– 저축자의 사망

– 저축자의 해외이주

– 저축 해지 전 3개월 이내에 주택을 취득한 경우*

  * 주택을 취득한 경우라 함은 당해 거주자가 본인 소유의 주택을 취득한 경우를 말하는 것으로, 이때 주택의 범위에 당해 거주자의 배우자가 취득하는 주택은 포함하지 아니한다. 또한 주택은 장기주택마련저축을 가입한 이후 최초로 취득한 주택을 말한다.

– 저축자의 퇴직, 저축자의 3월 이상의 입원치료 또는 요양을 요하는 상해·질병이 발생하여 6월 이내에 저축을 해지하는 경우

10

소기업 · 소상공인 공제부금
('노란우산공제')

✓ 아내가 이끄는 알기쉬운 세금절약 레시피

○ 노란우산공제
- 소기업·소상공인 공제에 가입하여 납부하는 공제부금은 소득공제 가능
- 소기업·소상공인 공제에서 발생한 소득은 이자소득으로 보아 소득세 과세
- 폐업 등 법령에서 정한 사유가 발생하기 전에 소기업·소상공인 공제계약 을 해지하는 경우에는 기타소득으로 과세
- 가입일로부터 5년 이내에 해지하는 해지가산세를 추가로 부담

〈소기업·소상공인 공제의 라이프 사이클에 따른 세금 검토〉

저축 가입 기간		
저축불입 ⇩ 소득공제 가능	중도해지 ⇩ ·가입일로부터 5년 이내: 해지가산세 (○) ·해지 환급금−실제 소득공제를 받은 금액을 초과하여 납입한 금액: 기타소득으로 과세	(5년) 법정사유에 따라 해지 ⇩ ·해지가산세 (×) ·저축에서 발생한 소득: 이자소득으로 과세

가. 상품 개요

노란우산공제는 소기업과 소상공인이 폐업이나 노령 등의 생계위협으로부터 생활의 안정을 기하고 사업재기의 기회를 제공받을 수 있도록 가입자가 매월 일정부금을 납부하여 폐업·사망 또는 질병, 부상으로 인한 퇴임 등 공제사유가 발생하였을 때 생활안정과 사업재기를 할 수 있도록 목돈마련을 위한 제도이다.

① 가입 대상

다음에 해당하는 소기업·소상공인 사업주(개인사업자, 법인대표자)에 해당하는 경우 창업과 동시에 가입이 가능하다.

〈소기업·소상공인 범위〉

업 종	상시근로자 인원
광업, 제조업, 건설업, 운송업	50명 미만
도매업, 소매업, 서비스업, 기타 업종	10명 미만

② 가입기간

　　가입일로부터 공제사유 발생 시까지이며, 공제사유는 다음과 같다.

　㉮ 폐업 또는 가입자의 사망, 법인 대표자의 질병 또는 부상으로 인한 퇴임

　㉯ 가입기간이 10년 경과하고 가입자의 연령이 60세 이상인 경우

③ 월 불입금액

　　월 5만원부터 70만원까지 불입이 가능하며 분기별로 210만원 이하의 공제
부금을 불입할 수 있다.

④ 공제금 지급 시기 및 지급기준

　㉮ 지급 시기 : 공제사유가 발생한 때

　㉯ 지급기준 : 납입한 부금에 연복리이자율을 적용하여 적립한 금액

　㉰ 지급방법 : 일시금으로 지급하나 만 60세 이상 또는 공제금 5천만원 이
　　　상인 경우 분할지급도 가능

나. 상품 특징

해당 공제는 압류, 양도, 담보제공이 금지되어 채권자 압류에서 안전하게 보호되며, 상해로 인한 사망 및 후유장해 발생 시 월부금액의 최고 150배까지 보험금을 지급하고 납부 부금월수가 12개월 이상인 경우 납부한 부금 이내에서 대출 가능하다.

다. 노란우산공제와 세금

① 거주자가 중소기업협동조합법 제115조에 따른 소기업·소상공인 공제에 가입하여 납부하는 공제부금은 해당 연도의 종합소득에서 공제가 가능하다.

　공제금액은 해당 연도 납부금액과 300만원 중 적은 금액이다.

② 소기업·소상공인 공제에서 발생하는 소득은 공제 가입자가 실제로 그 소득을 받을 때 발생한 것으로 소득을 받을 때의 세법 등을 적용하여 과세된다.

③ 폐업 등 공제사유에 해당하지 아니한 사유로 공제계약을 해지한 경우

　다음의 금액을 기타소득으로 보아 공제를 취급하는 조합이 원천징수방식에 의해 소득세를 징수한다.

〈사례〉

매년 500만원씩 4년간 불입(매년 소득공제 금액 300만원으로 가정)하여 해지하여

환급금이 2,100만원으로 가정한 경우 해지 시 납부할 소득세는?

계산방법	사 례
해지로 인하여 받은 환급금	2,100만원
− 실제 소득공제 받은 금액을 초과하여 납입한 금액의 누계액	− 800만원* (500만원−300만원)×4년
= 기타소득	= 1,300만원
× 원천징수 세율(20%)	× 20%
= 소득세	= 260만원

④ 폐업 등 공제사유에 해당하지 아니한 사유로 공제계약을 해지한 경우이

더라도 해지 전 6개월 이내에 다음에 해당하는 사유로 발생하여 해지한 경

우에는 공제에서 발생한 소득을 이자소득으로 보아 원천징수방법에 의해 납

부한다.

㉮ 천재·지변의 발생

㉯ 공제가입자의 해외이주

㉰ 공제가입자의 3월 이상의 입원치료 또는 요양을 요하는 상해·질병의

발생

〈사례〉

매년 500만원씩 4년간 불입(매년 소득공제 금액 300만원으로 가정)하여 공제가입
자의 해외이주 사유로 해지하여 환급금이 2,100만원으로 가정한 경우 해지 시 납
부할 소득세는?

계산방법	사 례
해지로 인하여 받은 환급금	2,100만원
− 불입금액	− 2,000만원
= 이자소득	= 100만원
× 원천징수 세율(14%)	× 14%
= 소득세	= 14만원

⑤ 가입일로부터 5년 이내에 소기업·소상공인 공제계약이 해지한 경우에는 매
년 납입한 금액의 누계액에 100분의 2를 곱하여 계산한 해지가산세와 기타소
득세를 납부하여야 한다.

이 경우 기타소득에 따른 소득세와 해지가산세는 공제계약 해지 시 받는
환급금을 한도로 한다.

해지가산세	=	매년 납입한 금액(300만원 한도)의 누계액	×	2%

〈사례〉

매년 500만원씩 4년간 불입(매년 소득공제 금액 300만원으로 가정)하여 해지하여
환급금이 2,100만원으로 가정한 경우 해지 시 납부할 해지가산세는?

계산방법	사례
매년 불입한 금액의 누계액	1,200만원 [적은 금액(300만원, 연간 불입금액) + ... + 적은 금액(300만원, 연간 불입금액)]
× 2%	× 2%
= 해지가산세	24만원

* 다만, 해지 전 6개월 이내에 다음에 해당하는 사유로 발생하여 해지한 경우에는 해지가산세를 부과하지 아니한다.

㉮ 천재·지변의 발생

㉯ 공제가입자의 해외이주

㉰ 공제가입자의 3월 이상의 입원치료 또는 요양을 요하는 상해·질병의 발생

⑥ 다음에 해당하는 공제사유에 의해 공제계약을 해지하는 경우에는 소기업·소상공인 공제에서 발생하는 소득은 이자소득으로 보아 소득세를 부과한다.

㉮ 소기업·소상공인이 폐업(개인사업자의 지위에서 공제에 가입한 자가 법인을 설립하기 위하여 현물출자를 함으로써 폐업한 경우와 개인사업자의 지위에서 공제에 가입한 자가 그 배우자 또는 자녀에게 사업의 전부를 양도함으로써 폐업한 경우를 포함한다) 또는 해산(법인에 한한다)한 때

㉯ 공제 가입자가 사망한 때

㉰ 법인의 대표자의 지위에서 공제에 가입한 자가 그 법인의 대표자의 지위

를 상실한 때

㉱ 만 60세 이상으로 공제부금 불입월수가 120개월 이상인 공제 가입자가

공제금의 지급을 청구한 때

11

투자조합출자

○ 중소기업창업투자조합 등에 출자
- 거주자가 중소기업창업투자조합 등에 출자 또는 투자하는 경우 소득공제 가능
  * 이 경우 소득공제에 따라 농어촌특별세를 납부하여야 함
- 소득공제를 적용받은 거주자가 출자일 또는 투자일로부터 5년이 지나기 전에 출자지분을 이전하거나 회수하는 경우 이미 공제받은 소득금액에 해당하는 세액을 추징

〈투자조합 출자에 따른 라이프 사이클에 따른 세금 검토〉

투자일로 부터 2년 이내			(5년)
투자 또는 출자 ⇩ 1과세연도를 선택하여 소득공제			중도해지 ⇩ 출자일 또는 투자일로부터 5년이 지나기 전에 출자지분을 이전하거나 회수하는 경우 이미 공제받은 소득금액에 해당하는 세액을 추징
투자연도	1년 이내	2년 이내	
소득공제 가능(O)	소득공제 가능(O)	소득공제 가능(O)	

○ 기존기업의 벤처기업으로의 전환과 벤처기업의 창업을 촉진하여 산업의 구조조정을 원활히 하고, 산업경쟁력을 제고하기 위해 투자금액에 대한 소득공제제도를 신설하여 1997.8.30부터 적용하고 있다.

가. 소득공제 투자대상

거주자가 다음에 해당하는 경우 출자액·투자액의 일정부분을 소득공제 받을 수 있다.

① 중소기업창업투자조합 또는 신기술투자조합 등에 출자하는 경우

이 경우 직접출자의 경우에만 소득공제가 가능하므로 타인의 출자지분 등을 양수하는 방법으로 출자하는 경우에는 소득공제를 적용받을 수 없다.

투자대상	신 설	폐 지
중소기업창업투자조합	97.08.30	
신기술투자조합	97.08.30	
기업구조조정조합	99.12.28	06.12.30
부품·소재전문투자조합	01.12.29	
한국벤처투자조합	06.12.30	

② 벤처기업증권투자신탁의 수익증권에 투자하는 경우

③ 개인투자조합에 출자한 금액을 벤처기업에 투자하는 경우. 이 경우 개인투자조합이 거주자로부터 출자받은 금액을 출자일이 속하는 과세연도의 다음 과세연도 말까지 벤처기업에 투자하여야 함

④ 벤처기업에 투자하는 경우('99.1.1 이후 투자하는 분부터 적용)

나. 소득공제 시기 및 금액

출자일이 속하는 과세연도부터 출자 후 2년이 되는 날이 속하는 과세연도 중 1 과세연도를 선택하여 출자액의 일정비율을 소득공제 할 수 있다.

〈투자 연도별 공제비율〉

투자 연도	2010년	2009년	2008년	2007년	2006년
공제 비율	10%	10%	10%	10%	15%

〈사례〉

2008.1.1 중소기업창업투자조합에 3,000만원 투자한 경우 2008년, 2009년, 2010년 중 1개 연도를 선택하여 투자금액 3,000만원의 10%에 해당하는 300만원을 소득공제 받을 수 있다.

다. 공제한도

중소기업창업투자조합 등에 투자한 경우 공제금액은 해당 과세연도의 종합소득금액의 일정비율을 한도로 한다.

〈투자 연도별 공제금액 한도비율〉

투자 연도	2010년	2009년	2008년	2007년	2006년
한도비율	30%	30%	50%	50%	50%

〈사례〉

2008.1.1 중소기업창업투자조합에 3,000만원 투자한 경우 2010년에 소득공제 받기를 희망하는 경우 투자금액 3,000만원의 10%에 해당하는 300만원과 다음의 공제한도 금액 중 적은 금액에 대해 소득공제 받을 수 있다.

총 급여	1억원	7,000만원	5,000만원	3,000만원
근로소득공제	1,550만원	1,400만원	1,300만원	1,125만원
근로소득금액	8,450만원	5,600만원	3,700만원	1,875만원
한도비율	50%	50%	50%	50%
공제한도	4,225만원	2,800만원	1,850만원	937.5만원
공제금액	300만원	300만원	300만원	300만원
적용세율	24% 가정	15% 가정	15% 가정	6% 가정
세금절약효과	72만원	45만원	45만원	18만원

라. 소득공제에 따른 농어촌특별세 납부

중소기업창업투자조합 등에 출자하여 소득공제를 받은 경우 농어촌특별
세를 납부하여야 한다.

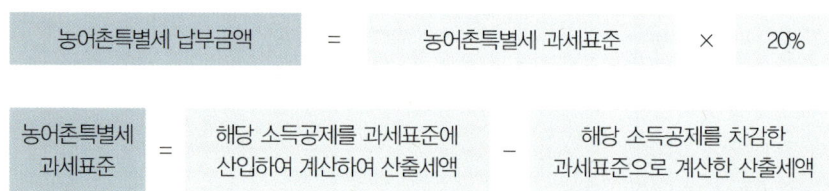

| 농어촌특별세 납부금액 | = | 농어촌특별세 과세표준 | × | 20% |

| 농어촌특별세
과세표준 | = | 해당 소득공제를 과세표준에
산입하여 계산하여 산출세액 | − | 해당 소득공제를 차감한
과세표준으로 계산한 산출세액 |

〈사례〉 2008.1.1 중소기업창업투자조합에 3,000만원 투자한 경우 2010년에 소득
공제를 받은 경우 납부할 농특세특별세는?

⇒ 총급여 1억원, 중소기업창업투자조합 소득공제를 제외한 다른 소득공제 2천
  만원

구분	중소기업창업투자 조합 소득공제 전	중소기업창업투자 조합 소득공제 후	농어촌특별세
총 급여	100,000,000	100,000,000	–
근로소득공제	15,500,000	15,500,000	–
근로소득금액	84,500,000	84,500,000	–
중소기업창업투자 조합소득공제	–	3,000,000	–
다른 소득공제	20,000,000	20,000,000	–
과세표준	64,500,000	61,500,000	–
세율적용	6,160,000+(64,500,000 −46,000,000)×24%	6,160,000+(61,500,000− 46,000,000)×24%	–
산출세액	10,600,000	9,880,000	(과세표준) 720,000 = 10,600,000 − 9,880,000
			(세율) 20%
			(납부세액) 144,000

마. 공제세액 추징

출자일·투자일로부터 5년이 경과하기 전에 다음에 해당하는 경우 이미 공제받은 소득금액에 해당하는 공제세액을 추징한다.

① 중소기업창업투자조합 등의 출자지분을 이전하거나 회수하는 경우

② 벤처기업투자신탁의 수익증권을 양도하거나 환매하는 경우

③ 개인투자조합 출자금의 벤처기업 투자 시 출자지분·투자지분을 이전하거나 회수하는 경우

④ 벤처기업의 출자지분 또는 투자지분을 이전하거나 회수하는 경우
　　다만, 다음에 해당하는 경우 사유로 인한 경우에는 이미 공제받은 소득금액에 해당하는 공제세액을 추징하지 아니한다.

　　㉮ 출자자 또는 투자자의 사망
　　㉯ 해외이주로 세대전원이 출국하는 경우
　　㉰ 천재·지변으로 재산상 중대한 손실이 발생한 경우

12

우리사주조합 출자

○ 우리사주조합 출자

- (출자 시 소득공제)우리사주조합원(근로자)이 자사주를 취득하기 위해 우리사주조합에 출자하는 경우 소득공제

- (자사주 취득 시 비과세) 우리사주조합원이 우리사주조합에 출자하고 그 조합을 통하여 자사주를 취득하는 경우 해당 출자금액이 공제금액 한도 이하인 경우 그 주식의 취득가액과 시가와의 차액에 대해 소득세를 비과세

- (배당소득 비과세) 우리사주조합원이 우리사주조합을 통하여 취득한 후 증권금융회사에 예탁한 우리사주의 배당소득에 대해서는 일정요건을 갖춘 경우 비과세

- (인출 시 소득세 과세)우리사주조합원이 우리사주조합으로부터 배정받은 자사주를 인출하는 경우 인출금을 근로소득으로 보아 소득세 과세
  * 자사주 보유기간에 따라 인출금에 대해 일부 비과세

- (주식양도소득 비과세) 우리사주조합원이 보유하고 있는 자사주로서 일정요건을 갖춘 주식을 해당 조합원이 퇴직을 원인으로 인출하여 우리사주조합에 양도하는 경우 그 양도차익 3천만원까지는 양도소득세를 과세하지 아니함

〈우리사주조합 출자에 따른 라이프 사이클에 따른 세금 검토〉

출자	취득	보유	인출	퇴직
출자	출자금액으로 자사주 취득	배당 발생	인출금 발생	퇴직으로 인출
⇩	⇩	⇩	⇩	⇩
소득공제	해당 출자금액이 공제한도 미만인 경우 취득차익 비과세	예탁 등 일정 요건을 갖춘 경우 비과세	근로소득으로 보아 과세 (보유기간에 따라 일부 비과세)	우리사주조합에 양도 시 양도차익 일부 비과세

○ 우리사주제도는 근로자로 하여금 주식회사의 소속 근로자가 그 주식회사의 주식을 취득·관리하기 위하여 설립한 우리사주조합을 통하여 해당 우리사주조합이 설립된 주식회사의 주식을 취득·보유하게 함으로써 근로자의 경제·사회적 지위향상과 노사협력 증진을 도모함을 목적으로 하며, 정부는 이를 뒷받침하기 위해 다각도로 세제지원을 하고 있다.

가. 우리사주조합원 자격

우리사주제도 실시회사의 우리사주조합에 조합원으로 가입할 수 있는 근로자는 다음과 같다.

① 우리사주제도 실시회사의 소속 근로자

② 우리사주제도 실시회사의 지배관계회사 소속 근로자 또는 수급관계회사의 소속 근로자는 다음의 요건을 갖춘 경우에만 해당된다.

㉑ 지배관계회사 또는 수급관계회사의 경우 각각 소속 근로자 전원의 과반수로부터 동의를 받을 것

㉒ 해당 우리사주제도 실시회사의 우리사주조합으로부터 동의를 받을 것

㉓ 해당 지배관계회사 또는 해당 수급관계회사 자체에 우리사주조합이 설립되어 있는 경우 자체 우리사주조합이 해산될 것

○ 우리사주제도 실시회사의 우리사주조합원이 될 수 없는 경우
– 우리사주제도 실시회사, 지배관계회사 및 수급관계회사의 주주총회에서 임원으로 선임된 사람
– 우리사주제도 실시회사, 지배관계회사, 수급관계회사의 소속 근로자로서 주주 등 (다만, 해당 주주가 소액주주에 해당하는 경우 제외)

나. 출자에 따른 소득공제

우리사주조합원이 자사주를 취득하기 위하여 우리사주조합에 출자하는 경우 다음에 해당하는 금액을 출자한 연도의 근로소득에서 공제한다.

| 공제금액 | = | 적은 금액[출자금액, 연 400만원] |

다. 취득가액과 차액의 과세

우리사주조합원이 우리사주조합에 출자하고 그 조합을 통하여 자사주를 취득하는 경우 그 주식의 취득가액과 시가와의 차액의 과세는 다음과 같이 한다.

구 분	과세방법
출자금액이 4백만원 이하인 경우	취득차액(=시가−그 주식의 취득가액)에 대해 비과세
출자금액이 4백만원을 초과하는 경우 그 초과금액	−과세기준 기준가액 〉취득가액 * 기준가액=자사주의 취득일 현재 시가의 70% −과세방법 (기준가액−취득가액) ⇒ 근로소득으로 과세

〈사례〉 2010년에 우리사주조합에 출자한 금액 500만원

⇒ 자사주 80주 취득(취득가액 62,500원)하였고 자사주 취득일 현재 자사주의 시가는 90,000원인 경우 자사주 취득에 따른 과세대상에 해당하는지 검토

구 분	과세방법
출자금액 중 4백만원 부분	(90,000원−62,500원)×80×400/500=1,760,000원 ⇒ 비과세
출자금액 중 4백만원을 초과하는 경우 100만원 부분	−과세기준 검토 기준가액〉취득가액 ⇒ 63,000원 〉62,500원 * 기준가액=자사주의 취득일 현재 시가(90,000원)의 70% −과세금액 (63,000원−62,500원)×80×100/500=8,000원 ⇒ 근로소득으로 과세

라. 자사주 보유기간 발생한 배당소득 과세방법

우리사주조합원이 우리사주조합을 통하여 취득한 후 증권금융회사에 예탁한 우리사주의 배당소득에 대해서 일정요건을 갖춘 경우에는 소득세를 과세하지 아니한다.

○ 배당소득 비과세요건
- 증권금융회사가 발급한 주권예탁증명서에 의하여 우리사주조합원이 보유하고 있는 자사주가 배당지급 기준일 현재 증권금융회사에 예탁되어 있음이 확인될 것
- 우리사주조합원이 소액주주일 것
- 우리사주조합원이 보유하고 있는 자사주의 액면가액의 개인별 합계액이 1천800만원 이하일 것

다만, 예탁일로부터 1년 이내에 인출하는 경우 그 인출일 이전에 지급된 배당소득에 대해서는 인출일에 배당소득이 지급된 것으로 보아 소득세가 과세된다(원천징수 세율 14%).

마. 자사주 인출 시 과세방법

우리사주조합원이 우리사주조합으로부터 배정받은 자사주를 인출하는 경우 인출금을 근로소득으로 보아 소득세를 부과한다.

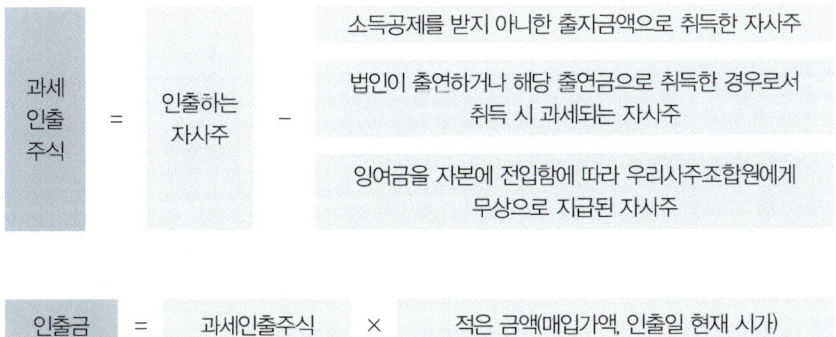

① 근로소득 과세 시 수입 시기 : 그 자사주의 인출일

② 인출 시 과세되는 세금 : 인출금에 기본세율을 적용하여 계산한 금액을 원천징수

예) 인출금이 2,000만원인 경우 원천징수 세금은? 1,920,000원

$(12,000,000 \times 6\%) + (20,000,000 - 12,000,000) \times 15\% = 1,920,000$원

③ 자사주의 보유기간에 따른 인출금에 대한 소득세 비과세

우리사주조합원의 과세인출주식에 대한 인출금의 경우 자사주의 보유기간*에 따라 다음에 해당하는 금액에 대해서는 소득세를 비과세한다.

* 보유기간: 증권금융회사의 우리사주조합별 계정에 의무적으로 예탁하여야 하는 기간의 종료일 다음 날부터 인출한 날까지의 기간

보유기간	비과세 대상금액
과세인출주식을 2년 이상 4년 미만 보유하는 경우	인출금의 100분의 50
과세인출주식을 4년 이상 보유하는 경우	인출금의 100분의 75

바. 양도차익 비과세

우리사주조합원이 보유하고 있는 자사주로서 일정 요건을 갖춘 주식을 퇴직을 원인으로 인출하여 우리사주조합에 양도하는 경우에는 양도차익에 대하여 비과세한다. 이 경우 그 양도차익이 3천만원을 초과할 때에는 그 초과금액에 대해서는 비과세가 적용하지 아니한다.

○ 양도차익 비과세 요건

- 우리사주조합원이 자사주를 우리사주조합을 통하여 취득한 후 1년 이상 보유할 것
- 우리사주조합원이 보유하고 있는 자사주가 양도일 현재 증권금융회사에서 1년 이상 예탁된 것일 것
- 우리사주조합원이 보유하고 있는 자사주의 액면가액 합계액이 1천 800만원 이하일 것

13

장기주식형 저축

✓아내가 이끄는 알기쉬운 세금절약 레시피

○ 장기주식형 저축
- (소득공제)거주자가 2009년 12월 31일까지 장기주식형 저축에 가입하여 저축금을 납입한 경우에는 해당 과세연도에 납입한 금액에 대해 일정 공제비율만큼 소득공제
- (비과세)장기주식형 저축에 가입하여 납입한 금액에서 발생한 이자소득 및 배당소득에 대해서는 소득세를 부과하지 아니함
- (해지추징세액 징수)장기주식형 저축에 가입한 사람이 저축가입일로부터 3년 미만의 기간 내에 저축을 해지하는 경우 해지추징세액을 납부하여 야 함

<장기주식형 저축 라이프 사이클에 따른 세금 검토>

가입	저축	중도해지	만기(3년)	만기 이후
'09.12.31 이전 가입	분기마다 300만원 이내 불입	3년 미만 저축해지	이자·배당소득	이자·배당소득
	⇩	⇩	⇩	⇩
	저축 불입액 중 일정비율 소득공제	해지추징세액 징수	비과세	만기 이후 발생한 이자·배당소득은 과세대상임

○ 장기주식형 저축은 국내 자본시장의 안정 및 수요기반 확충을 위하여 2008.10. 20부터 2009.12.31까지 가입이 가능하며, 저축 가입일부터 3년간 소득공제 및 저축에서 발생한 소득에 대해 비과세 혜택이 적용된다.

가. 저축 개요

장기주식형 저축은 자산총액의 100분의 60 이상을 국내에서 발행되어 국내에서 거래되는 주식에 투자하는 투자회사 또는 투자신탁의 주식 또는 수익증권 취득을 위한 저축으로 저축 계약기간이 3년 이상이고, 저축가입일로부터 3년 미만의 기간 내에 원금·이자·배당·주식 또는 수익증권 등의 인출이 불가능하며, 적립식 저축으로 1명당 분기마다 모든 금융기관에 가입한 장기주식형 저축의 합계액 기준으로 300만원 이내에서 저축 납입이 가능하다.

나. 소득공제

거주자가 2009년 12월 31일까지 장기주식형 저축에 가입하여 저축금을 납입하는 경우 해당 과세연도에 납입한 금액에 공제율을 곱하여 계산한 금액을 해당 과세연도의 종합소득금액에서 공제한다.

공제비율은 저축가입일로부터 12개월 단위로 차등 적용되고 있음에 유의하여야 한다.

〈공제비율 및 공제금액 계산〉

구분	공제비율
저축가입일이 속하는 달을 포함하여 12개월까지 납입한 금액	100분의 20
13개월부터 24개월까지 납입한 금액	100분의 10
25개월부터 36개월까지 납입한 금액	100분의 5

〈사례〉

총급여액이 5,000만원인 근로자 2009년 1월에 장기주식형 저축에 가입하여 매월 50만원씩 불입한 경우 소득공제 금액 및 소득공제에 따른 세금절약효과는?

-월 불입액 : 500,000원×12개월 = 6,000,000원

(소득공제금액) 연 불입액 6,000,000원 × 공제비율 20% = 1,200,000원

-간편 세금절약효과 계산방법

근로소득금액 3,700만원 = 총급여액 5,000만원-근로소득공제[1,275만원+ (5,000만원-4,500만원) × 5%]

-과세표준 1,200만원 초과~4,600만원 미만인 경우 세율 15% 적용구간이므로

간편 세금절약효과 산출 시에는 소득공제금액에 세율 15%를 적용하여 계산한 180,000원이 소득공제로 세금절약이 될 수 있다(1,200,000원×15%=180,000원).

○ 위의 간편 세금절약 계산방식은 개인에 따라 다른 소득공제 금액이 많은 경우 세율 15%가 적용되는 금액보다 적은 금액의 경우 세율 6%가 적용될 수 있으며 또한 근로소득세액공제 등이 반영할 경우 다소 차이가 있을 수 있음에 유의해야 한다.

연금저축에 가입한 거주자가 장기주식형 저축에 추가로 가입하여 저축금을 불입한 경우에는 연금저축에 대한 소득공제와 장기주식형 저축에 대한 소득공제를 각각 적용받을 수 있다.

다. 저축에서 발생한 소득에 대한 과세

장기주식형 저축에 가입하여 납입한 금액에서 발생한 이자소득 및 배당소득에 대해서는 소득세를 부과하지 아니한다. 다만, 저축가입일로부터 3년이 지난 후 발생한 소득에 대해서는 소득세가 과세된다.

라. 저축가입일로부터 3년 미만 기간 내에 계약을 해지하는 경우

장기주식형 저축에 가입한 사람이 해당 저축가입일로부터 3년 미만의 기간 내에 저축 계약을 해지하는 경우 해지추징세액과 저축에서 발생한 이자·배당소득에 대해 소득세를 부담하여야 한다.

① 해지로 보는 경우

장기주식형 저축의 계좌에서 원금·이자·배당·주식 또는 수익증권 등의 전부 또는 일부가 인출된 경우에는 해당 계약이 해지된 것으로 본다.

② 해지추징세액 계산

저축계약이 해지된 날을 기준으로 다음에 해당하는 금액을 합산하여 계산한다.

저축가입일이 속하는 달을 포함하여 12개월까지 납입한 금액 $\times$ 5/100
+ 13개월부터 24개월까지 납입한 금액 $\times$ 24/1000
+ 25개월부터 36개월까지 납입한 금액 $\times$ 12/1000
= 해지추징세액

다만, 장기주식형 저축의 저축 불입금액에 대해 소득공제를 받은 자가 해당 공제로 감면받은 세액이 위와 같이 계산한 금액에 미달한 경우에는 실제로 감면받은 세액상당액을 추징한다.

③ 해지추징세액 납부 제외 사유

저축계약자가 사망하거나, 해외이주, 저축자의 3개월 이상의 입원치료 또는 요양을 요하는 상해가 발생한 날로부터 6월 이내에 저축을 해지하는 경우 해지추징세액을 납부하지 않아도 된다.

제3장

비과세되는 금융상품

금융소득 과세방법을 정확히 이해하고 금융상품을 잘 선택하는 경우 금융상품에서 얻어지는 소득뿐만 아니라 비과세를 통한 세금절약효과를 톡톡히 누릴 수 있다.
예를 들어 저축에 가입하여 20년간 1억원을 저축하여 이자소득이 5,000만원이 발생한 경우 비과세금융상품과 일반 금융상품을 비교해 보면 비과세로 인한 세금절약효과를 뚜렷하게 이해할 수 있다.

구분	비과세 금융상품	일반금융상품	비고
원금	100,000,000	100,000,000	
이자	50,000,000	50,000,000	
세금	0	7,700,000 −소득세 : 14% −지방소득세 : 소득세의 10%	원천징수 세율은 14%로 가정
세금을 제외한 이익	50,000,000	42,300,000	(차이) 7,700,000
수익률	50%	42.3%	
세금 추가 정산	별도 정산 없음	금융소득 종합과세에 해당하는 경우 추가정산 필요	

1

저축원금 3천만원까지
비과세되는 **생계형 저축**

✓아내가 이끄는 알기쉬운 세금절약 레시피

○ 생계형 저축
- 일반적으로 비과세저축은 세금면제 목적을 살리기 위해 일반적으로 가입 요건 및 저축기간 등을 까다롭게 정하고 있음
- 생계형 저축은 퇴직금 또는 이자로 생활하는 노인 등을 위한 상품으로 저 축기간에 제한 없이 자유롭다는 장점이 있음

생계형 저축은 퇴직금 또는 이자로 생활하는 노인과 장애인·생활보호대상자 등 생계가 어려운 소외계층 지원을 위하여 2000.10.21 신설되었으며, 생계형 저축에서 발생하는 이자 또는 배당에 대해서는 소득세를 비과세한다.

가. 저축 가입자

생계형 저축은 가입대상자를 엄격하게 제한하고 있으며 다음에 해당하는 거주자만이 저축에 가입이 가능하다.

① 거주자인 60세 이하의 노인
② 장애인복지법 제32조에 따라 등록한 장애인
③ 독립유공자 예우에 관한 법률 제6조에 따라 등록한 독립유공자와 그 유족 및 가족

〈사례〉

독립유공자예우에관한법률 제6조의 규정에 의하여 등록한 독립유공자와 그 유족 또는 가족이 1인당 저축원금이 3천만원 이하인 생계형 저축에 가입하는 경우 해당 저축에서 발생하는 이자소득 또는 배당소득에 대하여 소득세를 비과세함

- 국가유공자 등 예규 및 지원에 관한 법률 제6조에 따른 상이자
- 국민기초생활보장법 제2조 제2호에 따른 수급자
- 고엽제후유의증 환자지원 등에 관한 법률 제2조 제3호에 따른 고엽제후유의증 환자
- 5·18민주 유공자 예우에 관한 법률 제4조 제2호에 따른 5·18민주화운동부상자

나. 저축 취급기관

 생계형 저축*을 취급하는 저축기관은 금융실명거래 및 비밀보장에 관한 법률 제2조 제1호 각목의 금융기관(책자 부록 참조) 또는 다음에 해당하는 공제회로 한정하고 있으며, 투자신탁, 보험, 공제, 증권저축, 채권저축 등을 포함한다.

　① 군인공제회
　② 대한교원공제회
　③ 대한지방행정공제회
　④ 경찰공제회
　⑤ 대한소방공제회
　⑥ 과학기술인공제회

　* 생계형 저축은 생계형 저축통장 또는 거래카드의 표지·속지 또는 거래내역서 등에 '생계형 저축'이라는 문구가 표시되어 있음

다. 저축불입액 한도

 생계형 저축의 경우 분기 및 연간 단위로 저축 납입액을 제한하지 않고 있으나, 1인당 각 금융기관의 생계형 저축 합계액을 기준으로 최대 저축원금 3천만원까지 불입할 수 있다.

2

장기저축보험

✓ 아내가 이끄는 알기쉬운 세금절약 레시피

○ 장기저축보험
- 보험계약기간이 10년 이상인 경우 해당 보험에서 발생하는 이자소득은 비과세한다. 다만, 10년 되기 전에 납입한 보험을 확정된 기간 동안 연금형태로 분할하여 지급받는 경우에는 해당 보험에서 발생한 이자소득에 대해서는 소득세가 과세된다.

〈장기주식형 저축 라이프 사이클에 따른 세금 검토〉

가입	중도해지 인출		만기(10년)	만기 이후
	보험차익 과세	10년이 지나기 전에 확정된 기간 동안 연금행태로 분할 인출하는 경우	이자소득	만기 이후 지급일까지의 가산이자
	⇩	⇩	⇩	⇩
	보험차익 = 보험금 – 보험료	이자소득으로 과세	비과세	비과세

가. 저축보험

저축보험은 보험계약에 의해 지급되는 보험금의 합계액이 이미 납입한 보험료를 초과하는 보험으로 생존 시의 저축기능을 강화하여 목돈을 마련하거나 노후를 대비할 수 있는 상품이다.

구분	보험금	보험료
개념	보험회사가 보험약관에서 정한 보험사고가 발생한 경우 피보험자 또는 보험수익자에게 지급하는 금액으로 보험계약이 해지됨에 따라 받는 환급금을 말한다.	보험계약자가 보험계약에 따라 보험회사의 위험부담에 대한 대가로 보험회사에 납부하는 금액

나. 비과세되는 저축보험 요건

저축보험에서 발생하는 소득이 비과세되기 위해서는 보험계약에 따라 최초로 보험료를 납부한 날로부터 만기일 또는 중도해지일까지의 기간이 10년 이상이어야 한다.

이 경우 최초 납입일부터 만기일 또는 중도해지일까지의 기간은 10년 이상이지만, 최초 납입일로부터 10년이 경과하기 전에 납입한 보험료를 확정한 기간 동안 연금형태로 분할하여 지급받는 경우에는 비과세 요건을 충족하지 아니한 것으로 본다.

〈사례〉

- 저축성보험의 보험차익 비과세적용이 배제되는 확정된 기간 동안 연금형태로 분할하여 지급받는 경우란 연금의 지급기간이 일정한 기간(5, 10, 20년 등)으로 정해져 있는 것을 말한다.
- 보험계약 납입일부터 10년이 경과하기 전에 확정기간이 아닌 종신토록 연금으로 지급받는 보험금은 과세되는 저축성보험의 보험차익에 해당하지 아니한다.

다. 저축성보험의 만기 후 가산이자

저축성보험의 만기 후 지급일까지의 기간에 대해 가산이자율에 의한 가산이자는 소득세 과세가 제외되는 보험차익에 포함한다.

라. 저축성보험의 보험차익 과세기간 산정방법

① 공제계약을 만기 이전에 거치전환특약가입으로 계약기간을 연장하는 경우
  ⇒ 보험 계약기간은 최초보험료 불입일로부터 연장된 만기까지로 한다.

② 보험 계약기간이 10년 이상인 저축성보험에 가입한 거주자가 보험계약기간 중도에 보험계약자 및 수익자를 아들로 변경하고, 계약변경 1년 후 보험계약자 및 수익자인 아들이 보험계약을 해지하여 환급금을 수령하거나 또는 만기 시 보험금을 수령한 경우

⇨ 보험 계약기간의 계산은 계약변경과 관계없이 최초의 보험료납입일부터 만기일까지를 보험계약 기간으로 계산한다.

마. 비적격연금보험과 연금저축보험의 차이

구분	납입	연금수령
비적격연금보험	소득공제 불가능	연금수령까지 보험계약이 10년 이상인 경우 연금으로 수령하는 보험금은 소득세를 과세하지 아니함
연금저축보험	소득공제 가능	연금소득으로 과세

○ 변액보험

－납입한 보험료를 모아 펀드를 구성한 후 주식, 채권 등 유가증권에 투자하여 발생한 이익을 배분하여 주는 실적 배당형 보험으로 투자결과에 대한 책임을 계약자가 부담하는 것이 특징

○ 변액유니버셜보험

－변액보험과 유니버셜보험의 장점을 결합

－실적배당+자유입출금

3

이자소득과 배당소득이 비과세되는
새마을금고 및 조합 등의 **예탁금** 및 **출자금**

✓아내가 이끄는 알기쉬운 세금절약 레시피

○ 조합의 예탁금 및 출자금
- 농민·어민 및 그 밖에 상호유대를 가진 거주자를 조합원·회원 등으로 하
  는 조합 등에 대한 예탁금으로서 가입 당시 20세 이상인 거주자가 가입
  한 예탁금에서 발생하는 이자에 대해 소득세가 비과세됨
- 1명당 1천만원 이하의 출자금에 한해 배당소득 비과세

가. 조합 등

다음에 해당하는 조합을 말한다.

① 농업협동조합에 의한 조합
② 수산업협동조합법에 의한 수산업협동조합
③ 산림조합법에 의한 조합
④ 신용협동조합에 의한 신용협동조합
⑤ 새마을금고법에 의한 금고

나. 비과세 되는 예탁금 및 출자금 가입 대상

거주자인 농협, 수협, 산림조합, 신협, 새마을금고의 조합원·준조합원·계원·준계원 또는 회원만이 해당 저축기관의 비과세되는 예탁금을 가입할 수 있다.

구 분		가입자격
농협	조합원	지역농협의 구역에 주소, 거소나 사업장이 있는 농업인 * 둘 이상의 지역농협에 가입할 수 없다.
	준조합원	지역농협의 정관에 의해 지역농협의 구역에 주소나 거소를 둔 자로서 그 지역농협의 사업을 이용함이 적당하다고 인정되는 자
수협	조합원	지구별수협의 구역에 주소·거소(居所) 또는 사업장이 있는 어업인. 다만, 사업장 외의 지역에 주소 또는 거소만이 있는 어업인이 그 외의 사업장 소재지를 구역으로 하는 지구별수협의 조합원이 되는 경우에는 주소 또는 거소를 구역으로 하는 지구별수협의 조합원이 될 수 없다.
	준조합원	지구별 수협에서 정관으로 정하는 바에 따라 지구별 수협의 사업을 이용하는 것이 적당하다고 인정되는 자
산림 조합	조합원	당해 구역 안에 주소 또는 산림이 있는 산림소유자, 당해 구역 안에 주소 또는 사업장이 있는 임업인
	준조합원	정관이 정하는 바에 따라 조합의 구역 안에 주소 또는 거소를 둔 자로서 그 조합의 사업을 이용함이 적당하다고 인정되는 자
신협	조합원	조합원은 조합의 공동유대에 소속된 자로서 제1회 출자금을 납입한 자로 한다. 이에 불구하고 조합은 조합의 설립목적 및 효율적인 운영을 저해하지 아니하는 범위 안에서 당해 공동유대에 소속되지 아니한 자중 조합원의 가족(배우자 및 세대를 같이하는 직계존·비속을 말한다) 등을 조합원에 포함시킬 수 있다. * 1조합의 조합원의 수는 100인 이상이어야 한다.
새마을 금고	회원	금고의 회원은 그 금고의 정관으로 정하는 업무구역에 주소나 거소가 있는 자 또는 생업에 종사하는 자로서 출자 1좌 이상을 현금으로 납입한 자로 한다. * 한 금고의 회원 수는 100명 이상으로 한다.
어촌계		지구별수협의 조합원은 행정구역·경제권 등을 중심으로 어촌계를 조직할 수 있으며, 그 구역은 어촌계의 정관으로 정한다.
	어촌계원	어촌계의 구역 안에 거주하는 자로서 지구별수협의 조합원은 어촌계에 가입할 수 있다.
	어촌 준계원	다음의 어느 하나에 해당하는 자는 총회의 의결을 얻어 준어촌계원이 될 수 있다. －어촌계원의 자격이 없는 어업인 중 어촌계가 취득한 마을어업권 또는 어촌계의 구역 안에 있는 지구별 수협이 소유한 마을어업권의 어장에 「수산업법」 제2조 제10호에 따른 입어를 하는 자 －어촌계의 구역 안에 거주하는 자로서 어촌계의 사업을 이용함이 적당하다고 인정되는 자

다. 이자소득이 비과세되는 예탁금

　1명당 3천만원 이하의 예탁금만 해당하며 2012년 12월 31일까지 발생한 이자에 대해 비과세한다. 이 경우 비과세 저축금액 기준은 조합 등에 예탁한 금액의 합계액을 한다.

라. 예탁금 이자에 대한 농어촌특별세*

　예탁금에서 발생하는 이자소득은 비과세되지만 농어촌특별세(1.4%)는 부담한다.

* 농어촌특별세는 감면되는 소득세를 과세표준으로 하며, 세율은 10%이다.

| 농어촌특별세 | = | 소득세 감면세액(14%−0%) | × | 세율(10%) |

〈사례〉

농협의 조합원으로 예탁금 3천만원에 대해 이자소득 200만원이 발생하는 경우

구 분	비과세되는 예탁금	일반저축
이자소득	2,000,000	2,000,000
(−) 소득세	−	280,000
(−) 지방소득세	−	28,000
(−) 농어촌특별세	28,000	−
= 실수령액	1,972,000	1,692,000

다만, 다음에 해당하는 사람에 대해서는 농어촌특별세를 부과하지 아니
한다.

- 2헥타르 이하의 농지를 소유한 농민

- 20톤 이하의 어선을 소유한 어민

- 일정 규모 이하의 가축을 소유한 양축가

- 월 급여액이 60만원 이하인 자

- 일용근로자 중 일급여액이 2만 4천원 이하인 자

마. 출자금 등에서 발생하는 배당소득 비과세

농협 등의 조합원·준조합원·계원·준계원 또는 회원의 출자금으로서 조
합 등에 출자한 금액의 1인당 합계액이 1천만원 이하인 출자금의 배당소득의
경우 2012.12.31까지 받는 경우에는 배당소득에 대한 소득세를 비과세한다.

또한 조합 등의 조합원·회원 등이 그 금융기관으로부터 받는 사업 이용
실적에 따른 배당소득의 경우 2012.12.31까지 받는 경우 배당소득에 대한 소
득세를 비과세한다.

* 조합의 출자금 등에 대한 배당소득은 예탁금과 달리 농어촌특별세 과세대상에 해당하
  지 아니한다.

4

농어가목돈마련저축

○ 농어가목돈마련저축

− 농어민이 농어가목돈마련저축에 가입한 경우 저축에서 발생하는 이자소
  득에 대해 비과세

가. 농어가목돈마련저축

농어가목돈마련저축은 농어민이 일정기간 저축을 한 후 현금으로 저축원리금과 저축장려금을 지급받는 것을 목적으로 하는 저축으로 해당 저축을 취급하는 금융기관은 다음과 같다.

① 단위농업협동조합
② 지구별 수산업협동조합 및 업종별 수산업협동조합
③ 지역별 축산업협동조합 및 업종별 축산업협동조합

나. 가입대상

저축 가입 대상		저축 가입 제외 대상
저소득 농어민	그 외 농어민	
농민	1헥타르를 이하 농지를 소유한 자	1ha<&≤2ha	2헥타르를 초과하는 농지를 소유한 자
어업인	무동력선을 소유한 자	20톤 이하 어선 소유	20톤을 초과하는 어선을 소유한 자
양축가	소 15마리 등 가축규모 기준 이하의 가축을 소유하는 자	소 16마리<&≤소 30마리	소 30마리 등 가축규모 기준을 초과하여 소유하는 가축을 소유하는 자

다. 저축금액

목돈마련저축의 연간 저축납입금액의 최고한도는 144만원으로 한다. 다만, 저소득농어민의 연간 저축납입금액의 최고한도는 120만원으로 한다.

라. 저축기간

목돈마련저축의 저축기간은 3년 또는 5년으로 한다.

마. 저축장려금의 지급

① 농어민이 목돈마련저축계약기간이 만료할 때까지 저축하는 경우

구 분	장려금
그 계약기간이 3년인 때	납입한 저축원금의 저축기간 중 평균잔액(이하 '납입원금평잔'이라 한다)의 100분의 4.5에 상당하는 금액
그 계약기간이 5년인 때	납입원금평잔의 100분의 12.5에 상당하는 금액

② 저소득농어민이 목돈마련저축계약기간이 만료할 때까지 저축하는 경우

저축기간	장려금
그 계약기간이 3년인 때	납입원금평잔의 100분의 4.5에 상당하는 금액+납입원금평잔의 100분의 13.5에 상당하는 금액
그 계약기간이 5년인 때	납입원금평잔의 100분의 12.5에 상당하는 금액+납입원금평잔의 100분의 35.5에 상당하는 금액

③ 목돈마련저축계약을 중도에 해지하는 경우

저축기간	장려금
3년 이상 저축한 때	납입원금평잔의 100분의 0.9에 상당하는 금액
4년 이상 저축한 때	납입원금평잔의 100분의 5.6에 상당하는 금액

바. 세제 혜택

2011.12.31까지 농어가목돈마련저축에 가입한 경우 해당 농어민 또는 그 상속인이 저축계약기간이 만료되거나 가입일로부터 1년 이후 다음의 어느 하나에 해당하는 사유로 저축을 해지하여 받는 이자소득과 저축장려금에 대해 소득세·증여세 또는 상속세를 부과하지 아니한다.

① 농어민이 사망한 경우
② 농어민이 해외로 이주한 경우
③ 5년 만기 저축에 가입하여 3년 이상 저축을 한 농어민이 계약을 해지하는 경우

* 농어가목돈마련저축의 이자소득과 자축장려금에 대해서는 농어촌특별세 납부대상에 해당하지 아니한다.

5

장기회사채형 저축

✓ 아내가 이끄는 알기쉬운 세금절약 레시피

○ 장기회사채형 저축을 이용한 세금절약

– 거주자가 2009년 12월 31일까지 장기회사채형 저축에 가입하여 발생한 이자소득 및 배당소득에 대해서는 소득세가 비과세됨

〈장기회사채형 저축 라이프 사이클에 따른 세금 검토〉

가입	저축	중도해지	만기(3년)	3년 경과
'09.12.31 이전 가입	1명당 5천만원 이내 납입(거치식*)	3년 미만 저축 해지	이자·배당소득	3년이 지난 후 발생하는 소득
		⇩	⇩	⇩
	* 거치식: 목돈을 일정기간 예치	이자소득 및 배당소득에 대해 소득세 과세	비과세	소득세 과세

○ 장기회사채형 저축은 국내 국내회사채에 대한 투자확대로 채권시장안정 및 국내기업의 자금난 해소를 위해 도입되었으며 2008.10.20부터 2009.12.31까지 가입이 가능하며, 저축 가입일부터 3년간 저축에서 발생한 소득에 대해 비과세 혜택이 적용된다.

가. 장기회사채형 저축

거주자가 2009년 12월 31일까지 장기주식형 저축에 가입할 수 있으며, 저축 계약기간이 3년 이상이고, 저축가입일로부터 3년 미만의 기간 내에 원금·이자·배당 또는 수익증권 등의 인출이 없어야 한다.

나. 저축 가능 금액

모든 금융기관에 가입한 장기회사채형 저축의 합계액 기준으로 1명당 5천만원 이내의 금액을 예치할 수 있다.

다. 3년 미만의 기간 내에 해지하는 경우

저축가입일로부터 3년 미만의 기간 내에 저축을 해지하는 경우 저축에서 발생한 이자소득과 배당소득에 대해 소득세가 과세된다.

이 장기회사채형 저축의 계좌에서 원금·배당·주식 또는 수익증권 등의 전부 또는 일부가 인출된 경우에는 해당 계약은 해지된 것으로 본다. 다만, 저축자의 사망, 해외이주로 6개월 이내에 저축을 해지한 경우에는 저축에서 발생한 이자소득과 배당소득에 대해 소득세가 비과세됨에 유의해야 한다.

6

장기 보유한 주식에서
발생하는 배당소득

✓ 아내가 이끄는 알기쉬운 세금절약 레시피

○ 주권상장법인의 주식을 장기 보유
– 거주자가 주권상장법인의 주식을 주권상장 이후 3년 이상 보유한 경우
  해당 주식에서 발생하는 배당소득은 비과세함

가. 비과세

　거주자가 액면가액의 합계액 기준으로 법인별로 3천만원 이하인 상장주식을 주권상장 이후 3년 이상 보유하고 해당 법인으로부터 2010년 12월 31일까지 받는 3년 이상의 보유주식의 배당소득에 대해서는 소득세를 부과하지 아니한다.

　이 경우 액면가액 합계액 기준 3천만원 이하 여부를 판단하는 경우에는 3년 미만 보유주식을 포함하여 계산한다.

　다만, 법인의 주식을 보유한 거주자가 해당 법인의 지배주주 및 특수 관계자에 해당하는 경우에는 그러하지 아니하다.

나. 과세특례

　거주자가 액면가액의 합계액 기준으로 법인별로 3천만원 초과 1억원 이하인 상장주식을 주권상장 이후 3년 이상 보유하여 해당 법인으로부터 2010년 12월 31일까지 받는 3년 이상의 보유주식의 배당소득에 대해서는 원천징수세율을 100분의 5로 하며 해당 배당소득은 소득세법에 따른 종합소득과세표준에 합산하지 아니하는 분리과세 소득에 해당한다.

　이 경우 액면가액 합계액 기준을 판단하는 경우에는 3년 미만 보유주식을 포함하여 계산한다.

　다만, 법인의 주식을 보유한 거주자가 해당 법인의 지배주주 및 특수 관계자에 해당하는 경우에는 그러하지 아니하다.

구　분	법인별 액면가액 3천만원 이하 보유	법인별 액면가액 3천만원 이상 1억원 이하 보유
3년 미만 보유	배당소득에 대해 14% 과세 (지방소득세) 소득세의 10%	배당소득에 대해 14% 과세 (지방소득세) 소득세의 10%
3년 이상 보유	배당소득에 대해 비과세 (지방소득세) 없음 (농어촌특별세) 없음	배당소득에 대해 5% 과세 (지방소득세) 소득세의 10% (농어촌특별세) 없음

7

미분양주택 투자신탁 등에 대한 과세특례

○ 미분양주택 투자신탁

– 거주자 등이 미분양투자신탁 등에 2009년 12월 31일까지 가입하여 받
   는 배당소득에 대해 비과세하거나 분리과세 등 과세특례를 적용받을
   수 있음

<미분양주택 투자신탁 등 배당소득 세금 검토>

투자금액 1억원 이하	투자금액 1억원 초과
배당소득 ⇩ 비과세	배당소득 ⇩ −배당소득 과세(14% 원천징수) −종합소득금액에 포함하지 아니하는 배당소득에 해당

가. 배당소득 비과세 요건

거주자 또는 국내사업장이 없는 비거주자가 미분양주택에 직접 또는 간접적으로 투자하는 것을 목적으로 설립된 미분양주택투자신탁 등에 2009년 12월 31일까지 가입하여 2012년 12월 31일 이전에 받는 배당소득 중 해당 미분양주택투자신탁 등별로 투자금액 1억원까지에서 발생하는 배당소득에 대해서는 소득세를 비과세한다.

다만, 미분양주택의 처분지연 등으로 2012년 12월 31일까지 배당소득 지급이 불가능한 경우에는 2013년 12월 31일까지 받는 배당소득에 대하여 소득세를 비과세한다.

나. 분리과세 요건

거주자 또는 국내사업장이 없는 비거주자가 미분양주택에 직접 또는 간접적으로 투자하는 것을 목적으로 설립된 미분양주택투자신탁 등에 2009년 12월 31일까지 가입하여 2012년 12월 31일 이전에 받는 배당소득 중 해당 미분양주택투자신탁 등별로 투자금액 1억원을 초과하는 경우에는 그 초과하는 금액에서 발생하는 배당소득에 대해서는 14%로 원천징수 하되 종합소득과세 표준에 합산하지 아니한다.

　다만, 미분양주택의 처분지연 등으로 2012년 12월 31일까지 배당소득 지급이 불가능한 경우에는 2013년 12월 31일까지 받는 배당소득에 대하여 소득세를 비과세한다.

재외동포전용 투자신탁의
배당에 대한 과세특례

✓ 아내가 이끄는 알기쉬운 세금절약 레시피

○ 재외동포전용 투자신탁

– 재외동포가 재외동포전용 투자신탁 등에 2010년 12월 31일까지 가입하여 2012년 12월 31일 이전에 받는 배당소득에 대해서는 비과세하거나 낮은 세율로 원천징수

〈재외동포전용 투자신탁의 배당소득 세금 검토〉

투자금액 1억원 이하	투자금액 1억원 초과	계약체결일로부터 1년 이내
배당소득	배당소득	환매 또는 권리이전
⇩	⇩	⇩
비과세	배당소득 과세 (5% 원천징수)	기 원천징수한 세액과 20%를 적용한 세액과의 차액을 추가 징수

가. 과세특례가 적용되는 재외동포의 범위

재외동포전용 투자신탁 및 투자회사에 가입하는 경우 과세특례를 적용받을 수 있는 재외동포란 국내사업장이 없는 비거주자로서 다음의 어느 하나에 해당하는 사람을 말한다.

대 상	내 용
재외국민	대한민국의 국민으로서 외국의 영주권을 취득한 자* 또는 영주할 목적으로 외국에 거주하고 있는 자** * 거주국으로부터 영주권 또는 이에 준하는 거주목적의 장기체류자격을 취득한 자를 말한다. ** 해외이주법 제2조의 규정에 의한 해외이주자로서 거주국으로부터 영주권을 취득하지 아니한 자로 2년 이상 외국에서 거주한 자에 한한다.
외국국적동포	대한민국의 국적을 보유하였던 자(대한민국정부 수립 전에 국외로 이주한 동포를 포함한다) 또는 그 직계비속으로서 외국국적을 취득한 자로 다음에 해당하는 자 －대한민국의 국적을 보유하였던 자(대한민국정부 수립 이전에 국외로 이주한 동포를 포함한다. 이하 같다)로서 외국국적을 취득한 자 －부모의 일방 또는 조부모의 일방이 대한민국의 국적을 보유하였던 자로서 외국국적을 취득한 자

나. 재외동포전용 투자신탁 및 투자회사

배당소득에 대해 비과세 및 과세특례가 적용되는 재외동포전용 투자신탁 등은 다음에 해당하는 요건에 모두 해당하여야 한다.

① 가입자 전원이 재외국민이거나 외국국적동포에 해당하여야 함

② 다음에 해당하는 집합투자기구일 것

   ㉮ 집합투자업자인 위탁자가 신탁업자에게 신탁한 재산을 신탁업자로 하여금 그 집합투자업자의 지시에 따라 투자·운용하게 하는 신탁 형태의 집합투자기구('투자신탁')

   ㉯ 「상법」에 따른 주식회사 형태의 집합투자기구('투자회사')

③ 국내자산에만 투자할 것(이 경우 재외동포전용 투자신탁 등이 투자하는 다른 집합투자기구도 국내자산에만 투자하여야 함)

다. 재외동포전용 투자신탁 등에 가입 시 필요한 서류

구 분	내 용
재외국민	재외동포등록법 제7조 제1항에 따른 재외국민등록부 등본 또는 여권법 시행령 제6조 제4항에 따른 거주여권의 사본
외국국적동포	다음에 해당하는 서류, 다만, 재외동포(F-4)체류자격을 가진 경우 체류자격이 기재된 사증사본 제출할 수 있음 −대한민국의 국적을 보유하였던 자로서 외국국적을 취득한 경우: 가족관계기록사항에 관한 증명서 또는 제적등본, 외국국적을 취득한 원인과 그 연월일을 증명하는 서류 또는 거주지국 여권 사본 −부모의 일방 또는 조부모의 일방이 대한민국의 국적을 보유하였던 자로서 외국국적을 취득한 경우: 가족관계기록사항에 관한 증명서 또는 제적등본, 외국국적을 취득한 원인과 그 연월일을 증명하는 서류 또는 거주지국 여권 사본, 출생증명서 등 직계존비속의 관계임을 증명하는 서류

* 재외동포전용 투자신탁 등에 가입하여 배당소득 비과세 및 과세특례를 적용받으려는 사람은 비거주임을 증명하는 서류를 제출하여야 한다.

라. 배당소득에 대한 과세특례

① 비과세

국내사업장이 없는 재외동포가 재외동포전용 투자신탁에 2010년 12월 31일까지 가입하여 2012년 12월 31일 이전에 받는 배당소득 중 해당 재외동포전용 투자신탁 등별로 투자금액 1억원까지 발생하는 배당소득에 대해서는 소득세가 비과세된다.

② 과세특례

　국내사업장이 없는 재외동포가 재외동포전용 투자신탁에 2010년 12월 31
일까지 가입하여 2012년 12월 31일 이전에 받는 배당소득 중 해당 재외동포전
용 투자신탁 등별로 투자금액 1억원을 초과하는 경우 그 초과하는 금액에서
발생하는 배당소득에 대해서는 100분의 5의 세율을 적용한다.

마. 과세특례 배제

　재외동포전용 투자신탁 등의 가입자가 계약체결일로부터 1년 이내에 재외
동포전용 투자신탁 등을 환매하거나 그 권리를 이전하는 경우 원천징수의무
자는 다음에 따라 원천징수를 하여야 한다.

① 계약체결일로부터 환매 또는 증권 양도일의 기간 중 결산일이 도래하지
아니한 경우
　　⇨ 20%로 원천징수

② 계약체결일 이후부터 환매 또는 증권 양도일의 기간 중에 결산일이 속하
　여 있는 경우로서 같은 결산일에 배분받은 이익에 대하여 과세하지 않거나
　100분의 5의 세율로 원천징수 된 세액이 있는 경우
　　⇨ 기 원천징수 한 세액과 20%를 적용한 세액과의 차액을 추가로 원천징수
　　　다만, 가입자의 사망 등 부득이한 사유로 해지하는 경우에는 비과세 및
　　　과세특례를 적용한다.

9

녹색투자신탁 등의 배당소득 비과세

✓아내가 이끄는 알기쉬운 세금절약 레시피

○ 녹색투자신탁 등
- 자산총액의 60% 이상을 녹색전문기업 또는 녹색사업에 투자하는 녹색투자신탁 등을 2012년 12월 31일까지 가입한 경우 해당 녹색투자신탁 등에서 발생하는 배당소득에 대해서는 비과세함
- 계약기간 만료일 이전에 원금 또는 수익금의 일부 또는 전부를 인출하거나 제3자에게 양도하는 경우 비과세되었던 배당소득에 대해 소득세 부과

〈녹색투자신탁 등 라이프 사이클에 따른 세금 검토〉

가입	저축	중도해지	만기	만기 이후
'12.12.31 이전 가입	(1명당 납입한도) 3천만원	계약기간 만료일 이전에 저축 해지 ⇩	배당소득 ⇩	계약만료일 이후 발생한 소득 ⇩
계약기간 3년 이상 5년 이하		배당소득에 대해 소득세 과세	비과세	소득세 과세

가. 녹색투자신탁 및 투자신탁(이하 '녹색투자신탁 등') 상품 개요

① 자산총액의 100분의 60 이상을 녹색산업 관련 자산에 투자(대출 포함)할 것

② 계약기간이 3년 이상 5년 이하

③ 계약기간 만료일 이전에 원금 또는 수익금의 인출 및 제3자에게의 양도가 없을 것

④ 해당 거주자가 가입한 모든 녹색투자신탁 등의 합계액 기준으로 1명당 납입한도를 3천만원을 할 것

나. 배당소득 비과세

　거주자가 녹색투자신탁 등에 2012.12.31일까지 가입한 경우 해당 녹색투자

신탁 등에서 발생한 배당소득에 대해서는 소득세를 부과하지 아니한다.

　다만, 계약기간 만료일 이후 발생한 소득에 대해서는 소득세(세율 14%)가 과세됨에 유의하여야 한다.

다. 계약기간 이전에 중도 인출 등의 경우

　녹색투자신탁 등에 가입한 거주자가 계약기간 만료일 이전에 원금 또는 수익금의 일부 또는 전부를 인출하거나 제3자에게 양도한 경우 녹색투자신탁 등을 취급하는 금융회사 등은 배당소득에 대하여 소득세가 부과한다.

　다만, 원금 또는 이자 등의 인출, 이체 또는 양도 전 6개월 이내에 사망·해외이주 등 부득이한 사유가 발생한 경우 배당소득에 대해서는 소득세를 과세하지 아니한다.

10

녹색예금의 이자소득 비과세

✓ 아내가 이끄는 알기쉬운 세금절약 레시피

○ 녹색예금
- 예금으로 조달된 자금의 60% 이상을 녹색산업 관련 자산에 투자하는 녹색예금에 2012년 12월 31일까지 가입하는 경우 그 예금에서 발생한 이자소득에 대해서는 비과세를 적용함
- 계약기간 만료일 이전에 예금의 원금 또는 이자를 인출 또는 이체하는 경우 비과세되었던 이자소득에 대해 소득세 부과

〈녹색예금 라이프 사이클에 따른 세금 검토〉

가입	저축	중도해지	만기	만기 이후
'12.12.31 이전 가입	(1명당 납입한도) 2천만원	계약기간 만료일 이전에 저축 해지 ⇩ 이자소득에 대해 소득세 과세	이자소득 ⇩ 비과세	계약만료일 이후 발생한 소득 ⇩ 소득세 과세
계약기간 3년 이상 5년 이하				

가. 녹색예금 개요

① 은행업을 경영하는 법인이 취급하는 예금으로 그 법인이 예금을 통해 조달한 자금의 100분의 60 이상을 녹색산업 관련 자산에 투자(대출 포함)할 것

② 계약기간 3년 이상 5년 이하일 것

③ 계약기간 만료일 이전에 원금 또는 이자의 인출이나 이체가 없을 것

④ 해당 거주자가 가입한 모든 녹색예금의 합계액 기준으로 가입한도를 1인당 2천만원 이내로 할 것

나. 이자소득 비과세

거주자가 녹색예금에 2012년 12월 31일까지 가입하는 경우 그 예금에서 발생하는 이자소득에 대해서는 소득세를 부과하지 아니한다.

다만, 녹색예금의 계약기간 만료일 이후 발생하는 소득에 대해서는 소득세 (세율 14%)를 과세한다.

다. 계약기간 만료일 이전에 중도 인출하는 경우

녹색예금에 가입한 거주자가 계약기간 만료일 이전에 예금의 원금 또는 이 자를 인출 또는 이체하는 경우 녹색예금을 취급하는 금융회사 등은 이자소득 에 대하여 소득세를 과세한다.

다만, 원금 또는 이자 등의 인출, 이체 전 6개월 이내에 사망·해외이주 등 부득이한 사유가 발생한 경우 이자소득에 대해서는 소득세를 과세하지 아니 한다.

11

녹색채권에서 발생한 이자소득 비과세

○ 녹색채권

- 채권의 발행법인이 채권을 통하여 조달한 자금의 60% 이상을 녹색산업 관련 자산에 투자하는 녹색채권을 2012년 12월 31일까지 매입하여 발생한 이자소득에 대해서는 소득세 비과세를 적용함

〈녹색채권 라이프 사이클에 따른 세금 검토〉

매입	저축	중도상환·양도	만기
'12.12.31 이전 발행분	(1명당 납입한도) 3천만원	이자소득	이자소득
		⇩	⇩
만기 3년 이상 5년 이하		소득세 과세	비과세

가. 녹색채권 상품 개요

① 은행법에 따른 은행업을 경영하는 법인이 발행한 채권으로, 채권의 발행법인이 채권을 통하여 조달한 자금의 100분의 60 이상을 녹색산업 관련 자산의 투자(대출 포함)할 것

② 만기 3년 이상 5년 이하인 채권이고, 만기 이전에 상환되거나 제3자에게 양도되지 아니할 것

③ 해당 거주자가 매입한 모든 녹색채권의 합계액 기준으로 1명당 매입한도를 3천만원 이내로 할 것

나. 이자소득 비과세

거주자가 2012년 12월 31일까지 발행된 녹색채권을 매입하여 발생한 이자소득에 대해서는 소득세를 부과하지 아니한다.

제4장
세금우대가 적용되는 금융상품

비과세저축상품을 이용할 수 없는 경우 금융상품에서 발생한 이자소득이나 배당소득에 대해 일반 원천징수 세율(14%)보다 낮은 세율로 원천징수 하는 세금우대 적용 금융상품을 이용하는 것이 바람직하다.

세금우대가 적용되는 대표적인 금융상품으로는 세금우대저축, 직장공제회 초과반환금 등이 있다.

1

직장공제회 초과반환금

✓ 아내가 이끄는 알기쉬운 세금절약 레시피

○ 직장공제회

- 1999.1.1 이후 최초로 직장공제회에 가입하여 불입하는 분부터 과세 적용

- 직장공제회 초과반환금은 근로자가 퇴직하거나 탈퇴하여 그 규약에 따라 직장공제회로부터 받는 반환금에서 납입공제료를 뺀 금액으로

- 직장공제회 초과반환금 과세금액은 다음과 같이 계산한다.

  [직장공제회 초과반환금×(1−0.5)−납입연수 공제]/납입연수×기본세율×납입연수

- 직장공제회 초과반환금은 분리과세 대상소득으로 종합소득 과세표준에 포함되지 아니한다.

직장공제회 초과반환금은 이자와 유사한 성격으로 이자소득에 포함하여 1999.1.1. 이후 최초로 직장공제회에 가입하여 불입함으로써 발생하는 소득에 대해 과세가 적용되나 퇴직소득에 준하여 원천징수에 의해 세금을 부담하면 납세의무를 완료할 수 있도록 하고 있다.

구 분	1998.12.31 이전 가입자	1999.1.1 이후 가입자
과세 여부	과세 제외	과세소득에 포함

* 직장공제회에서 운영하고 있는 초과반환금 외의 기타공제제도의 경우 공제제도에서 발생하는 것은 이자소득에 해당되어 초과반환금과 같이 과세특례를 적용하지 아니한다.

가. 직장공제회

민법 제32조와 그 밖의 법률에 따라 설립된 공제회·공제조합(이와 유사한 단체를 포함한다)으로서 동일직장이나 직종에 종사하는 근로자들의 생활안정, 복리증진 또는 상호부조 등을 목적으로 구성된 단체를 말한다.
예) 군인공제회, 교원공제회, 세우회 등

나. 직장공제회 초과반환금

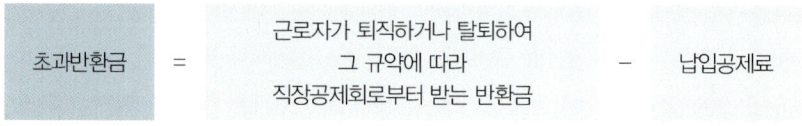

다. 직장공제회 초과반환금 세액계산 특례

　 직장공제회 초과반환금
－　직장공제회 초과반환금의 50%
－　납입연수 공제금액

납입연수	공제금액
5년 이하	30만원×납입연수
5년 초과 10년 이하	150만원+50만원×(납입연수-5년)
10년 초과 20년 이하	400만원+80만원×(납입연수-10년)
20년 초과	1천200만원+120만원×(납입연수-20년)

* 납입연수의 계산 시 1년 미만의 경우 1년으로 함

＝　과세표준
÷　납입연수

＝　연평균 과세표준
×　기본세율

기본세율연평균과세표준	기본세율
1천 200만원 이하	과세표준의 100분의 6
1천 200만원 초과 4천 600만원 이하	72만원+(1천 200만원을 초과하는 금액의 100분의 15)
4천 600만원 초과 8천 800만원 이하	582만원+(4천 600만원을 초과하는 금액의 100분의 24)
8천 800만원 초과	1천 590만원+(8천 800만원을 초과하는 금액의 100분의 35)

＝　연평균 산출세액
×　납입연수

＝　산출세액

〈사례〉 20년간 2,000만원 불입하여 5,000만원을 수령한 경우

구 분	직장공제회 반환초과금	일반 예금
반환금	5,000만원	5,000만원(원리금)
납입공제료	2,000만원	2,000만원(원금)
= 초과금반환금	3,000만원	3,000만원(이자)
− 초과반환금의 50%	1,500만원	0
− 납입연수 공제	1,200만원	0
= 과세표준	300만원	3,000만원
÷ 납입연수	20년	
= 연평균 과세표준	15만원	
× 기본세율	6%	14%
= 연평균산출세액	9,000원	
× 납입연수	20년	
= 산출세액	18만원	420만원

라. 분리과세

직장공제회 초과반환금은 종합소득과세표준을 계산할 때 합산하지 아니
한다.

2

선박투자회사의 주주에 대한 과세특례

✓아내가 이끄는 알기쉬운 세금절약 레시피

○ 선박투자회사 투자
- 거주자가 선박투자회사로부터 2010년 12월 31일 이전에 받는 선박투자
  회사의 배당소득에 대해서는 저율과세 또는 분리과세 적용

선박투자회사란 자산을 선박에 투자하여 그 수익을 주주에게 분배하는 것을 목적으로 설립된 회사를 말한다.

가. 저율과세

거주자가 선박투자회사법 제13조에 따른 선박투자회사로부터 2010년 12월 31일 이전에 받는 선박투자회사별 액면가액 3억원 이하 보유주식의 배당소득에 대해서는 100분의 5의 세율을 적용한다.

나. 분리과세

거주자가 선박투자회사법 제13조에 따른 선박투자회사로부터 2010년 12월 31일 이전에 받는 보유주식의 배당소득은 종합소득과세표준에 합산하지 아니한다.

이 경우 분리과세 되는 배당소득에는 선박투자회사별 액면가액 3억원을 초과하는 경우에는 그 초과하는 보유주식에서 발생하는 배당소득을 포함한다.

〈보유 주식의 액면가액별 배당소득 과세방법 요약〉

구 분	선박투자회사별 액면가액 3억원 이하 보유한 경우	선박투자회사별 액면가액 3억원 초과 보유한 경우
원천징수	5%	14%
분리과세	석용	적용

3

세금우대종합저축

✓ 아내가 이끄는 알기쉬운 세금절약 레시피

○ 세금우대저축
- 연령 등에 따라 저축한도를 달리 적용함
- 거주자가 세금우대종합저축에 2011년 12월 31일까지 가입하는 경우 해당 저축에서 발생하는 이자소득 및 배당소득에 대해서는 일반 원천징수세율(14%)보다 낮은 세율로 원천징수 하고 분리과세 대상 소득에 해당
- 세금우대종합저축을 계약일로부터 1년 이내에 해지 또는 인출하거나 그 권리를 이전하는 경우 이미 원천징수한 세액과 일반 원천징수세율과의 차액을 추가 징수

<세금우대종합저축 라이프 사이클에 따른 세금 검토>

매입	저축	1년 이내 중도상환·양도	만기	만기 이후
'11.12.31까지 가입	연령 등에 따라 가입한도 차등 적용	이자소득· 배당소득	이자소득· 배당소득	만기 이후 발생한 이자소득·배당소득
⇩		⇩	⇩	⇩
계약기간 1년 이상		소득세 과세	저율과세 및 분리과세	소득세 과세

가. 세금우대종합저축 요건

① 저축취급기관

금융실명거래 및 비밀보장에 관한 법률 제2조 제1호 각목의 어느 하나에 해당하는 금융기관

② 세금우대종합저축 대상 금융상품

금융기관이 취급하는 적립식 또는 거치식 저축*으로서 저축 가입 당시 저축자가 세금우대 적용을 신청할 것

* 집합투자증권저축·공제·보험·증권저축 및 채권저축 등을 포함

③ 계약기간

계약기간이 1년 이상일 것

④ 계약금액 총액 한도

구 분	한 도*
20세 이상인 자	1명당 1천만원
60세 이상 거주자	1명당 3천만원
장애인복지법에 따라 등록한 장애인	1명당 3천만원
국가유공자 등 예우 및 지원에 관한 법률에 따라 등록한 상이자	1명당 3천만원
국민기초생활보장법에 따른 수급자	1명당 3천만원
고엽제후유의증 환자지원 등에 관한 법률에 따른 고엽제후유의증환자	1명당 3천만원
5·18민주유공자 예우에 관한 법률에 따른 5·18민주화운동부상자	1명당 3천만원

* 한도는 모든 금융기관에 가입한 세금우대종합저축의 계약금액 총액을 기준으로 한다.

⑤ 계약금액 한도 총액 계산

㉮ 적립식 저축의 경우에는 저축자가 불입할 것을 계약한 금액을 기준으로 한다.

㉯ 투자신탁의 경우는 수익자를 기준으로 계약금액총액을 계산한다.

㉰ 세금우대종합저축에서 발생하여 원금에 전입되는 이자 및 배당 등은 세금우대종합저축으로 보되, 계약금액 총액의 1명당 한도를 계산할 때에는 산입하지 아니한다.

⑥ 기타 사항

㉮ 세금우대종합저축은 세금우대종합저축만을 입금 또는 출금하는 세금
우대종합저축통장에 의하여 거래되며, 세금우대종합저축통장의 표지에
'세금우대종합저축통장'이라는 문구를 표시
㉯ 세금우대종합저축 가입 및 관리

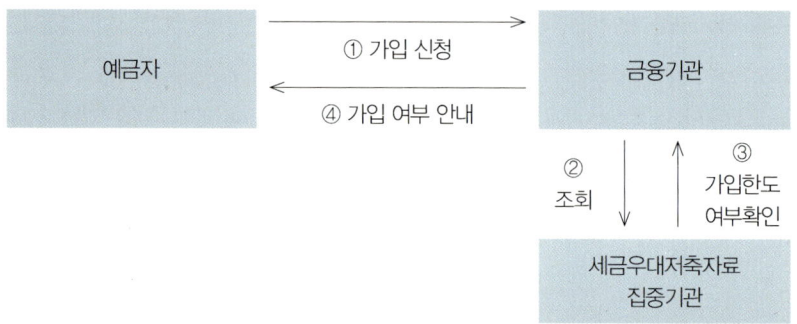

나. 세금우대 내용

거주자가 세금우대종합저축에 2011년 12월 31일까지 가입하는 경우 해당
저축에서 발생하는 이자소득 및 배당소득에 대한 원천징수세율은 일반 원천
징수세율(100분의 14)보다 낮은 100분의 9로 한다.

그리고 세금우대종합저축에서 발생하는 이자소득 및 배당소득에 대해서는
종합소득에 대한 과세표준을 계산할 때 산입하지 아니한다.

또한 그 이자소득 및 배당소득에 대해서는 지방세법에 따른 지방소득세 소
득분을 부과하지 아니한다.

다. 저축계약일로부터 1년 이내에 해지 등의 경우

세금우대종합저축을 계약일로부터 1년 이내에 해지 또는 인출하거나 그 권리를 이전하는 경우 해당 원천징수의무자는 이미 낮은 원천징수세율(9%)로 원천징수한 세액과 일반 원천징수세율(14%)로 원천징수한 세액의 차액을 원천징수 하여야 한다.

구 분	세금우대 계속 유지	세금우대 1년 내 해지 등
소득세 원천징수세율	9%	14%
지방소득세 소득분	없음	소득세의 10%
종합과세 합산 여부	분리과세	종합과세 합산 가능

다만, 다음에 사유에 의해 세금우대종합저축을 계약일로부터 1년 이내에 해지 또는 인출하거나 그 권리를 이전하는 경우에도 세금우대종합저축에 따른 과세 특례를 적용받을 수 있다.

① 가입자의 사망·해외이주

② 저축 해지 전 6월 이내에 발생한 다음의 사유

㉮ 저축자의 퇴직
㉯ 저축자의 3월 이상의 입원치료 또는 요양을 요하는 상해·질병의 발생 등

제5장
전통적인 금융상품 투자와 세금

전통적인 금융투자상품으로는 주식과 채권이 대표적이다. 주식과 채권의 경우 그 거래가 대부분 금융기관을 통해 이루어져 실제 투자자가 부담하는 세금을 정확히 알기 어렵다. 하지만 주식과 채권을 개인적으로 거래하는 경우 그 거래에 따른 세금 구조를 모르게 되면 낭패를 당하기 쉽다.

기업활동에 필요한 자금을 조달하는 방법으로 다수의 투자자로부터 자금을 직접 조달하고 대신에 주식을 발행하는 방법과 일정한 이자 지급을 조건으로 채권을 발행하여 자금을 차입하는 방법이 있다.

이 장에서는 주식과 채권을 투자하면서 발생할 수 있는 세금과 관련된 내용을 정리하였다.

1

주식 투자활동에 따른 세금

✓ 아내가 이끄는 알기쉬운 세금절약 레시피

○ 주식투자는 주식취득, 주식보유, 주식양도 과정으로 이루어지며, 이러한 과정에서 발생하는 소득 등에 대해 세금을 부담하게 된다.

– 주식 취득 : 일반 투자자의 경우 세금부담이 발생하지 아니하여 부동산 취득 시 취득세 및 등록세를 부담하는 것과는 다르다.

– 주식 보유 : 주식을 보유하는 과정에서 배당소득이 발생하게 되면 배당소득에 대해 원천징수 방식에 의해 소득세를 부담

– 주식 양도 : 주식 양도 시 양도가액과 취득가액의 차액으로 발생하는 양도소득에 대한 소득세, 주식양도거래에 따른 증권거래서 등을 부담하게 된다.

<시주투자 라이프 사이클에 따른 세금 검토>

구분	주식 취득	주식 보유	주식처분
		배당소득 발생 ⇩	양도차익 발생 ⇩
상장주식	부담세액 없음	소득세 부담	증권거래세 및 농어촌특별세 부담 * 일부의 경우 주식양도차익에 대해 소득세 부담
비상장주식	과점주주의 경우 취득세 부담 (코스닥시장 포함)	소득세 부담	양도차익에 대한 소득세 및 증권거래세 부담

가. 주식 관련 개념 정리

① 법인의 구분

구 분	내 용
상장법인	증권시장에 상장된 증권(이하 '상장증권'이라 한다)을 발행한 법인 * 증권시장에는 유가증권시장과 코스닥시장이 있음
비상장법인	상장법인을 제외한 법인

② 유가증권시장과 코스닥시장

구 분	내 용
유가증권시장	증권(채무증권, 지분증권, 수익증권, 투자계약증권, 파생결합증권, 증권예탁증권)의 매매를 위하여 개설하는 시장

구 분	내 용
코스닥시장	유가증권시장에 상장되지 아니한 다음의 증권의 매매를 위하여 개설하는 시장 –사채권, 주권, 신주인수권이 표시된 것 –상장지수집합투자기구의 수익증권 –파생결합증권 –외국법인 등이 발행한 주권과 관련된 증권예탁증권(예탁결제원이 발행한 것에 한한다)

나. 주식의 취득과 세금

① 유가증권상장법인의 주식

　유가증권상장법인의 주식을 취득하는 경우 : 주식 취득과 관련하여 부담
해야 될 세금은 없다.

② 유가증권상장법인 외의 주식을 취득하는 경우

　○ 과점주주 취득세 과세 규정이 적용되는 법인에는 "주식을 한국증권거래소에 상
　장한 법인을 제외"하도록 하고 있어 코스닥시장에 등록된 법인도 적용대상에 해당
　한다.

　법인의 주식 또는 지분을 취득하는 경우 그 자체는 취득세* 과세대상에 해
당하지 아니한다.

* 취득세: 부동산·차량 등 과세대상물의 취득에 대하여 그 취득자에게 부과되는 지방세

③ 법인의 주식 또는 지분을 취득함으로써 과점주주가 된 때에는 그 과점주주는 당해 법인의 부동산, 차량 등 취득세 과세대상을 해당 지분 비율만큼 취득한 것으로 보아 취득세를 부담해야 한다.

다만, 법인 설립 시에 발행하는 주식 또는 지분을 취득함으로써 과점주주가 된 경우에는 그러하지 아니한다.

④ 과점주주

○ 당해 법인이 부동산 등 취득세 과세대상을 보유하고 있고, 특정 주주 등이 일정비율의 지분을 취득함으로써 법인의 지배권을 가지게 되면, 법인이 소유한 부동산 등 과세대상물을 지분율만큼 그 주주 등이 취득한 것으로 본다.

주주 또는 사원 1인과 그와 친족 기타 특수 관계에 있는 자들의 소유주식 금액의 합계액이 당해 법인의 발행주식총액 또는 출자총액의 50%를 초과하는 자들을 말한다.

구 분	적용방법
법인의 과점주주가 아닌 주주 또는 유한책임 사원이 다른 주주 또는 유한책임주식의 주식 또는 지분을 취득하여 최초로 과점주주가 된 경우 예) 주식소유 비율: 40% ⇒ 52%	최초로 과점주주가 된 날 현재 당해 과점주주 가 소유하고 있는 법인의 주식 또는 지분을 모두 취득한 것으로 본다. 예) 최초로 과점주주가 된 날 52%를 모두 취 득한 것으로 본다.
이미 과점주주가 된 주주 또는 유한 책임사원 이 당해 법인의 주식 또는 지분을 취득함으로 써 당해 법인의 주식 또는 지분의 총액에 대 한 과점주주가 가진 주식 또는 지분의 비율이 증가된 경우 예) 주식 비율: 52% ⇒ 60%	그 증가된 부분을 취득한 것으로 본다. 예) 8% 취득
과점주주 또는 사원의 주식소유비율이 감소 된 후 5년 이내에 그 비율이 증가한 경우 예) 주식소유 비율 60% ⇒ 53% ⇒ 65%	증가된 후의 주식 또는 지분의 비중이 그 증 가된 날을 기준으로 그 이전 5년 이내에 당해 과점주주가 가지고 있던 주식 또는 지분의 최고비율보다 증가된 부분을 취득한 것으로 한다. 예) 65% − 60% ⇒ 5% 취득

⑤ 취득세 과세표준

| 과세표준 | = | 과점주주가 성립된 시점의 장부가액 | × | 과점비율 또는 증가비율 |

⑥ 납부세액

| 납부세액 | = | 과세표준 | × | 20/1,000 |

다. 주식의 보유와 세금

주식을 보유하는 경우 배당이 발생하게 되는데, 배당은 법인 또는 단체의
잉여금을 주주나 출자자에게 그 출자비율에 따라 배분하는 것을 의미하며, 이
러한 배당 중 소득세 과세대상에 해당하는 것을 배당소득이라 한다.

① 과세대상에 해당하는 배당소득의 종류

⑦ 내국법인으로부터 받는 이익이나 잉여금의 배당 또는 분배금, 건설이자
  의 배당
④ 법인으로부터 보는 단체로부터 받는 배당금 또는 분배금
④ 형식이나 절차상 본래 의미의 배당에 해당하지 아니하나 법인의 잉여금
  이 배당 이외의 형태로 출자자에게 이전되는 의제배당
④ 법인이 법인세의 과세표준을 신고하거나 세무서 등에 의해 법인세 과세
  표준을 결정 또는 경정함에 있어 익금에 산입되는 금액의 귀속이 주주
  나 출자자에 해당되어 배당으로 소득처분 되어 그 금액이 주주나 출자
  자의 배당소득으로 보아 법인세법에 따라 처분된 배당

② 비과세되는 배당소득
거주자가 액면가액의 합계액 기준으로 법인별로 3천만원 이하인 상장주식
을 주권상장 이후 3년 이상 보유하고 해당 법인으로부터 2010년 12월 31일까
지 받는 3년 이상 보유주식의 배당소득에 대해서는 소득세를 부과하지 아니
한다.

* 이 경우 비과세 적용되는 주식은 주권상장법인의 주식으로 유가증권상장법인 또는 코스닥상장법인의 주식을 말한다.

③ 배당소득에 대한 세금

㉮ 배당소득은 필요경비가 인정되지 아니하여 배당소득에 대해 일반 원천징수세율(14%)을 적용하여 원천징수에 의해 소득세를 부담한다.

㉯ 배당소득이 그대로 배당소득금액이 되나, 일부 배당소득의 경우 배당소득에 배당가산액을 가산한 금액을 배당소득금액으로 한다.

구분	법인단계	배당단계	문제점	(보완) 종합소득 합세 과세	
과세주체	법인	개인주주		+	배당소득+배당가산액
과세대상	법인소득	배당소득	이중과세 ⇒		
부담세액	법인세	소득세		−	배당세액공제

라. 주식양도와 세금

① 주식의 양도차익에 대한 과세

구분		과세 여부
상장주식	대주주 소유 주식 양도	과세대상에 포함
	소주주 소유 주식 장외거래에 의한 양도	과세대상에 포함
	그 밖의 주식의 양도	과세대상에 포함하지 아니함
비상장주식		과세대상에 포함

㉮ 주식양도 차익에 대해 과세되는 상장법인의 대주주 범위

- 양도일이 속하는 사업연도의 직전 사업연도 종료일 현재 주주 1인과 그
  와 특수 관계에 있는 자가 발행주식의 3%(코스닥, 프리보드 벤처기업
  주식 등의 경우 5%) 이상을 소유하거나
- 시가총액* 100억원(코스닥, 프리보드 벤처기업 주식 등의 경우 50억원)
  이상을 보유한 주주

* 시가총액은 주식 등의 양도일이 속하는 직전 사업연도종료일 현재 최종시세가액으
  로 하나 직전 사업연도 종료일 현재의 최종시세가액이 없는 경우에는 직전 거래일의
  최종시세가액으로 한다.

㉯ 주식의 양도차익에 대한 과세표준 계산

〈계산식〉

  양도가액
- 필요경비   취득가액, 자본적 지출, 양도비(증권거래세 포함)
─────────
= 양도차익
- 장기보유특별공제   주식의 경우 적용하지 아니함
─────────
= 양도소득금액
- 양도소득 기본공제   연간 250만원
─────────
= 양도소득 과세표준

* 양도가액과 취득가액은 실거래가액에 의하여 계산하는 것이 원칙으로 상장·비상장주
  식의 경우에는 실지거래가액 과세대상에 해당한다.

〈양도소득 신고 시 실거래가액에 의한 양도가액 또는 취득가액 적용방법〉

구 분	원 칙	실지거래가액을 확인할 수 없는 경우
양도가액	실지거래가액	허용하지 않음
취득가액	실지거래가액	비상장주식에 대해 매매사례가액* 허용

* 매매사례가액: 취득일 전후 3월 이내에 당해 주식과 동일성 또는 유사성이 있는 자산의 매매사례가 있는 경우 그 가액

- 양도비에는 주식을 양도하면서 증권거래세법에 따라 납부한 증권거래세 등이 있다.

㉰ 소득세 계산

산출세액	=	과세표준	×	(세율) 중소기업: 10% / 대기업: 20% 대기업 대주주 1년 미만 보유: 30%

㉱ 신고 납부 방법

- 예정신고 : 양도소득세 과세대상에 해당하는 상장법인주식, 비상장법인주식을 양도한 경우에는 양도일이 속하는 분기의 말일부터 2월 이내에 예정신고를 하여야 한다.
- 확정신고 : 예정신고를 한 경우 확정신고 대상자가 아니지만, 주식을 2회 이상 양도한 경우로서 양도소득기본공제를 공제함에 따라 당초 신고한 양도소득 산출세액이 달라지는 경우에는 해당 과세기간의 양도소득 과세표준과 세액을 양도한 연도의 다음 연도 5월 1일부터 5월 31일까지 확정신고를 하여야 한다.

〈사례〉 비상장 중소기업의 주식을 2천만원에 취득하여 3천 5백만원에 양도한 경우

	양도가액	35,000,000원
−	필요경비	20,000,000원＋175,000원(증권거래세)
=	양도차익	14,825,000원
−	장기보유특별공제	
=	양도소득금액	14,825,000원
−	양도소득 기본공제	2,500,000원
=	양도소득 과세표준	12,325,000원
×	세율	10%
=	산출세액	1,232,500원

② 주식 양도에 따른 증권거래세

㉮ 증권거래세 대상

증권거래세는 주권 또는 지분의 유상양도에 대하여 부과하는 세금으로 다음에 해당하는 주권을 과세대상으로 한다.

− 상법 또는 특별법에 의하여 설립된 주권

− 외국법인이 발행한 주권으로 자본시장과 금융투자업에 관한 법률에 의한 한국증권거래소 유가증권시장과 코스닥시장에 상장된 것

㉯ 증권거래세 납세의무자

다음에 해당하는 증권거래세 납세의무자는 주권 등을 양도하는 자로부터 증권거래세를 주권 등의 매매결제 또는 양도를 하는 때에 징수한다.

양도 유형	납세의무자
증권시장에서 주권을 계좌 간 대체로 매매 결제하는 경우	한국예탁결제원
증권시장 밖에서 주권을 계좌 간 대체로 매매 결제하는 경우	한국예탁결제원
금융투자업자를 통해 주권을 양도하는 경우	해당 금융투자업자
그 밖에 주권을 양도하는 경우	해당 양도자*

* 국내 사업장을 가지고 있지 아니한 비거주자(외국법인 포함)가 주권 등을 금융투자업자를 통하지 아니하고 양도하는 경우에는 당해 주권의 양수인이 납세의무자가 된다.

㉓ 증권거래세 과세표준

증권거래세는 증권의 양도가액을 과세표준으로 한다. 경우에 따라서는 주식의 양도가액이 취득가액보다 작은 경우처럼 손실이 발생한 경우에도 증권거래세를 부담해야 한다.

㉔ 증권거래세 계산 산식

산출세액 = 양도가액 ×

(세율)
- 기본세율 : 5/1,000
- 현행세율 : 자본시장 육성을 위해 그 세율을 인하하여 다음과 같이 적용
  · 유가증권시장에서 양도되는 주권 : 0.15%
  · 코스닥시장에서 양도되는 주권 : 0.3%
  · 그 밖의 주권 : 0.5%

〈사례〉

비상장 중소기업의 주식을 2천만원에 취득하여 3천5백만원에 양도한 경우

⇒ 증권거래세 175,000원 = 과세표준 35,000,000원×세율 0.5%

③ 증권거래소에서 거래되는 주식에 대한 농어촌특별세

㉮ 증권거래소에서 거래된 주권에 대해서는 증권거래세 부가세(sur-tax)로 농어촌특별세를 한국예탁결제원이 납세의무자가 되어 납부하여야 한다.

㉯ 한국예탁결제원은 증권거래세와 함께 농어촌특별세를 거래징수 하여야 한다.

㉰ 증권거래소에서 거래된 주권의 양도가액을 과세표준으로 하므로 주식의 양도가액보다 취득가액보다 작은 경우처럼 손실이 발생한 경우에도 농어촌특별세를 부담해야 한다.

| 농어촌특별세 산출세액 | = | 과세표준(주권의 양도가액) | × | 15/10000 |

⟨참고⟩ 주식양도에 따라 과세 요약

구분		상장주식		비상장주식
		유가증권시장	코스닥시장	
양도소득세	양도차익	△	△	○
증권거래세	양도가액	0.15%	0.3%	0.5%
농어촌특별세	양도가액	0.15%	×	×

2

채권 투자활동에 따른 세금

✓ 아내가 이끄는 알기쉬운 세금절약 레시피

○ 채권은 발행주체에 따라 국채, 지방채, 특수채, 회사채로 구분되며 이러한 채권에 투자하는 경우 세금은 주식투자와 달리 간편한 구조를 가지고 있다.

– 채권에서 발생하는 이자소득에 대해 원천징수 방법에 의해 소득세를 납부한다.

가. 채권 개요

① 투자의 특징

㉮ 채권의 원금과 이자 상환 능력 고려

채권의 경우 이자와 상환기간이 확정되어 있어 채권을 투자한 사람은 채권을 발행한 회사 등의 채무 상환 능력을 고려해야 하며, 상환기간이 장기인 채권의 경우에는 채권 발행회사 등이 장기적으로 채무를 상환할 수 있는 성장 가능성 등도 고려해야 한다.

㉯ 인플레이션 고려

또한 상환기간이 긴 장기채권의 경우 채권에 투자한 경우 받을 수 있는 이자는 고정되어 있지만 인플레이션 발생으로 이자소득의 가치가 하락할 수 있다.

㉰ 금리 고려

채권의 가격은 채권이 사고팔리는 가격으로, 시장금리가 하락하면 새로 발행되는 채권의 이자율은 낮아지나, 이미 발행된 채권의 이자율은 상대적으로 높아져 이미 발행된 채권의 가격이 오르게 된다. 반대로 금리가 상승하게 되면, 이미 발행된 채권의 이자율은 상대적으로 낮아져 이미 발행된 채권의 가격은 떨어지게 된다.

② 채권 투자이익의 구분

예를 들어 채권을 1,000,000원에 사서 1,200,000원에 파는 경우 매매차익은 200,000원이다.

그러면 채권 거래에 대하여 매매차익 200,000원에 대해 세금을 부담하는 것일까?

채권의 투자로 인한 이익은 채권가격 차이에 의한 매매차익과 채권에서 발생하는 이자소득으로 구분하고 있으며 세금이 부과되는 이익은 매매차익이 아닌 채권에서 발생하는 이자소득이다.

채권에서 발생하는 이자소득은 채권 액면가격에 이자율과 보유기간을 곱하여 계산한다.

| 채권 매매차익 | = | 채권 매도가격 | − | 채권 매입가격 |

| 채권 이자소득 | = | 채권의 액면가격 | × | 이자율 | × | 보유기간 |

〈사례 1〉

채권액면가격이 1,000,000원이고 1년 이자율이 10%인 채권을 950,000원에 구입하여 6개월 보유하고 1,200,000원에 처분한 경우 채권매매차익과 채권이자소득은?

− 채권매매차익 250,00원 = 채권매도가액 1,200,000원

                − 채권매입가격 950,000원

− 채권이자소득 50,000원 = 채권액면가격 1,000,000원

                × 이자율 10% × 보유기간 6/12개월

이 경우 채권매매차익은 250,000원이지만 세금을 부담하는 이자소득은 50,000원으로 실제이익이 과세되는 이자소득보다 많다.

〈사례 2〉

채권액면가격이 1,000,000원이고 1년 이자율이 10%인 채권을 1,050,000원에 구입하여 6개월 보유하고 950,000원에 처분한 경우 채권매매손익과 채권이자소득은?

— 채권매매손실 100,000원 = 채권매도가액 950,000원

－채권매입가격 1,050,000원

— 채권이자소득 50,000원 = 채권액면가격 1,000,000원

× 이자율 10% × 보유기간 6/12개월

이 경우 채권매매손실은 100,000원이지만 세금을 부담하는 이자소득은 50,000원으로 실제 손실이 발생했음에도 과세되는 이자소득이 있어 세금을 부담해야 한다.

우리가 자주 들어온 경구가 있지 않은가? 이익이 발생해야 하는 경우에만 세금을 낸다는 경구가 틀리단 말인가? 사실은 이 진부한 경구는 유효하다.

다만, 소득세법 등 세법에서 과세대상으로 삼은 이익의 개념이 다르기 때문이다.

세법은 채권의 매매차익이 아닌 채권에서 발생하는 이자소득만을 과세대상 이익으로 보고 있으며, 이자소득을 고려하면 채권 거래에서의 이익은 다음과 같이 계산할 수 있다.

구분	채권매입가격	채권매도가격	과세대상 이자소득	채권 순 매매익
사례 1	950,000	1,200,000	50,000	200,000 = 1,200,00 − (950,000 + 50,000)
사례 2	1,050,000	950,000	50,000	△ 150,000 = 950,000 − (1,050,000 + 50,000)

③ 채권의 이자소득에 대한 과세 특징

채권은 유동성이 강해 언제든지 사고팔 수 있다. 따라서 이자소득에 대해 과세를 이자소득 지급 시기로 한정하는 경우 이자소득을 받기 전에 매도한 사람에 대해서는 과세가 불가능하다.

예를 들면 이자소득을 지급받을 때에만 세금을 부담하게 한다면, 이자소득을 받기 전에 매도하는 사람(갑)은 채권은 자신이 보유한 기간에 발생한 채권의 이자소득을 매도가액에 포함하여 받을 수 있어 세금부담 없이 실제 이자소득을 얻지만 채권을 구입한 사람(을)은 채권이자를 지급받을 때 다른 사람이 보유한 기간에 발생한 이자소득까지 세금을 부담하게 된다.

〈사례 1〉 이자지급 시 과세하는 경우

(갑)	매도⇩	(을) 매수		이자소득 수령⇩
	발생이자 100원			발생이자 100원
	채권 매도 가격에 반영			수령이자 200원
	과세대상소득 0원			과세대상소득 200원

이러한 문제점을 해결하기 위해 채권 이자소득에 대해서는 보유기간 과세제도를 두고 있다. 채권의 이자소득은 지급일이 정해져 있고, 이자소득을 지급받기 전에 매도하는 경우 보유 기간에 발생한 이자소득에 대해 과세하고 있다.

〈사례 2〉 보유기간별 과세하는 경우

(갑)	매도⇩	(을) 매수	이자소득 수령⇩
	발생이자 100원		발생이자 100원
	채권 매도 가격에 반영		수령이자 200원
	과세대상소득 100원		과세대상소득 100원

④ 채권보유기간 입증방법

거주자 등이 해당 채권 등을 보유한 기간을 다음의 방식에 따라 입증하지 못하는 경우에는 다른 사람의 보유기간의 이자 등 상당액이 해당 거주자에게 귀속되는 것으로 본다.

구 분	입증방법
채권 등을 금융회사 등에 개설된 계좌에 의하여 거래하는 경우	해당 금융회사 등의 전산처리체계 또는 통장원장으로 확인
법인으로부터 채권을 매수하는 경우	당해 법인이 발급한 채권 등 매출확인서로 확인
개인으로부터 채권을 매수하는 경우	공증인법의 규정에 의한 공증인이 작성한 공증서에 의해 확인

* 거래당사자의 성명·주소·주민등록번호·매매일자·채권 등의 종류와 발행번호·액면금액 등을 기재

⑤ 보유기간 이자상당액 계산방법

$$\boxed{\text{채권 이자소득}} = \text{채권의 액면가격} \times \text{이자율} \times \text{보유기간}$$

보유기간 이자상당액 계산 시 적용되는 이자율은 다음과 같다.

채권의 종류	적용 이자율
국채, 산업금융채권, 정책금융채권, 예금보험기금채권, 예금보험기금채권상환기금채권, 통화안정증권을 공개시장에서 발행하는 경우	표면이자율
전환사채, 교환사채	만기보장수익률
그 밖의 채권	표면이자율에 발행 시 할인율을 더하고 할증률을 뺀 율

⑥ 보유기간 이자상당액에 대한 세금

$$\boxed{\text{원천징수세액}} = \text{채권의 보유기간 이자상당액} \times \text{원천징수 세율(14\%)}$$

⑦ 장기채권에 대한 원천징수 세율 적용특례

장기채권의 이자와 할인액으로서 그 장기채권을 보유한 거주자가 해당 금융회사 등 또는 그 지급자에게 분리과세를 신청한 경우 그 이자와 할인액에 대해서는 원천징수 세율을 100분의 30 적용한다.

$$\boxed{\text{원천징수세액}} = \text{채권의 보유기간 이자상당액} \times \text{원천징수 세율(30\%)}$$

장기채권은 채권으로서 채권의 발행일로부터 원금 전부를 일시에 상환할 것을 약정한 날까지의 기간이 10년 이상인 채권 등으로 그 기간이 지나기 전에 주식으로 전환·교환하거나 중도상환을 할 수 있는 조건부 채권은 제외한다.

　　과연 일반적으로 이자소득에 대해 적용되는 원천징수 세율(14%)보다 100분의 30에 해당하는 원천징수 세율 적용을 신청하는 사람이 있을까?

　　자신의 종합소득이 많아 소득세 최고세율(36%)이 적용되는 경우를 가정해 보자.

　　채권의 이자소득은 원천징수 시 14% 세율을 적용하여 원천징수 되지만, 금융소득은 향후 종합소득에 합산되어 36%로 최종 과세되므로 결국은 36%보다는 원천징수 시 분리과세를 신청하고 30%로 원천징수 하게 되면 그에 대한 세금을 30%로 고정시켜 해당 세금을 6% 감소시키는 효과가 발생한다.

〈사례〉 채권의 이자소득 20,000,000원을 지급받게 되는 경우

구 분	원천징수 시	종합과세	최종 세부담
일반적인 경우	14% 세율 적용 소득세 280만원 부담	36% 세율 적용 소득세 440만원* 부담	소득세 720만원 부담
분리과세 신청한 경우	30% 세율 적용 소득세 600만원 부담	종합과세 제외	소득세 600만원 부담
세금절약 금액	320만원	△ 440만원	△120만원

* 4,400,000원＝20,000,000원×36% - 기납부세액 2,800,000원

－ 분리과세 신청방법: 분리과세를 적용받으려는 사람은 이자 수입 시기까지 장기 채권이자소득분리과세신청서를 해당 금융회사 등 또는 이자 등의 지급자에게 제출하면 된다.

제6장
신종 금융상품 투자와 세금

앞서 제5장에서는 전통적인 개념의 금융투자상품에 해당하는 주식과 채권에 대해서 알아보았다.

비전문가인 개인 투자자가 주식, 채권 등 전통적인 금융상품투자보다는 위험을 회피하거나 보다 많은 수익을 얻을 수 있도록 만든 상품 중 대표적인 것이 펀드와 파생금융을 이용한 신종금융상품이다.

펀드는 투자자가 투자신탁 회사 등에 자금을 맡기면 전문회사가 자금을 운영하여 생기는 이익에 대하여 이익을 받을 수 있도록 하는 상품을 말한다.

파생금융상품이란 통화 채권 주식 상품 등 기초자산의 가치가 환율 금리 등의 변동에 따라 변화하는 데에서 오는 위험을 회피하기 위해 고안된 것으로 기존의 자산가치 또는 지수를 기초로 하여 파생되어 만들어지는 금융상품을 말한다.

이번 장에서는 펀드와 파생금융을 이용한 신종금융상품에 대한 투자 시 고려해야 하는 세금문제에 대해 검토해 보자.

1

펀드

가. 펀드의 종류

투자대상에 따라 주식형 펀드, 채권형 펀드, 혼합형 펀드, 전환형 펀드, 머니마켓 펀드 등으로 구분한다.

상품 종류	내 용
주식형 펀드	주로 주식에 투자하므로 투자수익이 안정되어 있지 않지만, 투자수익률이 높은 편이나 때로는 손실도 발생할 수 있어 투자위험이 높은 편임
채권형 펀드	주로 채권에 투자하므로 주식형펀드에 비해 투자수익이 안정적임
혼합형 펀드	주식과 채권에 나누어 투자하므로 채권형 투자보다는 적극적이나, 주식형 투자보다는 안정적임
전환형 펀드	처음에 주식에 투자하였다가 일정 수익을 얻게 되면, 안정적인 채권에 투자로 전환함
머니마켓 펀드	자금을 단기적으로 운용

나. 펀드에서 발생하는 이익과 손실

　펀드 내에서는 주식에 투자하여 사고팔고, 채권에 투자하여 사고파는 투자행위가 이루어진다. 따라서 펀드에서는 주식을 사고팔면서 발생하는 주식매매차익과 주식매매손실, 주식을 보유하면서 얻을 수 있는 배당소득, 채권을 투자하는 경우 발생하는 채권매매차익과 채권매매손실, 채권이자소득이 발생한다. 또한 펀드는 주기적으로 결산을 하게 됨에 따라 보유하고 주식의 경우 취득 시마다 오른 경우 평가차익과 평가손실 등 다양한 손익이 발생할 수 있다.

〈사례〉 펀드에서 발생하는 손익

투자활동	이익	손실
채권 취득 @100원		
주식 취득 @200원		
채권 이자 @10원	이자 10원	
채권 매도 @120원	이자 2원 매매차익 18원	
주식에 따른 배당 @30원	배당 30원	
주식 처분 @190원		매매손실 10원
주식 취득 @250원		
(결산) 주식 평가 이익 @10원	평가이익 10원	
합계	70원	10원

다. 펀드에서 발생하는 손익에 대한 과세구분

위에서 살펴본 펀드 내에서 발생하는 이익과 과세되는 펀드의 이익이 다르다는 사실에 유의해야 한다.

과세되는 펀드의 이익은 펀드가 직접 취득한 다음의 어느 하나에 해당하는 증권 또는 장내파생상품의 거래나 평가로 발생한 손익을 포함하지 아니한다.

① 증권시장에 상장된 증권. 다만, 채권 및 외국법령에 따라 설립된 외국 집합투자기구의 주식 또는 수익증권은 제외한다.
② 벤처기업의 주식 또는 출자지분
③ 장내파생상품

〈참고〉 펀드에서 발생한 손익에 대한 과세구분

손익	과세 여부
증권시장에서 상장된 주식의 손익	과세제외 대상
주식의 배당소득	과세 대상
증권시장에서 상장된 채권 등의 손익	과세 대상
채권의 이자소득	과세 대상
벤처기업의 주식 또는 출자지분손익	과세제외 대상
장내파생상품 손익	과세제외 대상

따라서 펀드 전체적으로 과세제외 대상의 손실이 과세대상의 이익보다 큰 경우 펀드 투자로 인해 손해가 발생하였어도 세금이 내야 하는 경우가 발생한다.

〈사례〉

펀드에 투자해서 100만원 손실이 발생하였는데 투자 결과에 대한 계산내역은 다음과 같은 경우 펀드 투자에 따른 과세대상 소득은?

－ 주식의 매매 손실: 150만원, 채권의 매매 이익: 50만원

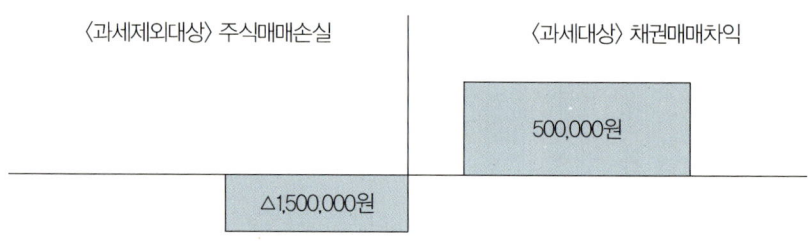

⇒ 채권의 매매이익에 대해 과세

라. 펀드의 이익에 대한 과세표준 및 세액계산

펀드의 과세되는 이익은 자본시장과 금융투자업법에 관한 법률에 따른 각종 보수·수수료 등을 뺀 금액으로 한다.

과세표준	=	과세이익	－	각종 보수 및 수수료

펀드의 과세되는 이익에 대해서는 펀드의 이익을 받을 때 원천징수 방식에 의해 다음에 해당하는 세금을 납부하게 된다.

원천징수 세액	=	과세표준	×	15.4% *소득세(14%)+지방소득세 소득분(소득세의 10%)

2

파생금융을 이용한 **신종 금융상품**

가. 신종 금융상품의 종류

    주식을 분산 투자한 것과 같이 특정한 주가지수의 움직임을 따라가는 펀드, 주가와 연계한 상품들이 쏟아지고 있으며 그 중 대표적인 상품으로는 ETF, ELD, ELS, ELF 등이 있다.

    주가지수의 움직임에 따라 수익률이 연동되는 주가지수 연동상품은 원금 보장이 용이하고 안정적인 수익률을 추구하는 심리와 일치하여 예금이나 펀드 수탁액의 일부분을 주식이나 주식 관련 파생상품에 투자해 주가지수의 등락에 따라 수익을 읻은 방식을 취하고 있다.

① ETF(Exchange Traded Fund, 상장지수집합투자기구)

    특정지수 및 특정자산의 가격움직임과 수익률이 연동되도록 설계된 펀드로서 거래소에 상장되어 주식처럼 거래되는 펀드를 말한다.

㉮ 주식시장에 상장되어 있어 거래가 편리

㉯ 분산투자 효과: 여러 주식의 종목으로 구성되는 특정 주가지수의 움직임을 모방하므로 주식투자에서 발생할 수 있는 개별 기업 주식의 위험을 줄일 수 있다.

㉰ 소액으로 특정 주가지수와 연결된 주식시장 전체 거래 효과

② ELD(Equity Linked Deposit, 주가연동예금)

주가지수의 움직임에 따라 수익률이 결정되는 주가연동예금은 은행에서 취급하며, 원금이 보장되어 원금 보장과 주가지수의 등락에 따른 수익률을 추구하는 안정적인 성향의 투자자에게 적합하다.

③ ELS(Equity Linked Securities, 주가연계증권)

주가지수의 움직임에 따라 수익률이 결정되는 주가연동증권은 증권사에서 취급하며, 투자액의 대부분을 채권에 투자하고 일부를 주가 또는 주가지수에 연계된 옵션 등에 투자해 미리 약정된 수익을 지급하는 구조이나 기초자산의 가격이 하락하거나 발행 시는 지급불능 상태가 될 경우 원금 보장이 불가능할 수 있다.

④ ELF(Equity Linked Fund, 주가연계펀드)

주가지수의 움직임에 따라 수익률이 결정되는 주가연동펀드는 투신사에서 취급하며, 투자매매업자가 발행한 장외옵션 등을 편입한 펀드로서 투자액의 상당부분을 채권으로 운용하고 발생하는 이자로 장외옵션 등을 편입해 추가 수익을 취득하는 방식이다.

주가연계 파생상품의 경우 대부분 채권에 투자하여 원금과 안정적인 수익을 보장하고, 나머지 일부는 주가 옵션 등의 파생상품에 투자하여 고수익을 얻고자 한다.

〈참고〉 주가연계 파생상품의 구조

ELD, ELS, ELF	
⇩	⇩
채권에 투자	주가연동 파생상품에 투자
⇩	⇩
원금과 안정적인 수입	고수익 창출

⑤ ELW(Equity Linked Warrant, 주식워런트증권)

거래 당사자 일방의 의사표시에 의해 개별주식 등 특정 대상물을 만기일 등 사전에 정한 미래의 시기에 미리 정한 가격으로 살 수 있는 권리 또는 팔 수 있는 권리를 갖는다.

⑥ DLS(Derivatives Linked Securities, 파생결합증권)

기초자산의 가격·이자율·지표·단위 또는 이를 기초로 하는 지수 등의 변동과 연계하여 미리 정하여진 방법에 따라 지급금액 또는 회수금액이 결정되는 권리가 표시된 것을 말한다.

* ELS는 기초자산을 개별주식이나 주가지수인 반면, DLS는 기초자산을 신용, 실물자산, 금리, 통화 등으로 다양하다.

나. 신종 금융상품에서 발생하는 소득에 대한 과세

파생결합증권으로부터 발생하는 소득은 배당소득으로 과세하며 이 경우 과세대상 파생결합증권에 대해서는 다음과 같이 정의하고 있다.

① 증권시장 또는 이와 유사한 시장으로서 외국에 있는 시장에서 매매 거래되는 특정 주권의 가격이나 주가지수 수치의 변동과 연계하여 주권 또는 금전(그 주권·증권 또는 증서의 가치에 상당하는 금전을 말한다)의 지급청구권을 표시하는 증권 또는 증서

② ①의 증권 또는 증서 외에 다음의 어느 하나에 해당하는 것의 변동과 연계하여 미리 정하여진 방법에 따라 이익을 얻거나 손실을 회피하기 위한 계약상의 권리를 나타내는 증권 또는 증서 다만, 당사자 일방의 의사표시에 따라 증권시장 또는 이와 유사한 시장으로서 외국에 있는 시장에서 매매 거래되는 특정 주권의 가격이나 주가지수 수치의 변동과 연계하여 미리 정하여진 방법에 따라 주권의 매매나 금전을 수수하는 거래를 성립시킬 수 있는 권리를 표시하는 증권 또는 증서는 제외한다.

⑦ 「자본시장과 금융투자업에 관한 법률」 제4조에 따른 증권의 가격·이자율 또는 이를 기초로 하는 지수의 수치
  예) 이자율—주식 연계상품
⑭ 증권의 성질을 갖춘 것으로서 증권시장과 유사한 시장으로서 외국에 있는 시장에서 거래되는 것, 통화, 농산물·축산물·수산물·임산물·광

산물·에너지에 속하는 물품 및 이 물품을 원료로 하여 제조하거나 가
공한 물품, 그 밖에 이들과 유사한 것으로서 기획재정부령으로 정하는
것의 가격·이자율 또는 이를 기초로 하는 지수의 수치 또는 지표

㉺ 신용위험(당사자 또는 제3자의 신용등급의 변동·파산 또는 채무재조정
등을 말한다)의 지표

예) 신용―주식 연계상품

〈사례〉 주가연계 및 연동 상품에 대한 과세 및 소득구분

구분	ELS (주가연계증권)	DLS (파생결합증권)	ELF (주가연계펀드)	ELD (주가연동예금)
취급기관	증권사	증권사	투신사	은행
소득구분	배당소득	배당소득	배당소득	이자소득

― 예금(deposit), 채권(bond)과 연계되어 금전사용의 대가가 있는 상품
⇒ 이자소득 과세(예시: 주가연계정기예금(ELD), 엔화스왑예금 등)
― 증권(Securitie)과 연계되어 수익분배의 성격이 있는 상품
⇒ 배당소득으로 과세(예시: 주가연계증권(ELS), 기타 파생결합증권 등)

다. 원천징수

과세대상 신종금융상품의 경우 배당소득이나 이자소득으로 보아 원천징
수세율(소득세 : 14%, 지방소득세 소득분 : 소득세의 10%)에 해당하는 금액
을 원천징수형식으로 납부한다.

제7장
금융소득 종합과세

우리나라 소득세법에서는 세금이 부과되는 소득을 열거하는 방식으로 소득세법에서 구체적으로 열거한 소득에 대해서만 세금이 부과한다.

소득세법에서 열거하고 있는 소득의 종류는 이자소득, 배당소득, 사업소득, 근로소득, 연금소득, 기타소득, 퇴직소득, 양도소득 등이다.

또한 소득세법은 열거된 소득에 대해 합하여 하나의 세금으로 계산하는 종합소득 형태를 원칙으로 하며, 일부 소득에 대해 종합소득에 포함되지 않고 별도 해당 소득에 한해 세금을 따로 계산하는 구조를 가지고 있다.

〈소득세 과세체계〉

이자소득 배당소득 사업소득 근로소득 연금소득 기타소득	종합과세대상	⇨ 각각의 소득을 합하여 하나의 세금계산 체계에 포함되어 누진하여 과세되는 형식
퇴직소득 양도소득	분류과세대상	⇨ 퇴직소득만으로 구성하여 세금 과세 ⇨ 양도소득만으로 구성하여 세금 과세

1

소득세 개요

    개인은 1년간 벌어들인 소득에 대해 세금을 납부하여야 하는데 소득 발생 원천에 따라 소득을 구분하고 그 소득 특성에 따라 1차적으로 원천징수 방식 등에 의해 소득발생 시 미리 세금을 납부한다.

    원천징수 대상 소득 중 일부는 원천징수에 의해 납부한 세금만 부담하고 추가적으로 세금을 부담하지 아니한 소득이 있는데 분리과세 소득이라 한다.

    이러한 분리과세 되는 소득은 원천징수세율을 적용함으로써 종합소득에 합산과세 되는 소득에 비해 대체적으로 세금을 적게 부담하게 된다.

    반면, 분리과세 소득을 제외한 종합과세 대상 소득은 다른 소득과 합산하여 누진세율을 직용하여 과세됨으로써 분리과세 소득에 비해 대체적으로 높은 세금을 부담하게 된다.

〈분리과세대상소득과 종합과세대상 소득의 과세방법 비교〉

구 분	분리과세대상소득	종합과세대상소득
세금부과방법	소득발생 시 원천징수에 의해 세금납부	다음 방법 중 어느 하나에 의해 세금부과 −소득발생 시 원천징수에 의해 세금 납부한 후 종합소득으로 합산하여 추가적으로 세금부담 −소득발생 시 별도 세금부담 없이 종합소득으로 합산하여 세금부담
세금부담한도	소득에 원천징수세율을 곱하여 계산한 금액에 한정 −이자소득: 14% −배당소득: 14% −기타소득: 20%	종합과세대상을 모두 합산된 금액에 기본세율(6~35%)을 적용하여 계산
인적공제 및 특별공제 허용 여부	분리과세소득만 있는 경우 인적공제 및 특별공제 적용하지 아니함	인적공제 및 특별공제 적용 가능

〈사례〉

다음에 해당하는 소득을 제외한 소득금액이 5,000만원인 경우 다음에 해당하는 경우의 세금 부담 차이를 검토해 보시오.

구 분	분리과세 대상	종합과세 대상
소득금액	10,000,000원	10,000,000원
원천징수세율(14%)	1,400,000원	1,400,000원
추가부담세액	없음	1,000,000원

추가부담세액 100만원	=	소득증가에 따른 총 부담세액 240만원*	−	기납부세액 (원천징수세액) 140만원

* 240만원 = 918만원−678만원
  678만원 = 582만원+(5,000만원−4,600만원)×24%=582만원+96만원
  918만원 = 582만원+(6,000만원−4,600만원)×24%=582만원+336만원

가. 우리나라 소득세 과세 단위

　우리나라 소득세법은 종합과세에 있어 세금과세 범위를 적용하는 단위를 개인으로 하고 있다. 예를 들어 맞벌이 부부의 경우 각자의 소득을 합산하지 아니하고 각자가 각각의 개인 소득에 대해서만 세금을 부담한다.

　예를 들어 남편과 부인의 소득이 다음과 같을 때 소득세를 개인단위로 과세하는 경우와 부부단위로 과세하는 경우를 비교하면 과세단위에 따라 세금부담이 어떻게 달라지는지 쉽게 확인할 수 있다.

〈사례〉

구 분	남 편	부 인
소득	50,000,000원	40,000,000원
필요경비	13,000,000원	10,000,000원
소득금액	37,000,000원	30,000,000원

구 분	개인단위과세		부부단위과세	비 고
	남 편	부 인		
소득금액	37,000,000원	30,000,000원	67,000,000원	
종합 소득공제	10,000,000원	8,000,000원	18,000,000원	
과세표준	27,000,000원	22,00,000원	49,000,000원	
산출세액 계산	72만원+1,500만원 ×15%=297만원	72만원+1,000만원 ×15%=222만원	616만원+300만원 ×25%=691만원	부부단위 과세 시 172만원 추가부담

* 개인단위와 부부단위 과세 시 세금부담

〈종합과세 대상에 포함되는 소득〉

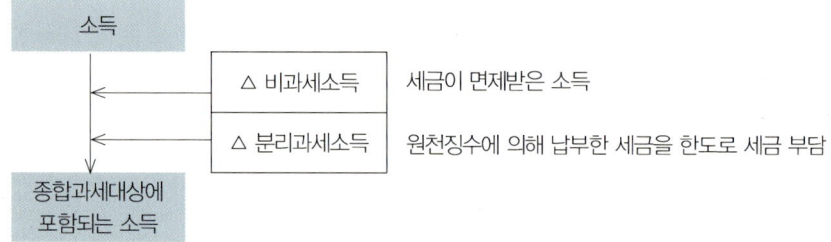

나. 종합과세대상에서 제외되는 비과세 및 분리과세 대상 소득

다음에 해당하는 소득은 비과세되거나 원천징수 시 원천징수 된 세액에 한정되어 과세됨으로써 종합과세 대상에 포함되지 아니하는 분리과세 소득에 해당한다.

① 조세특례제한법 또는 소득세법에 따라 소득세가 과세되지 아니하는 소득 (비과세소득)
② 일용근로자의 근로소득

③ 장기채권으로서 분리과세를 신청한 경우의 이자소득(원천징수세율 : 30%)

④ 민사소송법 제113조 및 같은 법 제142조에 따라 법원에 납부한 보증금 및 경락대금에서 발생하는 이자소득(원천징수세율 : 14%)

⑤ 실지명의가 확인되지 아니하는 소득(원천징수세율 : 35%, 90%)

⑥ 직장공제회 초과반환금

⑦ 법인으로 보는 단체 외의 단체 중 수익을 구성원에게 배분하지 아니하는 단체로서 단체명을 표기하여 금융거래를 하는 단체가 금융기관으로부터 받는 이자소득 및 배당소득

⑧ 조세특례제한법에 따라 분리과세 되는 소득

⑨ 이자소득 등의 종합과세기준금액 이하의 이자소득과 배당소득 등

다. 종합과세에 의한 세금 계산하기

① 종합과세 대상 소득의 소득금액을 합산하여 종합소득금액을 산출한다.

〈종합소득금액 산출방법〉

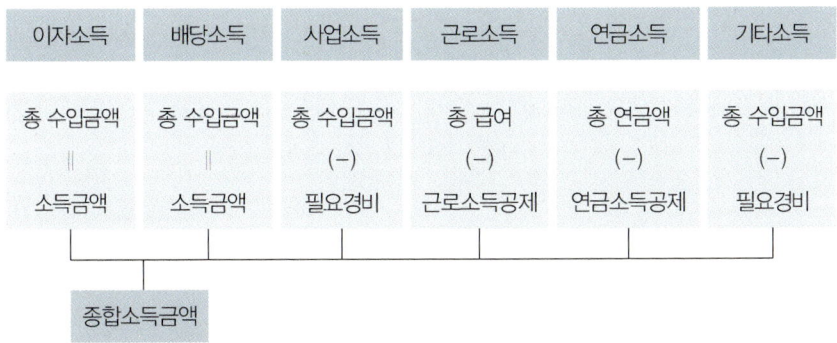

이자소득	배당소득	사업소득	근로소득	연금소득	기타소득
총 수입금액 ‖ 소득금액	총 수입금액 ‖ 소득금액	총 수입금액 (−) 필요경비	총 급여 (−) 근로소득공제	총 연금액 (−) 연금소득공제	총 수입금액 (−) 필요경비

종합소득금액

② 종합소득금액에서 종합소득공제 및 그 밖의 소득공제를 차감하여 과세표
준을 산출한다.

〈과세표준 산출방법〉

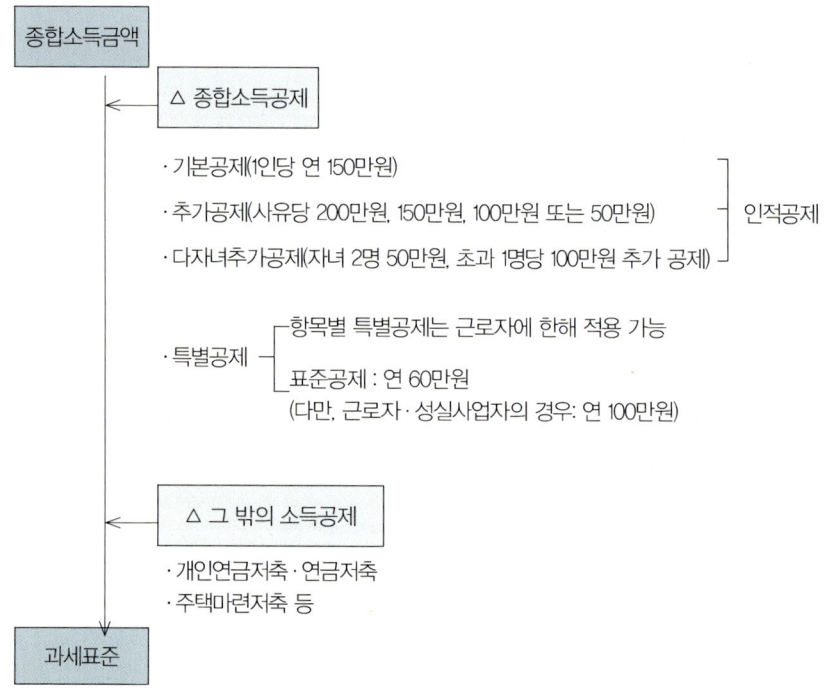

③ 과세표준에 기본세율을 적용하여 산출세액을 계산하고 산출세액에서 세액 공제를 차감하여 결정세액을 계산한다.

〈산출세액 및 결정세액 계산하기〉

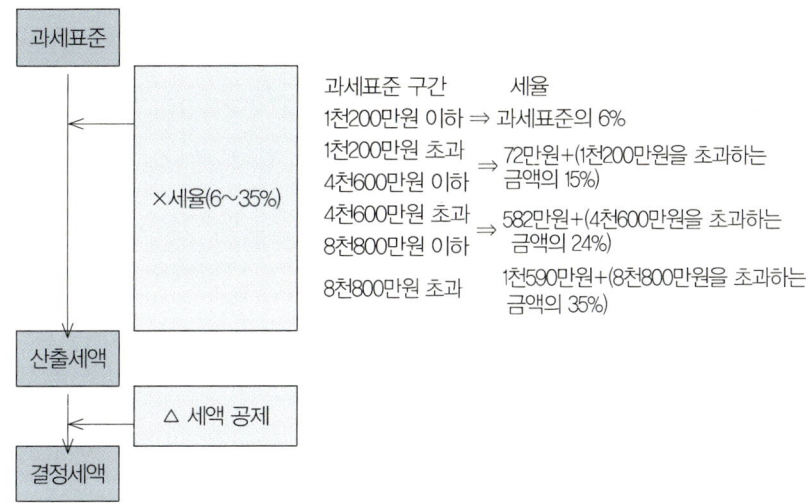

④ 결정세액에 기납부세액 등을 차감하여 납부할 세액을 계산한다.

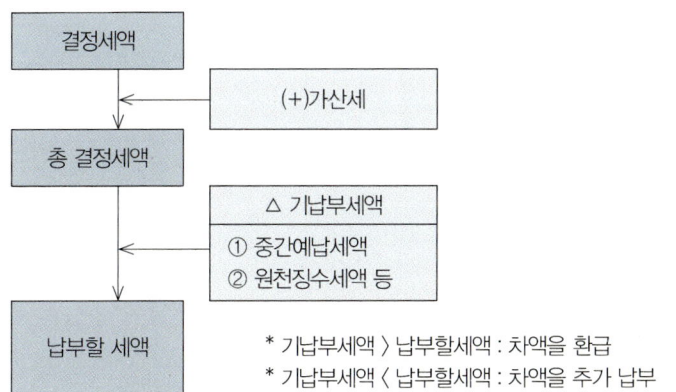

라. 종합소득세 신고 방법 등

해당 연도의 종합소득금액이 있는 거주자는 그 과세표준을 해당연도의 다음 연도 5월 1일부터 5월 31일까지 주소지 관할 세무서에 신고하여야 한다.

	2011년		
1.1	12.31 ⇩	5.1 ~ 5.31 ⇩	6.30 ⇩
해당연도(2010년)		종합소득확정 신고기간 (신고·납부)	환급

2

금융소득 종합과세

✓아내가 이끄는 알기쉬운 세금절약 레시피

○ 소득종류 및 계층 간 공평과세실현을 위하여 금융소득 종합과세제도를 도입

* 1997.12.31. 개정된 금융실명거래및비밀보장에관한법률 부칙에 의해 1998~2000년 귀속분은 금융소득종합과세 실시를 유보하였다가 2001년부터 재실시

— 금융소득이 연간 4천만원을 초과하는 경우 전체 금융소득에 대해 종합 과세(다만, 이 경우 4천만원까지는 원천징수세율 14% 적용)

가. 금융소득의 범위

금융소득이란 저축 또는 투자에 대한 대가로 이자소득과 배당소득이 이에 해당한다. 다만, 채권이나 주식의 양도에서 발생하는 소득은 금융소득으로 보지 아니하고 있다.

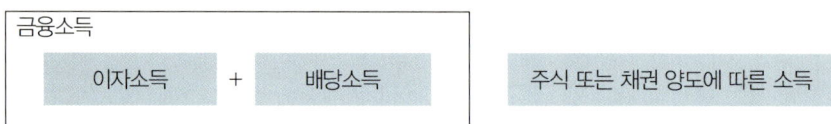

개인 사업자가 사업자금, 부동산 등을 대여하고 보증금 또는 전세금을 받아 은행에 예금하는 경우 발생하는 이자 등은 사업소득이 아닌 이자소득이나 배당소득으로 본다.

나. 금융소득종합과세 대상 소득

개인별로 연간 금융소득을 합하여 4천만원이 초과되는 경우 금융소득을 다른 종합소득과 합산하여 과세하는 제도이다.

금융소득종합과세 대상 소득은 금융소득 중 비과세소득과 분리과세소득을 제외한 금액으로 그 금액 크기에 따라 과세방법이 달라진다.

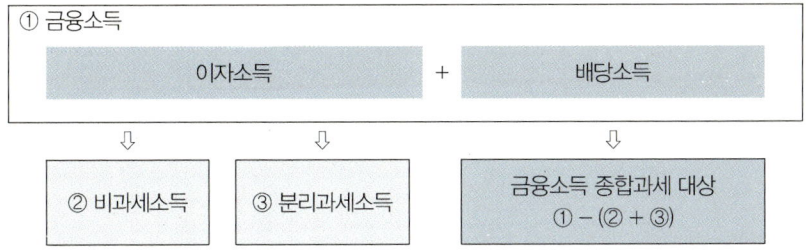

금융소득 중 비과세 및 분리과세 대상 소득을 제외한 금융소득이 4천만원 (기준금액)을 초과하는 경우 해당 금융소득은 종합과세대상이 되나, 4천만원 이하에 해당하는 경우 다음에 해당하는 금액에 대해서만 종합과세 된다.

    – 출자공동사업자로부터 받는 배당소득

    – 원천징수 규정이 적용되지 아니하는 국내·외에서 받은 이자·배당소득

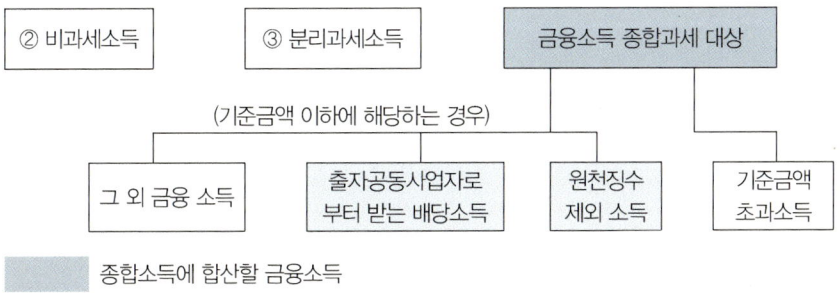

다. 배당가산액

법인의 소득금액에 대하여 법인단계에서 부담한 법인세의 일정부분을 주주 단계의 배당소득에 대한 종합소득세에서 다시 과세되는 것을 어느 정도 완화 시키기 위해 배당액에 12/100을 가산하였다가 산출세액에서 배당세액 공제하

는 방식이다.

① 배당소득 중 배당가산대상

    ㉮ 내국법인으로부터 받은 이익이나 잉여금의 배당·분배금과 건설이자의
       배당
    ㉯ 법인으로부터 보는 단체로부터 받는 배당·분배금
    ㉰ 의제배당
    ㉱ 법인세법에 의하여 배당으로 처분된 금액

○ 금융소득과 배당가산액
−종합과세기준금액 초과 여부 계산 시 배당소득에 대해서는 배당가산을 하지 아니
  한 금액으로 한다.
−금융소득이 4천만원을 초과하는 경우 배당가산 한 금액을 종합과세 금융소득으
  로 한다.

라. 금융종합과세에 따른 세액 계산방법

금융소득 종합과세에 따른 급격한 세부담이 증가되는 문제점을 보완하기 위해 전체 금융소득 중 4천만원까지는 원천징수세율을 적용하여 계산하고 4천만원을 초과하는 금융소득은 다른 종합과세대상소득과 합산하여 계산한다.

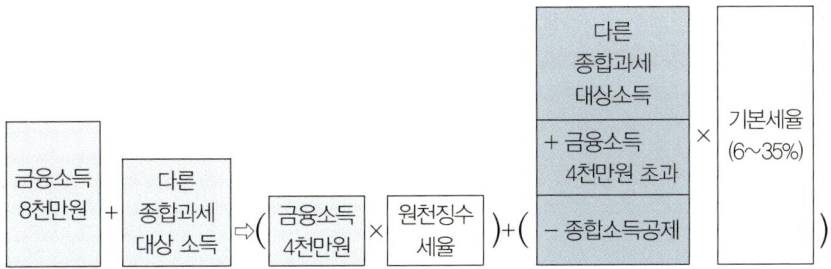

마. 비교과세 취지

금융소득이 종합과세 기준금액(4천만원) 초과하는 경우 4천만원까지는 원천징수세율에 의해 과세되나, 4천만원을 초과하는 금액은 기본세율을 적용한다.

기본세율은 과세표준이 1,200만원 이하인 경우 6%가 적용되고 과세표준 8,800만원을 초과하는 경우 35%를 적용하게 되어 있어 종합과세 기준금액(4천만원)을 초과하는 금융소득의 산출세액이 원천징수한 세액보다 적을 수 있어 종합과세 기준금액을 초과하는 금융소득에 대하여는 최소한 원천징수세액보다 더 많은 세부담이 이루어질 수 있도록 비교과세하고 있다.

〈사례〉

이자소득이 6천만원만 있는 거주자의 경우 원천징수세액은 840만원이다. 이 경우 비교과세를 하지 아니하고 금융소득 종합과세를 적용하는 경우 일부 구간은 원천징수세율보다 낮은 세율이 적용되어 오히려 환급이 발생하게 된다. 종합과세 기준금액을 초과하는 금융소득을 종합소득과세표준에 합산하여 누진세율로 종합과세 하는 취지와 다르게 과세될 소지가 있다.

－원천징수 세액 8,400,000원 = 60,000,000원 × 14%

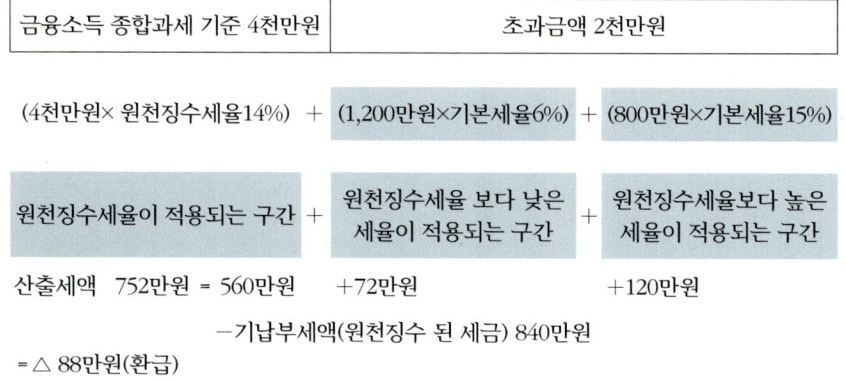

금융소득 종합과세 기준 4천만원	초과금액 2천만원

(4천만원× 원천징수세율14%) + (1,200만원×기본세율6%) + (800만원×기본세율15%)

원천징수세율이 적용되는 구간	+	원천징수세율 보다 낮은 세율이 적용되는 구간	+	원천징수세율보다 높은 세율이 적용되는 구간

산출세액 752만원 = 560만원   ＋72만원   ＋120만원

－기납부세액(원천징수 된 세금) 840만원

= △ 88만원(환급)

바. 비교과세 방법

금융소득종합과세와 관련하여 종합과세 시 산출세액이 원천징수세액보다 적어지는 일이 없도록 종합과세로 과세 시 산출세액(①)과 원천징수세액(②)을 비교하여 최소한 원천징수세액으로 과세될 수 있도록 하는 제도로 다음과 같이 계산한 금액을 비교하여 큰 금액으로 한다.

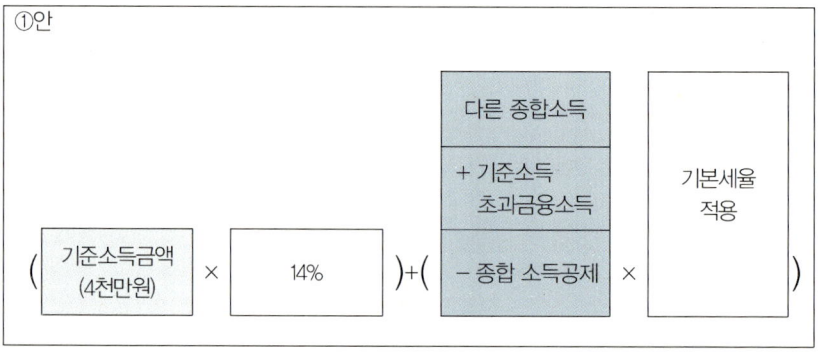

①안

(기준소득금액 (4천만원) × 14%) + (다른 종합소득 + 기준소득 초과금융소득 − 종합 소득공제 × 기본세율 적용)

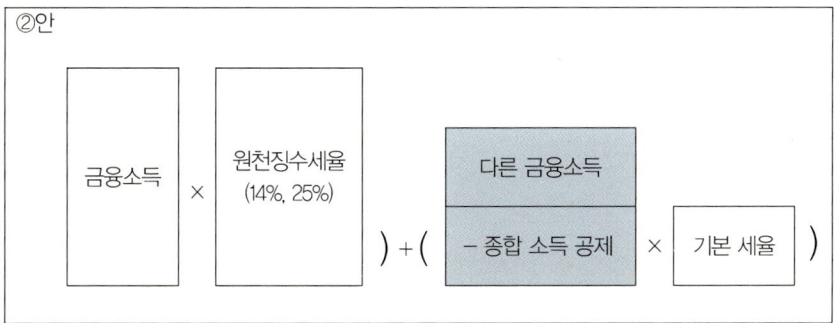

〈사례〉

이자소득만 6천만원인 있는 거주자의 경우 비교과세에 의한 산출세액은 ①과 ②

중 큰 금액인 840만원으로 이는 원천징수세액보다 같거나 큰 금액에 해당한다.

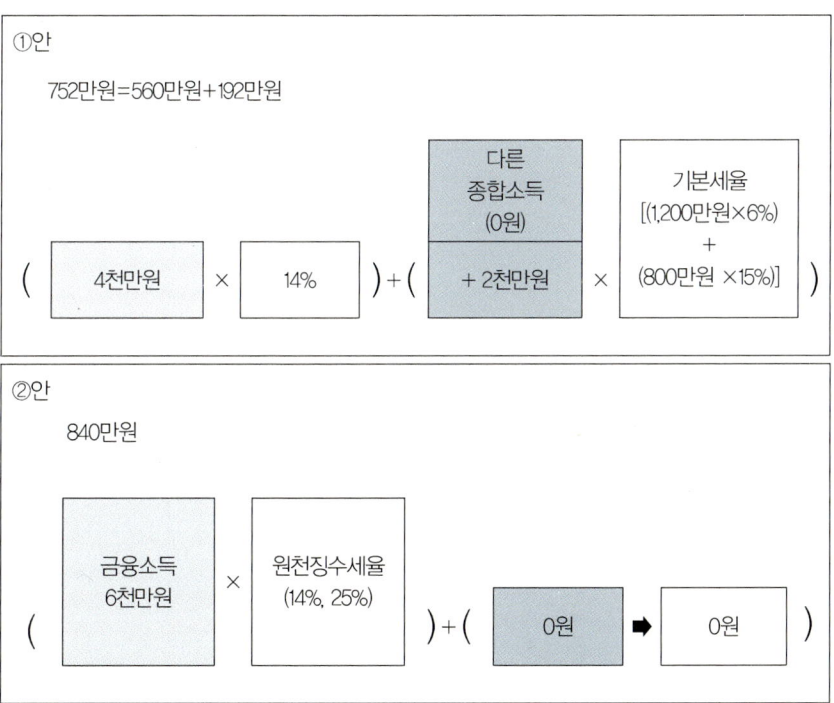

사. 금융소득 내역 확인 방법

　　과세관청은 연간 금융소득이 4천만원을 초과하는 거주자에 대해서는 다음 연도 5월 초에 금융소득에 대한 종합소득세 확정신고를 안내하고 있다. 또한 연간 금융소득 4천만원 초과한 거주자에 대해 종합소득 확정신고 기간 동안 홈택스 홈페이지 및 세무서를 통해서 금융소득 내역을 조회할 수 있는 서비스를 제공하고 있다.

① 홈택스 홈페이지를 통해 금융소득 확인 방법
　　홈택스 홈페이지(www.hometax.go.kr)에서 인터넷뱅킹용 공인인증서로 로그인한 후
　　세금신고·신고분납부 ⇨ 세금신고 ⇨ 종합소득세 ⇨ 신고 전 확인하기 ⇨ 금융소득

② 본인이 신분증을 가지고 가까운 세무서에 방문하여 확인

아. 금융종합과세제도를 이용한 세테크 전략

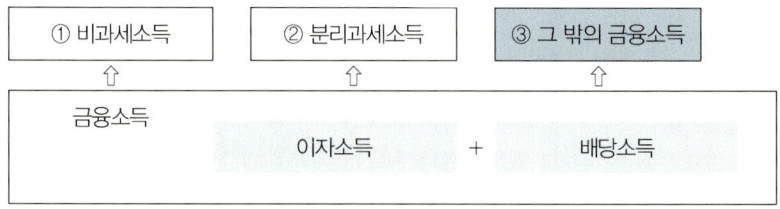

금융소득 종합과세에 포함되는 경우 최소한 원천징수세율보다 높은 세율에 의해 과세되므로 거주자는 금융소득을 되도록 금융소득 종합과세대상에서 배제되는 비과세소득, 분리과세소득에 집중될 수 있도록 구성하여야 한다.

① 비과세소득

비과세소득은 금융소득이 발생하지만 세금이 과세되지 아니한 소득으로 주요 상품으로는 생계형 저축, 장기주택마련저축 등이 있다. 거주자는 우선적으로 세금이 과세되지 아니한 금융소득으로 구성하되 이왕이면 비과세와 소득공제가 모두 가능한 금융상품으로 구성함으로써 비과세 및 소득공제를 통해 최대 세금절약 효과를 얻을 수 있다.

② 분리과세 소득

분리과세 되는 금융소득은 원천징수세율에 의한 세금을 부담하고 종합과세 대상에 합산하지 아니할 수 있어 세금우대종합저축 등이 대표적인 상품이다.

③ 그 밖의 금융소득

비과세소득과 분리과세소득을 구성하고도 남은 금융소득이 있는 경우 소득의 발생 시기를 다른 연도로 적절히 분산함으로써 세부담을 최소화할 수 있다.

금융소득 대부분은 이자소득이나 배당소득을 지급받을 연도에 과세되므로, 동일 금액의 소득이라도 그 지급 시기가 동일 연도에 집중되는 경우 금융종합소득대상에 해당되지 않는 경우가 있다.

〈사례〉

1억원의 이자소득이 다음과 같이 발생하는 경우 원천징수 세율은 14%로 가정할 경우 총 부담세액을 비교하면 소득 발생 시기 분산이 얼마나 중요한지 알 수 있을 것이다.

−특정 연도에 1억원이 발생한 경우

−3개 연도에 나누어 1차 연도 3,000만원, 2차 연도 3,500만원, 3차 연도 3,500만원 발생한 경우

두 경우 모두 원천징수세액은 1,400만원으로 모두 동일하나 특정 연도에 집중되어 1억원의 소득이 발생한 경우 금융소득 종합과세 대상이 되어 추가적으로 302만원*을 부담한다.

* [(4천만원×14%)+(6천만원×기본세율)]과 (1억원×14%) 중 큰 금액 − 1,400만원

하지만 3개 연도를 분산하는 경우 원천징수세액 1,400만원(1차 연도 420만원, 2차 연도 490만원, 3차 연도 490만원)을 부담하게 되어 세테크 측면에서 매우 유리하다.

소득 발생이 특정 연도에 집중된 경우

원천징수	종합과세 시 추가부담	합계
1,400만원	302만원	1,702만원

소득 발생이 여러 연도로 분산된 경우

1차 연도	2차 연도	3차 연도	합계
420만원	490만원	490만원	1,400만원

3

주택임대소득에 대한 소득세

○ 주택임대소득 과세기준
- 월세 : 2주택 이상 과세, 1주택 소유 시 기준시가 9억 원 초과 고가주택만
  과세
- 전세보증금 : 주택 수에 관계없이 비과세

가. 주택 임대소득에 대한 종합소득세 신고 대상자

① 부부합산 2주택 이상 소유자가 주택임대로 받는 월세수입
② 기준시가 9억원을 초과하는 고가주택의 임대로 인하여 받는 월세수입
③ 국외에 소재하는 주택의 임대로 인하여 받는 월세수입

따라서 1개의 주택을 소유하는 자가 해당 주택을 임대하고 지급받는 소득은 비과세한다. 이 경우 그 주택이 고가주택(기준시가 9억원 초과 주택)에 해당하는 경우 및 국외에 소재하는 경우에는 과세소득에 포함된다.

○ 상가의 경우 상가 수와 관계없이 월세·전세 모두를 과세대상으로 한다

나. 주택 수 계산 방법

① 다가구 주택
다가구주택은 1개의 주택으로 보나, 구분 등기된 경우에는 각각을 1주택으로 본다.

② 공동소유의 주택

㉮ 지분이 가장 큰 자의 소유로 계산
㉯ 지분이 가장 큰 자가 2인 이상인 경우

각각의 소유로 계산. 다만, 지분이 가장 큰 자가 2인 이상인 경우로서 그들이 합의하여 그들 중 1인을 해당 주택의 임대수입 귀속자로 정한 경우에는 그의 소유로 계산

③ 임차 또는 전세받은 주택을 전대하거나 전전세하는 경우

해당 임차 또는 전세받은 주택을 임차인 또는 전세받은 자의 주택의 계산

④ 본인과 배우자가 각각 주택을 소유하는 경우

본인과 배우자의 주택을 합산하여 주택 수 계산

다. 전세보증금에 대한 간주임대료 과세(⇨ 2011년부터 과세대상으로 전환)

2010년 귀속까지는 월세가 아닌 보증금·전세금만 받고 주택을 임대하는 경우에는 과세대상에 해당하지 않았지만, 2011년부터는 주택임대소득에 대한 과세정상화, 주택 월세임대 및 상가 임대와의 과세형평성 제고, 주택투기 억제 등을 감안하여 전세보증금에 대해 간주임대료로 과세대상에 포함된다.

① 과세대상

3주택 이상 보유자 중 전세보증금 합계 3억원 초과분에 대해서는 과세대상에 포함한다.

② 주택 수 판정

    ㉮ 본인과 배우자 소유 주택을 합산

    ㉯ 다가구주택은 1개의 주택으로 하되, 구분 등기한 경우에는 각각 1개의
       주택으로 봄

    ㉰ 공동소유주택은 지분이 가장 큰 사람의 소유(가장 큰 자의 2인 이상인
       경우 각각의 소유)

③ 과세제외 기준에 해당하는 3억원 적용 방법

인별(개인단위) 과세원칙에 따라 부부의 경우에도 각각 주택 소유자별로
적용

④ 과세방법

이 경우 간주임대료는 3억원 초과분의 60%에 대해 이자상당액만큼 다음과
같은 방법으로 과세한다.

구분	간주임대료 계산방법
기장신고 (장부를 갖춘 경우)	(3억원 초과 보증금×60%)×정기예금이자율 - 임대사업부분 발생 이자·배당
추계신고	(3억원 초과 보증금×60%)×정기예금이자율

4

기타소득에 대한 소득세 신고

✓아내가 이끄는 알기쉬운 세금절약 레시피

○ 기타소득금액이 300만원을 초과하는 경우 해당 기타소득을 다른 종합
소득과 합산하여 신고하여야 한다.
– 기타소득 확인방법
　홈택스 홈페이지(www.hometax.go.kr)에서 기타소득금액 및 원천징수
　세액 조회 및 확인 가능(공인인증서 필요)

가. 기타소득의 종류

① 인적용역을 일시적으로 제공하고 받는 강연료, TV해설, 심사수당 등
② 미술·음악·사진 등 창작품에 대한 원고료, 인세 등 문예창작소득
③ 연금저축(2001년 1월 1일 이후 가입분)을 중도 해지한 경우 해지일시금
④ 소기업·소상공인의 공제부금 해지일시금
⑤ 재산권에 대한 알선 수수료, 사례금 등

나. 기타소득금액 계산

| 기타소득금액 | = | 기타소득 | – | 필요경비 |

다. 필요경비

기타소득금액을 계산할 때 필요경비에 산입할 금액은 해당 과세기간의 총수입금액에 대응하는 비용으로서 일반적으로 용인되는 통상적인 것의 합계액으로 하되 다음의 어느 하나에 해당하는 기타소득에 대해서는 거주자가 받는 금액의 100분의 80에 상당하는 금액을 필요경비로 보며, 실제 소요된 필요경비가 100분의 80에 상당하는 금액을 초과하면 그 초과금액도 필요경비로 인정한다.

① 공익법인이 주무관청의 승인을 받아 시상하는 상금 및 부상
② 다수가 경쟁하는 대회에서 입상자가 받는 상금 및 부상

③ 주택입주 지체상금

④ 광업권·어업권·산업재산권 등 권리를 양도하거나 대여하고 받는 금품

⑤ 원고료, 저작권 사용료인 인세, 미술·음악 또는 사진에 속하는 창작품에 대하여 받는 대가

⑥ 강연료 등 인적용역을 일시적으로 제공하고 받는 대가 등

〈사례〉

연간 원고료 및 강연료로 인하여 벌어들인 기타소득이 1,450만원인 경우 기타소득금액은?(이 경우 필요경비는 총 수입금액의 80%로 간주)

기타소득금액 290만원	=	기타소득 1,450만원	−	필요경비 1,160만원 (=1,450만원×80%)

* 따라서 이 경우 기타소득에 대해 종합과세 확정신고를 반드시 할 필요는 없다.

라. 기타소득 내역 조회

과세관청은 거주자의 종합소득 확정신고 편의를 위해 홈택스 홈페이지(www.hometax.go.kr)에서 다음의 따른 방법으로 직전 과세연도의 기타소득 내역을 확인할 수 있다.

홈택스 홈페이지에 인터넷뱅킹용 공인인증서로 로그인한 후,

조회서비스 ⇨ 세금신고내역조회 ⇨ 지급명세서 ⇨기타소득을 선택하여 기타소득금액 및 원천징수세액 등을 확인할 수 있다.

마. 종합소득세 신고

    기타 소득금액이 300만원 이하이면서 원천징수가 적용되는 소득은 종합소득 과세표준에 포함하지 아니하지만, 다음에 해당하는 소득을 제외하고는 거주자가 해당 소득을 종합소득 과세표준을 계산할 때 이를 합산하려는 경우에는 종합소득 확정신고를 통해 종합소득 과세표준에 포함시킬 수 있다.

① 복권당첨금
② 승마투표권 등의 구매자가 받는 환급금
③ 슬롯머신 등을 이용하는 행위에 참가하여 받는 당첨금품 등
④ 신용카드 등의 사용자에 대한 보상금

〈사례〉

강연료로 기타소득이 800만원 발생한 경우 근로자의 경우 다음의 방법 중 유리한 것을 선택할 수 있다.

〈2010년 발생 소득〉

구 분	총 수입금액	소득금액
근로소득	35,000,000원	23,250,000원*
기타소득	8,000,000원	1,600,000원**

* 근로소득금액 23,250,000원=근로소득 35,000,000원-근로소득공제 11,750,000원
** 기타소득금액 1,600,000원=기타소득 8,000,000원-필요경비 6,400,000원

    근로소득 연말정산 시 인적공제, 특별공제, 그 밖의 소득공제 금액의 합계

액이 13,250,000원으로 가정할 경우 해당 근로자의 근로소득 연말정산 결과
는 다음과 같다.

구 분	종합소득 확정신고를 하지 아니한 경우			종합소득확정신고를 하는 경우
	근로소득	기타소득	합계	
총 수입금액	35,000,000	8,000,000	43,000,000	43,000,000
소득금액	23,250,000	6,400,000	29,650,000	29,650,000
− 종합소득공제 등	13,250,000	−	13,250,000	13,250,000
= 과세표준	10,000,000	1,600,000	11,600,000	11,600,000
× 적용세율	6%	20%	−	6%
= 산출세액	600,000	320,000	920,000	696,000

종합소득 확정신고를 하지 아니한 경우 근로소득에 대해서는 6%, 기타소
득에 대해서는 20%의 세율이 각각 적용되나, 종합소득 확정신고를 하는 경우
기타소득과 근로소득을 합산한 금액에 대해 6%를 적용되어 종합소득 확정신
고를 하는 것이 세부담을 감소시킬 수 있다.

따라서 사례와 같이 해당 연도에 근로소득, 기타소득이 각각 있어 연말정
산 및 원천징수에 의해 종합소득확정신고를 하지 않아도 되는 경우에도 종합
소득 확정신고에 의한 세액 계산을 통해 유리한 방법을 선택할 수 있다.

제8장
연말정산 세테크

연말정산 대상 근로자가 1,400만 명에 이른다고 한다. 연말정산과 관련하여 많은 분들이 궁금해하는 것은 "연말정산 시 보다 많은 환급을 받기 위해서는 어떠한 비법이 있을까?"일 것이다. 하지만 이에 앞서 "연말정산에 대해 얼마나 알고 있을까"라는 의문이 있다.

근로자 중 일부는 연말정산 관련 세법 등을 정확히 알지 못하거나, 바빠서 실제 부담할 세액보다 더 많은 세금을 부담할 수 있다.

하지만, 연말정산 구조를 정확히 이해하고 있어 미리미리 준비한다면 1년간 벌어들인 근로소득에 대해 세법 등을 알지 못해 세금을 더 많이 부담하는 일은 없을 것이다.

이것이 바로 연말정산 세테크라 할 수 있다.

1

매월 **급여**에서 떼는 세금에 대한
원천징수세율은 몇 %인지?

✓ 아내가 이끄는 알기쉬운 세금절약 레시피

○ 매월 급여에 대한 원천징수는 근로소득 간이세액표에 의한다.
– 근로소득 간이세액표는 월급여와 부양가족 인원을 기준으로 연말정산
시뮬레이션을 통해 산출한 결과표이다.

직장동료와 급여명세서를 비교할 때 같은 금액의 급여임에도 급여명세서의 소득세 금액이 다르거나, 심지어 급여가 나보다 많음에도 불구하고 소득세가 적은 이유 등을 수년간 직장 생활을 한 근로자도 정확히 알지 못하는 경우가 많다.

소득세법에서는 근로소득에 대한 원천징수 세율 적용에 대해 다음과 같이 규정하고 있다.

구분		원천징수 세율
근로소득 (예) 우리사주조합 인출금	⇨	기본세율(8%~35%)
매월분의 근로소득	⇨	근로소득 간이세액표

따라서 매월 받는 급여는 근로소득 간이세액표에 따른 간이세액을 기준으로, 그 외 근로소득은 근로소득에 기본세율을 적용한 세금을 원천징수 한다.

예를 들어 근로소득에 해당하는 우리사주조합 인출금이 2천만원인 경우 192만원을 세금으로 원천징수 한다.

* 192만원=(1,200만원×6%)+(800만원×15%)

○ 근로소득 간이세액표
근로소득 간이세액표는 원천징수의무자가 근로자에게 매월 급여를 지급하는 때에 원천징수 해야 하는 세액을 급여수준 및 가족 수별에 따라 미리 계산한 표로 다음과 같이 구조로 계산한다.

가. 근로소득 간이세액표 산출 과정

〈사례〉

비과세를 제외한 월 급여가 330만원이고, 4인가족(20세 미만 자녀 2명 포함)인 경우

구 분	계산방법		사 례
연간 총급여액	월 급여액(비과세소득 제외)이 속한 급여구간의 중간 값×12개월 −0~150만원 미만: 5천 원 단위로 구간 변경 예) 1,495천 원 이상~1,500천 원 미만 −150만원~300만원 미만: 1만원 단위로 구간 변경 −300만원 이상: 2만원 단위로 구간 변경		비과세를 제외한 급여가 330만원에 해당하는 경우 330만원과 332만원의 중간 값인 331만원에 12개월을 곱한 값인 3,972만원이 연간 총급여액임
근로소득 공제	총급여액	공제액	연간 총급여액이 3,972만원 경우 근로소득공제금액은 1,222.2만원임 * 1,222.2만원=1,125만원+(3,972만원−3,000만원)×10%
	500만원 이하	총급여액의 100분의 80	
	1,500만원 이하	400만원+500만원을 초과하는 금액의 100분의 50	
	3,000만원 이하	900만원+1,500만원을 초과하는 금액의 100분의 15	
	4,500만원 이하	1,125만원+3,000만원을 초과하는 금액의 100분의 10	
	4,500만원 초과	1,275만원+4,500만원을 초과하는 금액의 100분의 5	
근로소득 금액	=연간 총급여액−근로소득공제		2,749.8만원
인적공제	기본공제: 1인당 150만원 다자녀추가공제: 기본공제대상의 자녀가 2명 이상인 경우 50만원		−4인가족(20세 이하 자녀 2명 포함): 650만원 −기본공제: 600만원 −다자녀추가공제: 50만원

구 분	계산방법		사 례
연금보험료 공제	월 급여액(비과세소득 제외)이 속한 구간의 중간 값 ×4.5%×12개월 다만, 월 급여액(비과세소득 제외)이 국민연금 기준소득월액 하한(220,000원) 미만이거나 상한(3,600,000원) 초과한 경우에는 다음의 공제금액을 적용 -(연금보험료 공제금액 하한)220,000×4.5%×12개월=118,800원 -(연금보험료 공제금액 상한)3,600,000원×4.5%×12개월=1,944,000원		3,310,000원×4.5%×12개월 =1,787,400원
특별공제	○공제대상가족의 수가 2인 이하인 경우: 110만원+연간 총급여액의 2.5% ○공제대상가족의 수가 3인 이상인 경우: 250만원+연간 총급여액의 5%+연간 총급여액 중 4천만원을 초과하는 금액의 5%		250만원+(3,972만원×5%) =448.6만원
과세표준	= 근로소득금액-인적공제-연금보험료공제 　-특별공제		14,724,600원
산출세액	종합소득과세 표준	기본 세율	1,128,690원= 720,000원+(14,724,600원 -12,000,000원)×15%
	1,200만원 이하	과세표준의 100분의 6	
	4,600만원 이하	72만원+1,200만원 초과금액의 100분의 15	
	8,800만원 이하	582만원+4,600만원 초과금액의 100분의 24	
	8,800만원 초과	1,590만원+8,800만원 초과금액의 100분의 35	
근로소득 세액공제	산출세액	공제액	463,607원= 275,000원+(1,128,690원 -500,000원)×30%
	50만원 이하	산출세액의 100분의 55	
	50만원 초과	27만 5천 원+ 50만원을 초과하는 금액의 100분의 30	
	* 근로소득세액공제는 50만원을 초과할 수 없음		
결정세액	= 산출세액-근로소득세액공제		665,083원
간이세액	= 결정세액÷12개월(원단위 이하 절사)		55,420원

〈근로소득 간이세액표로 확인〉

(단위: 원)

월급여액(천원) 비과세 및 학자금제외		공제대상 가족의 수*							
		1	2	3		4		5	
이상	미만			일반	다자녀	일반	다자녀	일반	다자녀
3,280	3,300	142,310	123,560	74,970	68,720	58,100	53,730	44,980	40,600
3,300	3,320	144,800	126,050	77,390	71,140	59,790	55,420	46,670	42,290
3,320	3,340	142,290	128,540	79,800	73,550	61,480	57,110	48,360	43,980

* 공제대상자족의 수에는 근로자 본인을 포함하므로 부양가족이 근로자 본인인 경우에는 1명을 선택하면 된다.

* 일반과 다자녀 비교

공제대상가족의 수가 3명 이상인 경우부터 일반과 다자녀로 나누어지는데, 20세 이하 자녀가 없거나, 1명인 경우로서 다자녀추가공제를 받지 못하는 경우 '일반'을 선택하고, 20세 이하 자녀가 2명 이상으로 다자녀추가공제 대상에 해당하는 경우 '다자녀'를 선택한다.

예) 4인가족으로 20세 이하 자녀가 2명인 경우에는 공제대상 가족의 수에서 '4, 다자녀'가 이에 해당한다.

4인가족으로 20세 이하 자녀가 1명인 경우에는 공제대상 가족의 수에서 '4, 일반'을 선택하면 된다.

4인가족(20세 이하 자녀 2명 포함)으로 비과세소득을 제외한 월급여가 331만원인 경우 공제대상가족의 수에서는 '4, 다자녀'를 월급여액에서는 3,300~3,320천원 구간을 선택하여 간이세액을 확인하면 57,110원이다.

이는 근로자 본인, 20세 이하 자녀 2명을 포함하여 4명을 부양하는 근로자가 비과세되는 월급여를 331만원 받게 되는 경우 원천징수 하는 세액은 57,110원이라는 것을 의미한다.

위에서 살펴보았듯이 간이세액은 지출한 금액에 공제 가능한 특별공제 및 그 밖의 소득공제 금액을 반영하지 못하고 부양가족과 월급여액을 기준으로 연간 환산하여 연말정산에 준하는 과정을 거쳐 계산한 결정세액을 12개월로 나누어 월할 환산한 금액으로 실제 연말정산에 의한 세액과는 차이가 날 수 있다.

하지만 매월 급여 지급 시 원천징수 하여야 세액의 기준으로서 간이세액은 다음과 같은 장점을 가지고 있다.

- 간이세액은 미리 계산한 금액으로 부양가족인원과 월급여액만으로 쉽게 확인할 수 있어 매월 원천징수를 수행해야 하는 원천징수의무자의 업무를 경감시킬 수 있다.
- 세법 개정 사항을 반영함으로써 연말정산 세액과 가장 근접한 세액을 산출하여 타당성이 높다.

〈사례 1〉

저 친구와 나는 월급이 동일하지만 저 친구의 원천징수 세액은 나보다 적다.

월 급여가 350만원인 경우에도 공제대상 가족 수가 1명인 경우 원천징수 세액은 169,700원이지만, 공제대상 가족 수가 3명이고 다자녀에 해당하는 경우 원천징수 세액은 93,960원으로 그 차이는 75,740원 차이가 발생한다.

따라서 같은 금액의 월급이더라도 공제대상가족의 수가 많은 경우 원천징수세액은 훨씬 적다.

여기서 궁금한 점이 하나 있다면, 원천징수 간이세액표를 이용하여 원천징수세액을 적용해야 하는 회사는 어떻게 근로자의 공제대상 가족의 수를 알고 있을까이다.

회사는 직전연도 연말정산을 위해 근로자가 제출한 근로소득자공제신고서에 기재된 부양가족을 기준으로 근로소득 간이세액표를 적용한다.

따라서 동일 연도에 결혼하거나, 아이의 출생으로 부양가족이 증가되는 경우 회사는 이를 정확히 반영하지 못하여 생각보다 많은 세금을 원천징수 할 수 있으므로 부양가족의 변동상황이 있으면 이를 회사에 알려 정확한 세금이 징수될 수 있도록 해야 한다.

〈사례 2〉

이 과장은 나보다 월급이 많음에도 급여에서 원천징수 되는 세액은 나보다 적은 이유는 무엇 때문일까?

이 과장 월급여액은 400만원이고 나의 월급여액은 350만원이지만, 원천징수 되는 세액은 반대로 이 과장이 136,550원이고 내가 150,950원인 경우가 발생할 수 있다. 이는 부양가족의 인원수가 다르기 때문이다.

구 분	월급여액	부양가족 수		간이세액
이 과장	4,000,000원	4명, 다자녀	⇨	136,550원
나	3,500,000원	2명	⇨	150,950원

〈참고〉 근로소득 간이세액표

월급여액(천원) 비과세 및 학자금제외		공제대상 가족의 수(원)							
이상	미만	1	2	3 일반	3 다자녀	4 일반	4 다자녀	5 일반	5 다자녀
3,500	3,520	169,700	150,950	100,210	93,960	81,460	75,210	62,710	58,270
		……		……					
4,000	4,020	236,670	217,920	161,550	155,300	142,800	136,550	124,050	117,800

2

연말정산 시 왜 **환급세액** 또는 **납부세액**이 발생하는지?

✓아내가 이끄는 알기쉬운 세금절약 레시피

○ 원천징수의무자는 근로자별로 해당 연도의 근로소득에 대하여 결정세액을 구하고 급여 등을 지급 시 이미 원천징수 하여 납부한 세액을 공제함으로써 연말정산을 한다.

– 이 경우 결정세액 > 원천징수 세액 → 차액을 추가 납부

　　　 결정세액 < 원천징수 세액 → 차액을 원천징수의무자가 환급

가. 근로소득 연말정산

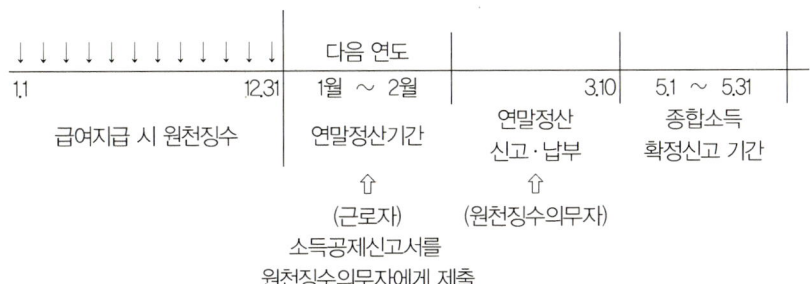

근로소득은 종합소득에 해당하는 소득 중 하나로 근로소득이 있는 사람은 종합과세 되는 다른 소득과 합하여 다음 연도 5월에 종합소득 확정신고를 하여야 한다.

하지만 근로소득의 특성상 근로계약에 의해 지속적으로 근로를 제공하고 있고, 다른 소득이 없는 경우 다음 연도 5월까지 기다려서 종합소득 확정신고를 하지 아니하고 원천징수의무자가 근로소득에 대한 세액계산을 하는 것이 더 바람직할 수 있다.

이러한 이유 등으로 1975년부터 연말정산제도가 도입되었으며, 소득세법은 근로소득만 있는 근로자가 근로소득에 대해 연말정산에 의해 세액을 확정하여 납부한 경우에는 별도로 종합소득 확정신고를 하지 아니할 수 있다.

다만, 두 곳 이상의 직장으로부터 근로소득을 지급받은 사람이 각 근무처에서 발생한 소득에 대해 연말정산만 하고 해당 연도의 근로소득을 합산하여 연말정산을 하지 아니한 경우에는 종합소득 과세표준 확정신고를 하여야 한다.

〈사례〉

근로소득이 다음과 같이 발생하여 근로자가 각 근무처별로 연말정산 하였다면 그

세액의 합은 1,066,250원으로 합산한 경우 연말정산 세액은 3,595,000원으로 해당

근로자는 종합소득 확정신고를 통해 2,528,750원을 추가 납부하여야 한다.

구 분	A근무처	B근무처
근로소득(비과세 제외)	30,000,000원	20,000,000원
결정세액	857,000원	209,250원

─근로자 본인에 대한 기본공제 및 표준공제만 있다고 가정

〈세액계산〉

구 분	A근무처	B근무처	합 계	합산 연말정산	차 이
총급여액	30,000,000원	20,000,000원	50,000,000원	50,000,000원	
근로소득공제	11,250,000원	9,750,000원	21,000,000원	13,000,000원	8,000,000원
인적공제	1,500,000원	1,500,000원	3,000,000원	1,500,000원	1,500,000원
표준공제	1,000,000원	1,000,000원	2,000,000원	1,000,000원	1,000,000원
과세표준	16,250,000원	7,750,000원	24,000,000원	34,500,000원	△10,500,000원
산출세액	1,357,500원	465,000원	1,822,500원	4,095,000원	△2,272,500원
근로소득세액공제	500,000원	255,750원	755,750원	500,000원	255,750원
결정세액	857,500원	209,250원	1,066,250원	3,595,000원	△2,528,750원

─만약 두 곳 이상의 근무처로부터 근로소득을 받는 사람이 연말정산 시 각 근무처
  별 근로소득에 대해 연말정산을 하고 다음 연도 5월 말일까지 종합소득 확정신
  고를 하지 아니한 경우 납부불성실 등에 따른 가산세를 추가로 부담하여야 한다.

나. 연말정산 세액 계산 방법

① 근로소득의 범위

근로소득이란 근로계약에 의한 비독립적 지위에서 근로를 제공하고 받는 봉급·급료·보수·임금·상여·수당뿐만 아니라 경우에 따라서는 주식매수선택권에 의한 행사이익, 우리사주조합 인출금도 근로소득에 포함된다.

② 비과세·감면 근로소득

근로소득 중 비과세되는 소득 등은 대학 교원의 연구보조비, 정부출연기관 연구원의 연구활동비, 기자취재수당, 국외근로소득, 벽지수당 등 비과세 등이 있다.

③ 근로소득금액의 계산

> 총급여액=근로소득−비과세소득
> 근로소득금액=총급여액−근로소득공제

〈근로소득공제〉

총급여액	공제액
연 500만원까지	총급여액의 80%
500만원 초과 1,500만원 이하	400만원+ 500만원 초과분의 50%
1,500만원 초과 3,000만원 이하	9,000만원+ 1,500만원 초과분의 15%
3,000만원 초과 4,500만원 이하	1,125만원+ 3,000만원 초과분의 10%
4,500만원 초과분	1,275만원+ 4,500만원 초과분의 5%

④ 근로소득 과세표준 및 세액계산

```
┌─────────────────┐
│  연 간 근 로 소 득  │
└─────────────────┘
        │  △ 비과세소득
        │      • 생산직근로자의 시간외근무수당(연 240만원 한도)
        │      • 현물식대 또는 월 10만원 이하 식사대
        ▼      • 출산·보육수당(월 10만원 한도) 등
┌─────────────────┐
│   총 급 여 액     │   = 연간 근로소득 − 비과세소득
└─────────────────┘
        │  △ 근로소득공제
        ▼
┌─────────────────┐
│  근 로 소 득 금 액  │   = 총급여액 − 근로소득공제
└─────────────────┘
        │  △ 인적공제 : 기본공제, 추가공제, 다자녀 추가공제
        │  △ 특별공제 : 보험료, 교육비, 의료비, 주택자금, 기부금 등
        │              (표준공제 적용 시: 연 100만원)
        │  △ 조세특례제한법상 소득공제(그 밖의 소득공제) :
        │              연금저축소득공제, 신용카드 등 사용금액 소득공제 등
        ▼
┌─────────────────┐
│   과 세 표 준     │   = 근로소득금액 − 인적공제 − 특별공제 − 그 밖의 소득공제
└─────────────────┘
        │  (×) 기본세율(6% ~ 35%, 4단계 초과누진)
        ▼
┌─────────────────┐
│   산 출 세 액     │
└─────────────────┘
        │  △ 근로소득세액공제
        │      • 산출세액 50만원 이하분: 55%  ┐
        │      • 산출세액 50만원 초과분: 30%  ┘─ 50만원 한도
        ▼
┌─────────────────┐
│   결 정 세 액     │
└─────────────────┘
        │  △ 기납부세액     원천징수의무자가 근로소득을 지급하면서
        │                  근로소득 간이세액표를 적용하여 원천징수 한 금액 등
        ▼
┌─────────────────┐
│ 차 감 납 부 할 세 액 │  * 결정세액 〉 기납부세액 : 차액을 추가 원천징수
└─────────────────┘     결정세액 〈 기납부세액 : 차액을 원천징수 의무자가 환급
```

다. 간이세액과 연말정산세액의 차이 발생 원인

간이세액과 연말정산세액 계산방법이 다음과 같이 다르기 때문에 연말정산 시 추가 납부 또는 환급이 발생한다.

구 분		간이세액 계산방법	연말정산 세액 계산방법
총급여액		해당 월의 급여(비과세소득 제외)에 해당하는 구간의 중간 값에 12를 곱하여 연환산하여 연간 총급여액 산출	매월 급여액의 합계에서 비과세소득을 차감한 금액
근로소득공제		연간 총급여액 기준으로 산출	총급여액 기준으로 산출
근로소득금액		연간 총급여액－근로소득공제	총급여액－근로소득공제
인적공제	기본공제	적용	적용
	추가공제	적용하지 아니함	적용
	다자녀 추가공제	적용하되 계산편의를 위해 해당 자녀가 2명 이상인 경우 2명으로 간주하여 계산	2명인 경우: 50만원 공제 3명 이상인 경우: 50만원+(자녀 수－2명)×100만원
연금보험료공제		국민연금보험료 기준으로 산출	해당 연금에 따라 보험료공제 금액이 달라 차이 발생 －국민연금 －특수직역연금(공무원연금 등)
특별공제		급여 지급 시점에서 실제 지출될 비용을 예상하기가 어려워 다음과 같이 일괄 계산하여 공제 －공제대상 가족의 수 2인 이하인 경우 : 110만원+연간 총급여액의 2.5% －공제대상 가족의 수가 3인 이상인 경우 : 250만원+연간 총급여액의 5%+연간 총급여액 중 4천만원을 초과하는 금액의 5%	실제 지출한 비용을 기준으로 보험료, 의료비, 교육비, 주택자금, 기부금공제를 적용 －공제금액의 합계액이 100만원에 미달하는 공제금액을 100만원으로 하는 표준공제 적용

구 분	간이세액 계산방법		연말정산 세액 계산방법
그 밖의 소득공제	적용하지 아니함	⇨	실제 지출한 비용을 기준으로 개인연금저축 등 그 밖의 소득공제를 적용
과세표준	근로소득금액−인적공제−연금보험료공제−특별공제		근로소득금액−인적공제−연금보험공제−특별공제−그 밖의 소득공제
산출세액	과세표준에 기본세율을 적용하여 계산		과세표준에 기본세율을 적용하여 계산
세액공제 및 감면	근로소득세액공제만 적용	⇨	근로소득세액공제, 주택자금이자세액공제, 기부정치자금 등 해당 세액공제 및 감면적용
결정세액	산출세액−근로소득세액공제		산출세액−세액공제 및 감면

3

기초가 튼튼해야 열매가 많다: 근로소득의 열매, 연말정산의 기초는 **인적공제**

✓아내가 이끄는 알기쉬운 세금절약 레시피

○ 부양가족이 기본공제 요건을 충족하고 이를 소득공제신고서를 통해 기본공제대상자로 기재(부양가족 1인당 150만원 공제)

– 기본공제 대상 부양가족이 경로우대, 장애인 등 추가공제 요건을 충족하면 기본공제와 추가공제 모두 적용

– 기본공제대상 자녀가 2명 이상인 경우에는 다자녀추가공제 적용

* 기본공제 등 인적공제는 근로자가 해당 증빙서류를 첨부하여 원천징수의무자에게 신청하여야 함

인적공제 ＝ 기본공제 ＋ 추가공제 ＋ 다자녀추가공제

가. 기본공제

① 기본공제 대상에 포함할 수 있는 부양가족의 범위

기본공제 대상에는 근로자 본인을 포함하여 다음의 요건을 충족하는 부양가족에 대해 기본공제 대상자로 신청할 수 있다.

구 분	생계요건	소득요건	나이요건
거주자	적용하지 아니함	적용하지 아니함	적용하지 아니함
배우자	적용하지 아니함	해당 부양가족의 연간소득금액 합계액 100만원 이하	적용하지 아니함
직계존속	적용함		남녀 모두 만 60세 이상
직계비속			만 20세 이하
형제자매			남녀 모두 만 60세 이상 (또는 만 20세 이하)
수급자			적용하지 아니함
위탁아동			만 18세 미만

㉮ 배우자

법률혼관계에 의하지 아니하는 배우자는 기본공제에 해당하지 아니한다.

㉯ 직계존속의 범위

- 거주자의 직계존속

- 배우자의 직계존속

- 직계존속이 재혼한 경우 그 배우자를 포함하되 그 배우자는 해당 직계존속과 혼인 중임을 증명되는 사람이어야 한다(이 경우 혼인에는 사실혼을 제외한다).

-배우자의 조모
-해외에서 거주하고 있는 비거주자인 직계존속
-외조부모
-재혼한 모친
-양자의 양, 친생부모
* 다만, 사망한 배우자의 직계존속은 당해 배우자의 직계존속으로 보지 아니함

㉯ 직계비속의 범위

- 거주자의 직계비속

- 거주자의 배우자가 재혼한 경우에는 당해 배우자가 종전의 배우자와의 혼인 중에 출산한 사람(이 경우 혼인에는 사실혼을 제외한다)

- 민법 또는 입양촉진 및 절차에 관한 특례법에 따라 입양한 양자

- 사실상 입양상태에 있는 사람으로서 거주자와 생계를 같이하는 사람
  (직계비속의 범위 특례) 해당 직계비속 또는 입양자와 그 배우자가 소득세법에 따른 장애인에 해당하는 경우 그 배우자를 직계비속의 범위에 포함한다.

〈예규 등에서 기본공제대상에 해당하는 직계비속으로 보는 사례〉

-손자, 손녀
-외손자녀
-이혼으로 미성년자녀에 대한 친권을 모가 행사하기로 하면서 동거하기로 하고 부가 그 양육비의 일부를 지급하는 경우 해당 자녀
-혼인 외의 자로 입적되어 생계를 같이하는 직계비속
-해당 연도에 출산하여 사망한 자녀. 이 경우 출생 및 사망선고를 하지 아니한 경우 병원의 기록에 의하여 가족관계 출생 및 사망기록에 의해 확인
-학업 등을 위해 외국에 기거하고 있는 자녀
* 직계비속 특례에 해당하는 경우를 제외하고는 며느리, 사위 등은 기본공제대상에 해당하지 아니함

㉑ 위탁아동

해당 연도에 6개월 이상 직접 양육한 위탁아동이 이에 해당하나, 직전 연도에 소득공제를 받지 못한 경우 해당 위탁아동에 대한 직전 과세기간의 위탁기간을 포함하여 계산한다.

* 증명서류: 해당 과세기간 종료일 이후에 발급받은 가정위탁보호확인서(발급처: 시·군·구)

㉒ 기본공제대상자로 보지 아니하는 부양가족

- 형제자매의 배우자

- 조카

② 생계요건의 적용

생계요건이란 생계를 같이하는 부양가족을 의미한다.

생계를 같이하는 부양가족은 주민등록표의 동거가족으로서 해당 거주자의 주소 또는 거소에서 현실적으로 생계를 같이하는 사람으로 한다. 다만 직계존속·입양자의 경우에는 그러하지 아니하여도 된다.

〈부양가족별 생계요건 적용〉

구 분	주민등록표 동거가족 & 거주자와 주소 또는 거소에서 생계	예외적으로 생계를 같이하는 것으로 보는 경우	
		주거 형편에 따라 별거하고 있는 경우	취학, 질병의 요양, 근무상 또는 사업상의 본래의 주소 또는 거소를 일시 퇴거한 경우
직계존속	원칙적으로 요건 충족	○	－
직계비속	요건을 충족하지 아니하여도 됨	－	－
형제자매	원칙적으로 요건 충족	－	○
수급자	원칙적으로 요건 충족	－	○
위탁아동	원칙적으로 요건 충족	－	○

③ 소득요건

소득요건은 배우자 및 부양가족이 기본공제대상자에 해당하기 위해서는 연간 소득금액의 합계액 기준으로 100만원 이하여야 한다.

㉮ 연간소득금액 개념

배우자나 부양가족이 해당 연도에 소득이 없는 경우에는 간단하지만, 일부 소득이 발생하는 경우 배우자나 부양가족을 공제받을 수 있는지 여부를 알기 위해서는 연간소득금액 개념을 정확히 알고 있어야 한다.

〈연간소득금액에 포함되는 소득〉

해당 연도 발생 소득				
⇩	⇩	⇩	↓	↓
과세제외소득	비과세소득	분리과세	종합소득 과세소득	분류과세 소득
소득세법에서 소득으로 규정하지 아니한 소득	소득세법에 의한 소득에 해당하나 비과세하는 소득	원천징수에 의해 세금납부가 종료되는 소득	비과세소득 및 분리과세를 제외한 소득	퇴직소득 양도소득
장기보험의 보험차익, 과세 제외되는 연금소득 등	주택의 임대소득 등	일용근로소득, 4천만원 이하의 금융소득 등	근로소득, 사업소득 등	
연간소득금액 산출시 제외			연간 소득금액에 포함되는 소득	

〈사례〉

일용근로소득만 있는 경우 해당 일용근로소득은 연간소득금액 계산 시 제외되어 연간 소득금액은 없는 것으로 본다.

〈연간 소득금액의 계산〉

연간소득금액의 합계액	=	종합소득금액	+	양도소득금액	+	퇴직소득금액

㉯ 종합소득금액

이자소득	배당소득	사업소득	근로소득	연금소득	기타소득
총 수입금액	총 수입금액	총 수입금액	총 급여	총 연금액	총 수입금액
‖	‖	(−)	(−)	(−)	(−)
소득금액	소득금액	필요경비	근로소득공제	연금소득공제	필요경비

종합소득금액

〈사례〉

2010년 근로소득이 550만원(비과세소득 50만원 포함)만 있는 경우 종합소득금액

은 100만원*이다.

* 근로소득금액 100만원=총급여액 500만원(=550만원 - 50만원) - 근로소득금액 400만원(=
  500만원×80%)

㉰ 양도소득금액

양도소득은 토지 또는 건물, 주권상장법인이 아닌 법인의 주식 등을 양

도함에 따라 발생한 소득으로 양도소득금액은 다음의 산식에 의해 계산

한다.

	양도가액	
−	필요경비	⇨ 취득가액, 자본적 지출액, 양도비 등
=	양도차익	
−	장기보유특별공제	⇨ 토지, 건물 등에 양도 시 적용
=	양도소득금액	

〈사례〉

비상장주식을 2천만원에 취득하여 3천만원에 처분한 경우 양도소득금액은 9,955,000원*이다.

* 양도소득금액 9,955,000원＝양도가액 30,000,000원−필요경비 20,0450,000원(취득가액 20,000,000원＋증권거래세 45,000원)

㉑ 퇴직소득금액

퇴직소득금액	=	퇴직금	−	비과세소득

〈사례〉

맞벌이 배우자가 올해 9월 퇴직한 경우 1월부터 9월까지 받는 급여가 2,500만원 (비과세 150만원 포함)이고 퇴직금이 2,000만원인 경우 배우자의 연간소득금액의 합계액*은 3,322.5만원이다.

* 연간소득금액의 합계액 ＝ 근로소득금액 ＋ 퇴직소득금액
  3,322.5만원 ＝ 1,322.5만원 ＋ 2,000만원
  근로소득금액 1,322.5만원 ＝ 총급여액(2,500만원-150만원) − 근로소득공제(1,027.5만원)

〈연말정산 시 부양가족에 대한 연간소득금액의 합계액 검토 시 유의사항〉

○ 연말정산 시 근로자가 부양가족에 대한 연간소득금액의 합계액을 대부분 알 수 있으나 해당 부양가족이 해당 연도에 사업을 개시한 경우에는 해당 부양가족에 대한 연간소득금액의 합계액을 정확히 알 수 없는 경우가 있다. 차근차근 확인해 보자.

– 해당 부양가족이 근로소득 등 연말정산 대상 소득이 있는 경우

연말정산대상 소득(근로소득, 국민연금 등 공적연금소득, 보험모집에 따른 사업소득)의 경우 근로자가 근로소득 연말정산을 위해 소득공제신고서를 회사에 제출하는 시기(다음 연도 2월)까지 원천징수 영수증을 통해 확인 가능

–해당 부양가족이 기타소득 등 원천징수 대상 소득이 있는 경우

기타소득 등 원천징수 대상 소득의 경우 해당 소득을 지급하는 자가 발행한 원천징수 영수증으로 확인 가능

–해당 부양가족이 사업을 하는 경우

사업소득의 경우 근로자의 연말정산 시기보다 늦은 다음 연도 5월에 종합소득 확정신고를 하기 때문에 소득금액을 정확히 산출하기는 어려우나 직전 연도 사업실적이 종합소득 확정신고를 한 경우 가까운 세무서나 홈택스를 통해 전년도의 '소득금액 증명원'을 발급받아 사업현황 등을 고려하면 해당 연도의 사업소득금액이 100만원을 초과하였는지 여부를 가늠할 수 있다.

* 부양가족의 연간소득금액의 합계액 정확히 알 수 없어, 연말정산 시 해당 부양가족을 위해 지출액에 대한 특별공제 및 인적공제를 공제받지 못한 경우 해당 부양가족이 종합소득 확정신고를 하는 다음 연도 5월에 소득금액을 확인하여 근로자는 종합소득 확정신고 또는 경정청구를 통해 인적공제 및 특별공제를 추가로 공제받을 수 있다.

㉠ 나이 요건

기본공제 대상에 해당하는지 여부의 판정은 해당 연도의 종료일 현재의
상황에 따르나 기본공제 대상 여부를 판단함에 있어 나이가 정해진 경우
에는 이에 불구하고 해당 연도 중에 해당 나이에 해당되는 날이 있는 경
우에는 공제대상자로 본다.

〈사례〉 직계존속(1950년 11월 9일생)

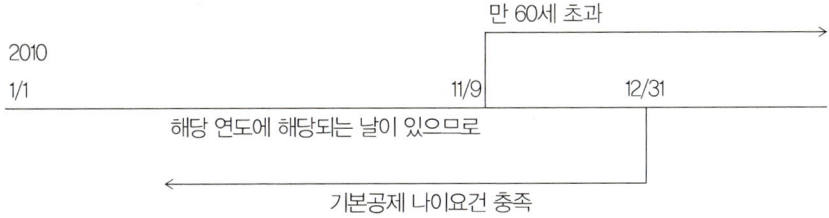

〈적용기준〉

구 분	소득세법에 따른 장애인	그 밖의 경우	
		기 준	2010년 귀속 적용 대상
직계존속	나이 요건 제한을 받지 아니함	남녀 모두 만 60세 이상	1950.12.31 이전 출생
직계비속		만 20세 이하	1990.1.1 이후 발생
형제자매		남녀 모두 만 60세 이상 또는 만 20세 이하	1950.12.31 이전 출생 또는 1990.1.1 이후 발생

㉡ 기본공제 요건 적용 특례

해당 연도 종료일 전에 사망한 사람 또는 장애가 치유된 사람에 대해서
는 사망일 전날 또는 치유일 전날의 상황에 따르므로 해당 연도 중에
사망한 사람에 대해서도 기본공제 요건을 충족한 경우 기본공제를 적용

할 수 있다.

<기본공제와 추가공제, 다자녀추가공제, 특별공제 관계>

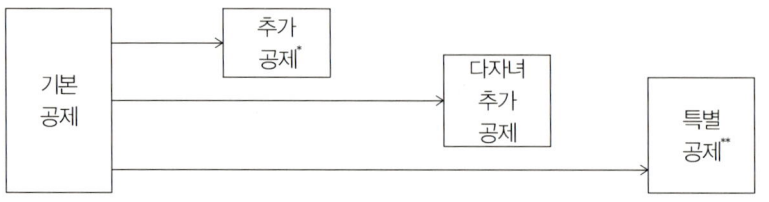

* 추가공제 중 자녀양육비의 경우 해당 자녀에 기본공제를 하지 아니한 다른 근로자가
자녀양육비추가공제 적용 가능(다만, 2 이상의 사람이 중복으로 받을 수 없음)
** 의료비 및 교육비공제의 경우 기본공제 요건을 일부 갖추지 못한 경우 해당 부양가
족을 위해 지출한 비용에 대해 공제 허용, 기부금은 기본공제대상자 중 근로자 본인,
배우자 및 직계비속이 기부한 기부금에 한해 공제 가능

나. 추가공제

기본공제대상이 되는 사람이 추가공제 요건을 충족하는 경우 기본공제 외
에 해당 추가공제에 해당하는 금액을 공제받을 수 있다.

① 추가공제 종류별 요건

종 류	요 건	공제금액	비 고
경로우대자	70세 이상인 사람 (1940.12.31 이전 출생)	1명당 연 100만원	기본공제대상자에 한정
장애인	소득세법에 따른 장애인	1명당 연 200만원	기본공제대상자에 한정

종 류	요 건	공제금액	비 고
부녀자	다음 중 어느 하나에 속하는 여성근로자 −배우자 있는 경우 −배우자가 없는 경우 • 세대주 & 부양가족 有	연 50만원	근로자 본인에 한정
6세 이하	6세 이하 −직계비속 −입양자 −위탁아동	1명당 연 100만원	다른 기본공제대상자도 가능 (다만, 중복적용 불가능)
출생·입양	−해당 연도에 출생한 직계비속 −해당 연도에 입양신고 한 입양자	1명당 연 200만원	기본공제대상자에 한정

② 소득세법에 따른 장애인

　장애인 추가공제는 해당 근로자에게 세금 혜택을 주기 위한 것으로 장애인 추가공제 적용 대상 장애인의 범위는 소득세법에서 규정하고 있고 해당 장애인임을 증명하는 방법 및 입증하는 서류 등은 소득세법에서 규정하는 방법 및 증명서류 등에 따라야 함을 유의해야 한다.

㉮ 장애인의 범위

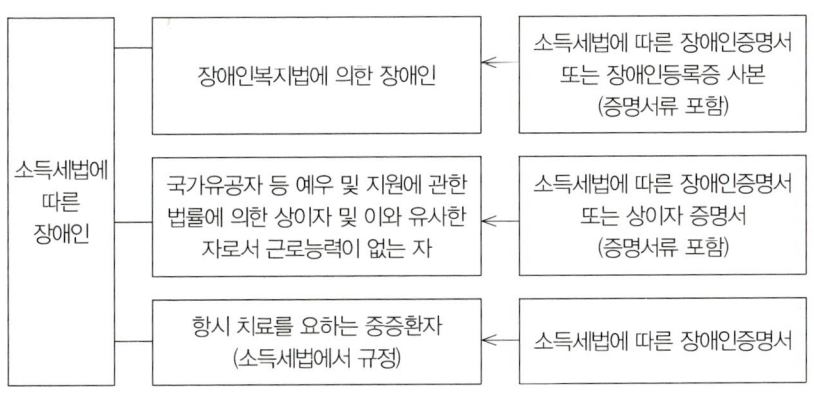

㉯ 상이자 및 이와 유사한 자로서 근로능력이 없는 자

국가유공자 등 예우 및 지원에 관한 법률 시행령 별표 3에 규정한 상이

등급 구분표에 게기하는 상이자와 같은 정도의 신체장애가 있는 자를

말한다.

㉰ 항시 치료를 요하는 중증환자의 범위

| 지병에 의하여 평상시 치료를 요하고 | + | 취학·취업이 곤란한 상태에 있는 자 |

㉱ 장애인증명서

장애인 증명서는 소득세법 시행규칙 제38호 서식으로 장애인증명서를 의

료기관에서 발급받는 때에는 담당의사나 진단이 가능한 의사를 경유하

여야 하고 발행자란의 기재는 의료기관명과 직인 및 경유한 의사가 서명

또는 날인하여야 한다.

○ 2010. 4. 30 서식 개정 주요 내용
– 장애예상기간 또는 장애기간이 영구인 경우 장애발생 시점을 기재할 수 있도록
하였다.
– 소득세법에 따른 장애인이었으나 해당 과세기간 중에 치유가 되었음을 증명할 수
있도록 하였음

㉲ 장애인 추가공제 관련 주요 Q&A

– 장애진단서가 장애인추가공제를 받기 위한 증명서류에 해당하는지?

⇨ 장애진단서는 장애인 여부를 판단하기 위한 진단서로 장애인을 입증

하는 서류에 해당하지 않으며 '항시치료를 요하는 중증환자'에 해당

하여 장애인공제를 받고자 할 때에는 장애인증명서를 제출하여야 하는 것임

- 항시 치료를 요하는 환자라도 의료기관의 장애인증명서 발급을 받지 아니한 상황에서는 장애인 공제를 적용받을 수 없음
- 장기간 치료를 요하고 취학 또는 취업이 곤란한 상태에 있는 중증환자인 암환자는 소득세법에 따른 장애인에 해당되는 것이며, 당해 장애인이 장애인추가공제를 받고자 할 때에는 의료기관이 발행하는 장애인증명서(소득세법 시행규칙 별지 제38호 서식)를 제출하여야 하는 것임

③ 추가공제 적용방법

추가공제의 경우 각각 추가공제 요건을 적용하므로 다른 추가공제 적용을 간섭하지 아니한다.

〈사례 1〉 만 71세 직계존속이 소득세법에 따른 장애인에 해당하는 경우

구분	기본공제	추가공제						공제금액 합계
		경로우대자	장애인	부녀자	6세 이하	출생·입양	
적용	○	○	○	×	×	×	
금액	1,500,000	1,000,000	2,000,000	-	-	-	4,500,000

〈사례 2〉 올해 출생한 자녀

구분	기본공제	추가공제						공제금액 합계
		경로우대자	장애인	부녀자	6세 이하	출생·입양	
적용	×	×	×	×	○	○	
금액	1,500,000	-	-	-	1,000,000	2,000,000	4,500,000

〈사례 3〉

미혼인 여성근로자(만 30세)가 세대주에 해당하고, 55세 어머니(소득세법에 따른 장애인에 해당하지 아니함)를 부양하는 경우

구분	기본공제	추가공제					공제금액 합계
		경로우대자	장애인	부녀자	6세 이하	출생·입양	
적용	○	×	×	×	×	×	
금액	1,500,000	–	–	–	–	–	1,500,000

* 배우자가 없는 여성 근로자가 부녀자공제를 받기 위해서는 근로자 본인이 세대주이고 기본공제대상자인 부양가족을 부양하여야 하나, 사례의 경우 근로자가 부양하는 55세 어머니는 나이 요건을 충족하지 못해 기본공제대상자에 해당하지 아니하여 부녀자 공제를 받을 수 없음

〈사례 4〉 자녀양육비 추가공제 적용방법

－6세 이하 직계비속 등에 대해 기본공제를 받는 근로자가 해당 자녀에 대한 자녀
　양육비 추가공제를 받는 경우: 공제 가능

－맞벌이 부부의 경우 6세 이하 자녀에 대한 자녀양육비 추가공제

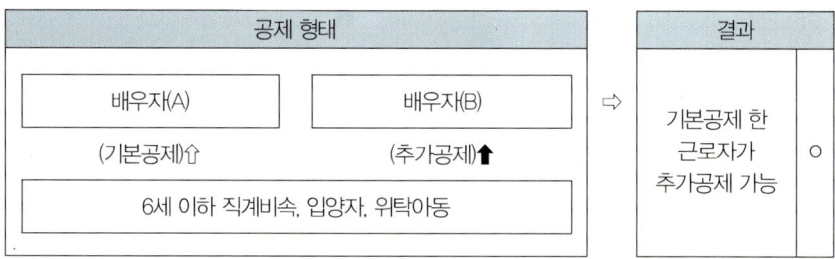

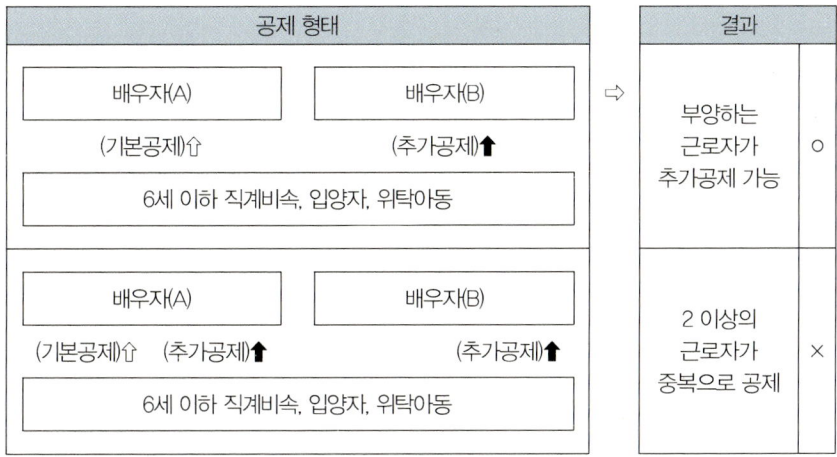

공제 형태		결과	
배우자(A) (기본공제)⇧	배우자(B) (추가공제)↑	부양하는 근로자가 추가공제 가능	○
6세 이하 직계비속, 입양자, 위탁아동			
배우자(A) (기본공제)⇧ (추가공제)↑	배우자(B) (추가공제)↑	2 이상의 근로자가 중복으로 공제	×
6세 이하 직계비속, 입양자, 위탁아동			

다. 다자녀추가공제

-공제대상자: 근로소득 또는 사업소득이 있는 거주자
  * 일용근로자는 제외
-공제 요건: 기본공제대상에 해당하는 자녀 2명 이상

① 공제대상자

㉮ 근로소득이 있는 거주자

분리과세만 있는 사람에 대해서는 해당 소득에 대한 세금 계산 시 인적 공제를 적용하지 아니하므로 일용근로자의 경우 일용근로소득을 지급받을 때 다음과 같이 원천징수 방식에 의해 세금을 납부하고 추가 정산을 하지 아니하므로 다자녀 추가공제를 적용받지 아니한다.

○ 일용근로 소득에 대한 원천징수 방법

	일용근로소득	
−	(일용)근로소득공제	1일 10만원
=	일용 근로소득금액	'10년 귀속의 경우
×	원천징수세율	원천징수세율은 8% 적용
=	산출세액	
−	(일용)근로소득세액공제	산출세액의 55%
=	원천징수세액	

㉯ 사업소득이 있는 거주자

사업소득이 있는 경우 연말정산 또는 종합소득 확정신고에 의해 세금을 납부할 때 다자녀추가공제 요건을 갖춘 경우에는 다자녀추가공제를 적용받을 수 있다.

② 공제 요건

기본공제대상자에 해당하는	자녀가	2명 이상인 경우
⇩	⇩	⇩
부양가족이 기본공제요건을 충족하고 근로자가 해당 부양가족을 근로소득자 공제신고서에 기본공제를 신청	직계비속에는 자녀, 입양자, 손자녀 등을 포함하나 다자녀추가공제대상은 다음과 같음 −손자녀(×) −자녀, 입양자(○) −위탁아동(×)	두 자녀를 둔 맞벌이 부부가 각각 하나의 자녀씩 기본공제 한 경우 다자녀추가공제요건을 충족하지 아니함

〈사례〉 다자녀추가공제 사례

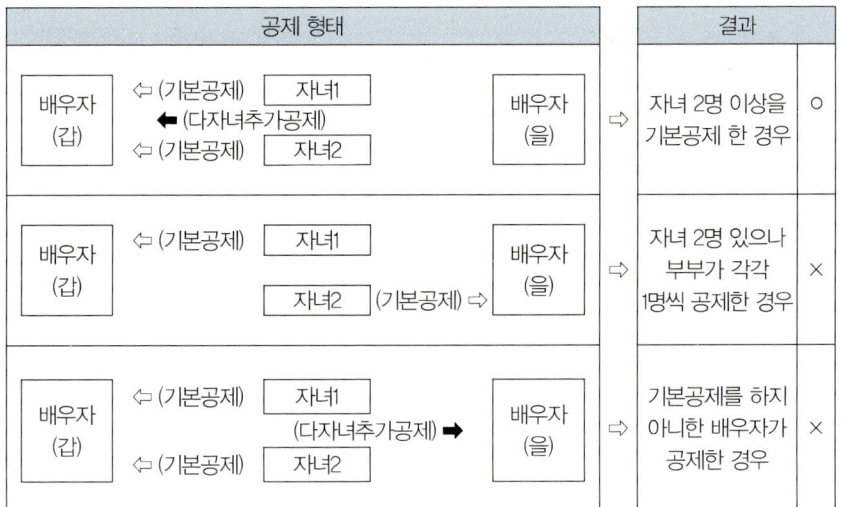

③ 공제금액

　㉮ 기본공제대상자에 해당하는 자녀가 2명인 경우⇨ 연 50만원

　㉯ 기본공제대상자에 해당하는 자녀가 2명을 초과하는 경우⇨ 50만원+(2

　　명을 초과하는 자녀 수)×100만원

〈사례〉

기본공제대상자에 해당하는 자녀가 4명인 경우 다자녀추가공제금액은 250만원*

이다.

* 250만원 =50만원+(4명-2명)×100만원

라. 인적공제 합계액 한도 금액

인적공제의 합계액이 종합소득금액을 초과하는 경우 그 초과하는 공제액은 없는 것으로 한다.

〈사례〉 총급여액이 7백만원인 근로자가 기본공제 대상자가 2명인 경우

	총급여액			7,000,000	
−	근로소득공제		−	5,000,000	
=	근로소득금액	⇨	=	2,000,000	
−	인적공제		−	3,000,000→2,000,000	* 150만원×2명
				=0	

4

의료비 공제
좀 쉽게 설명해 줄 수 없는지?

✓ 아내가 이끄는 알기쉬운 세금절약 레시피

○ 공제대상 의료비
- 근로소득이 있는 거주자가 그 거주자와 기본공제대상 가족을 위해 해당 과세기간에 의료비를 지출한 경우의 의료비를 말한다.

○ 의료비 공제금액 계산
- 공제문턱(총 급여의 3%)이 존재하여 공제대상 의료비 지출액 중 공제문턱을 초과한 금액에 한해 의료비 공제 가능

가. 의료비공제 특징

① 의료비 지출자

의료비는 근로자 및 성실사업자에 한해 공제가 가능하므로 의료비 지출자가 엄격히 제한되고 있다. 따라서 의료비 공제를 받고자 하는 사람이 지출한 의료비에 한해 의료비 공제가 가능하다.

따라서 다음의 사례와 같이 본인이 지출하지 않은 의료비는 공제대상에 해당하지 아니한다.

⑦ 고운맘 카드를 이용한 임신·출산 진료비 지원 금액

〈고운맘 카드〉

출산 의욕 고취 및 건강한 태아의 분만과 산모의 건강관리를 위해 임산부의 본인부담금을 경감하기 위해 도입

－임신과 출산에 관한 진료비를 고운맘 카드를 이용하여 지원

－고운맘 카드 발급 대상자 : 임신확인서에 의해 임신이 확인된 건강보험가입자 또는 피부양자 중 임신·출산지원 신청자

－고운맘 카드 신청 및 이용

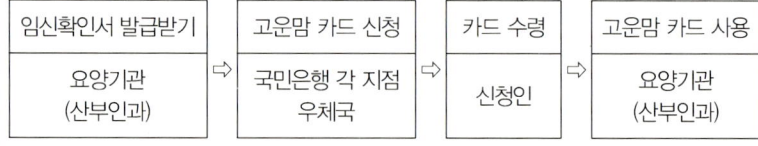

임신확인서 발급받기	고운맘 카드 신청	카드 수령	고운맘 카드 사용
요양기관 (산부인과)	국민은행 각 지점 우체국	신청인	요양기관 (산부인과)

－지원금액 : 의료기관에서 초음파 검사, 양수 검사 등의 비용을 1일 최대 4만원 범위에서 총 30만원 한도 내에서 본인부담금을 결제 가능(2010.4.1.부터 20만원에서 30만원으로 인상)

㉯ 의료비급여 수급권자가 국민건강보험공단으로부터 지급받는 건강생활
유지비

㉰ 근로자가 가입한 상해보험 등에 의하여 보험회사로부터 수령한 보험금
으로 지급한 의료비

㉱ 사내근로복지기금으로부터 지급받는 의료비

② 근로기간에 지출한 의료비만 공제 가능

성실사업자를 제외하고 의료비는 근로자에 한해서만 공제가 가능하므로
근로기간에 지출하는 의료비는 의료비 공제가 가능하나 퇴직 후 또는 취업 전
에 지출한 의료비는 공제대상에 해당하지 아니한다.

〈사례〉 교사로 임용되기 전에 지급한 의료비는 공제대상에 해당하지 아니함

③ 국외에 소재하는 병원 등에 지출한 의료비는 공제대상에 해당하지 아니
한다.

〈사례〉
외국에 소재한 병원 등은 의료법 제3조에 규정하는 의료기관에 해당하지 아니함

④ 의료비 지출 대상자가 특정되어 있음

의료비 공제가 가능한 의료비 지출 대상자는 근로자와 공제대상 부양가족
이나 의료비 공제 성격상 다음과 같이 다르게 규정하고 있다.

구 분	내 용				
	구분	기본공제대상		의료비공제대상	
		소득요건 충족 여부	나이요건 충족 여부	소득요건 충족 여부	나이요건 충족 여부
공제대상 부양가족	근로자 본인	×	×	×	×
	배우자	○	×	×	×
	직계존속	○	○*	×	×
	직계비속	○	○*	×	×
	형제자매	○	○*	×	×
	수급자	○	○*	×	×
	위탁아동	○	○*	×	위탁아동은 다른 법에 규정
	* 소득세법에 따른 장애인은 연령요건을 충족할 필요는 없음				

근로자의 부양가족이 동시에 다른 근로자의 부양가족에 해당하는 경우	〈사례〉 한집에 살고 있는 근로자인 형제가 어머님을 모시고 있고 형제가 　　　　어머님을 위해 의료비를 지출한 경우 ⇨ 근로자의 부양가족이 동시에 다른 근로자의 부양가족에 해당되는 경 　우로서 근로소득자공제신고서에 기재된 바에 따라 그중 1인의 공제 　대상 부양가족으로 하며, 근로소득자공제신고서에 기재한 근로자가 　의료비 공제대상이며, 이 경우 해당 근로자가 지출한 의료비에 한해 　소득공제가 가능함
맞벌이 배우자를 위해 지출한 의료비	근로소득이 있는 맞벌이부부의 경우 배우자를 위해 지출한 의료비는 의 료비공제를 적용받을 수 있음
맞벌이 부부의 자녀의료비	〈사례〉 맞벌이 부부인 근로자가 자녀를 위해 의료비를 지급하는 경우 ⇨ 근로자의 부양가족이 동시에 다른 근로자의 부양가족에 해당되는 경 　우에 해당되며, 기본공제 요건을 충족한 자녀의 경우 해당 자녀에 기 　본공제를 받지 아니한 근로자(배우자)는 그 자녀에 대한 의료비공제 　를 받을 수 없음
나이 초과로 기본 공제대상이 아닌 부양가족의 의료비를 2인 이상의 근로자가 각각 지출한 경우	〈사례〉 맞벌이 부부가 만 23세 대학생 자녀를 위해 의료비를 각각 반반 　　　　씩 지출한 경우 ⇨ 맞벌이부부 모두가 공제받을 수는 없으며, 해당 자녀에 대해 의료비 　공제 등을 받기 위해 근로소득자공제신고서에 기재한 근로자(또는 　배우자) 본인이 해당 자녀를 위해 지출한 의료비에 한해 공제 가능

⑤ 공제 가능한 의료비

공제대상 의료비	주요 질문 내용
진찰·치료·질병 예방을 위하여 의료법 제3조에 따른 의료기관에 지급한 비용	- 국외 의료기관은 의료법 제3조에 해당하지 아니함 - 의료기관의 진단서 발급비용은 의료비공제대상에 해당하지 아니함 - 산후조리원은 의료법에 따른 허가되는 업소가 아니므로 산후조리원을 운영하는 의료기관에 산후조리를 위해 지출한 비용은 공제대상에 해당하지 아니함 - 미용·성형수술을 위한 비용은 2010년부터 의료비공제대상에 해당하지 아니함
치료·요양을 위하여 「약사법」 제2조의 규정에 의한 의약품 구입비용	- 의약품에는 한약을 포함 - 건강증진을 위한 의약품(보약 등)은 2010년부터 의료비 공제대상에 해당하지 아니함
장애인보장구를 직접 구입 또는 임차하기 위해 지출한 비용	- 장애인보장구는 의수족 등으로 조세특례제한법 제105조의 규정에 따른 장애인보장구를 말함
의료기기를 직접 구입 또는 임차하기 위하여 지출한 비용	- 의사·치과의사·한의사 등의 처방에 따른 것에 한함 - 의료기기는 의료기기법 제2조 제1항에 따른 의료기기를 말함 - 의안은 '장애의 보정'에 사용하는 제품으로 의료기기에 해당하며 근로소득이 있는 거주자가 해당 연도에 지출한 비용 중 의사의 처방에 따라 의료기기를 직접 구입 또는 임차하기 위하여 지출한 비용은 의료비 공제대상에 해당함
시력보정용 안경 또는 콘택트렌즈 구입을 위해 지출한 비용	- 선글라스, 스포츠용 고글은 의료비공제대상에 해당하지 아니함 - 시력보정용으로 사용하는 안경의 안경테 구입비용은 소득공제 대상 의료비에 포함
보청기 구입을 위하여 지출한 비용	- 사용자 성명을 판매자가 확인한 영수증 필요
노인장기요양보장법 제40조 제1항에 따라 실제 지출한 본인일부부담금	- 재가 및 시설 급여에 대한 수급자 부담 비용 • 재가급여 : 해당 장기요양급여비용의 15% • 시설급여 : 해당 장기요양급여비용의 20%

㉮ 의료비 공제대상에서 제외되는 사례

- 간병인에게 지급한 비용

- 응급환자 이송업체 소속 구급차 이용료

- 의료용품점에서 구입한 온열치료기 구입비용

나. 의료비 공제금액 계산

의료비 지출 금액	
↓	(-)
의료비 공제 금액 범위	공제문턱(총급여액의 3%)

〈1단계〉 의료비 지출금액이 공제문턱을 초과하였는지 확인 ⇨ Yes(2단계로 이동)

의료비공제금액 범위	=	의료비 지출금액	-	공제문턱(총급여액의 3%)

* 연간 의료비 지출액이 공제문턱에 미달하는 경우 의료비 공제금액은 없다. 설령 그 의료비 지출액이 근로자 본인을 위해 지출한 경우에도 동일하다.

〈사례〉

비과세 소득을 제외한 총급여액이 4,000만원인 근로자가 1년간 지출한 의료비를 120만원인 경우 의료비공제금액은 0원이다.

의료비공제금액 범위		의료비 지출금액		공제문턱(총급여액의 3%)
0원	=	120만원	-	120만원 (=4천만원×3%)

〈2단계〉 의료비 지출금액 끼리끼리 헤쳐 모여라!

의료비 지출금액을 지출대상자를 기준으로 구분하여 두 그룹으로 나눈다.

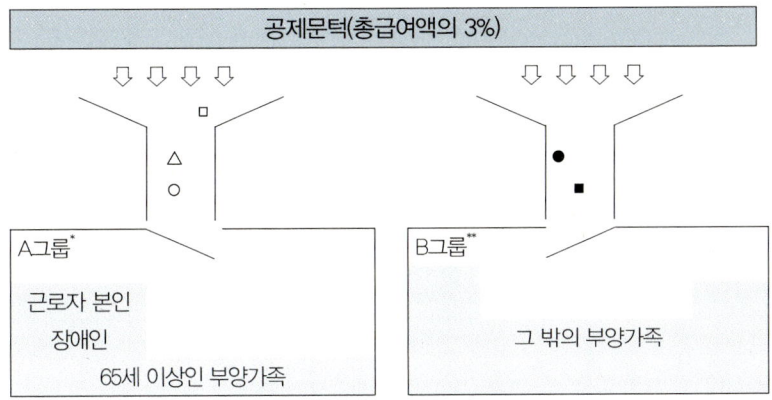

* A그룹: 근로자 본인, 장애인, 65세 이상인 부양가족을 위해 지출한 의료비 합계액
** B그룹: A그룹에 해당하는 부양가족을 제외한 그 밖의 부양가족을 위해 지출한 의료비
　　　 합계액

〈3단계〉 공제금액을 계산하라!

－ B그룹 의료비 지출금액≥공제문턱인 경우 의료비 공제금액 계산

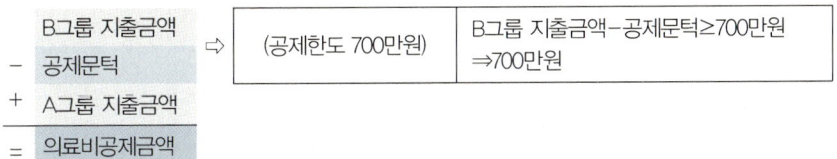

〈사례〉 총급여액이 5천만원인 근로자가 의료비를 다음과 같이 지출

구분	A그룹 지출금액	B그룹 지출금액	의료비 지출액합계	공제문턱	공제금액
㉮	10,000,000원	2,000,000원	12,000,000원	1,500,000원 ⇨	2,000,000원 － 1,500,000원 ＋ 10,000,000원 ＝ 10,500,000원
㉯	2,000,000원	10,000,000원	12,000,000원	1,500,000원 ⇨	10,000,000원 ⇨ 8,500,000원 － 1,500,000원 ⇨ 7,000,000원 ＋ 2,000,000원 ＝ 9,000,000원

－ B그룹 의료비 지출금액〈공제문턱인 경우 의료비 공제금액 계산

　A그룹 지출금액
＋ B그룹 지출금액
－ 공제문턱
＝ 의료비공제금액

(A그룹 지출내용+B그룹 지출비용) － 공제문턱

〈사례〉 총급여액이 5천만원인 근로자가 의료비를 다음과 같이 지출

A그룹 지출금액	B그룹 지출금액	의료비 지출액합계	공제문턱	공제금액
10,000,000원	1,000,000원	11,000,000원	1,500,000원 ⇨	1,000,000원 ＋ 10,000,000원 － 1,500,000원 ＝ 9,500,000원

5

알고 나면 든든한 **교육비 공제**

✓ 아내가 이끄는 알기쉬운 세금절약 레시피

○ 근로소득이 있는 거주자에 한해 그 거주자와 부양가족을 위해 지출한 교
육비는 교육비공제가 가능하다.

- 교육기관 또는 부양가족에 따라 교육비 한도 차등 적용

  * 부양가족별로 교육비 공제금액에 대해 한도 적용

- 국외에서 지출한 교육비도 공제 가능

가. 교육비 공제 특징

① 근로기간에 지출한 비용에 한해 공제 가능

교육비 공제는 근로소득자에 한정하여 공제가 가능하므로, 취업 전, 퇴직 후에 지출한 교육비는 공제대상에 해당하지 아니한다.

〈사례〉

－구조조정으로 퇴직 후 지원받은 전직지원비 또는 학자금은 근로소득에 특별공제를 적용받을 수 없음

－근로자가 입사 전에 본인이 지출한 국외교육비 공제대상에 해당하지 아니함

② 지출한 연도의 근로소득 연말정산 시 공제 가능

교육비 공제는 교육비를 지출한 연도의 근로소득에 대한 연말정산 시 소득공제를 받을 수 있다. 다만, 피교육자의 신분 변동으로 교육비 공제한도 금액이 달라지는 경우에는 그 예외를 허용하고 있다.

〈사례〉

－근로자가 2010.8.4일에 대학원 입학금과 2010.8.25～2011.9.1. 기간 동안에 해당하는 수업료를 지출하고 2010.8.7일 퇴사한 경우

⇒ 근로기간 동안에 지출한 비용으로 지출한 연도에 해당하는 2010년 귀속 근로소득 연말정산 시 교육비 공제 가능

－2011년 입학하는 고등학교의 교육비를 2010년도에 지급한 경우

근로소득이 있는 거주자가 중학생인 기본공제대상자를 위하여 지급한 교육비

(고등학교 진학을 위해 지급한 교육비 포함)가 있는 경우, 해당 교육비는 이를 지급한 연도의 근로소득금액에서 공제하는 것임

  * 중·고등학생의 교육비 한도는 동일함

－근로소득자 본인의 대학원 교육비는 교육비공제대상에 포함되는 것이며, 대학원에 입학하기 전에 납부한 교육비는 입학하여 대학원생이 된 연도에 공제

  * 고등학생 교육비 공제한도와 대학생 교육비 공제한도는 다름

－고등학교 재학 중에 특차모집에 합격하여 납부한 대학 등록금

  ⇒ 대학생이 된 연도의 교육비공제대상에 해당

③ 교육비 공제가 가능한 교육비 지출 대상자가 특정되어 있음

교육비 공제가 가능한 교육비 지출 대상자는 근로자와 공제대상 부양가족이나 교육비 공제 성격상 다음과 같이 기본공제 요건과 다르게 규정하고 있다.

구 분	내 용				
	구분	기본공제대상		교육비공제대상	
		소득요건 충족 여부	나이요건 충족 여부	소득요건 충족 여부	나이요건 충족 여부
공제대상 부양가족	근로자 본인	×	×	×	×
	배우자	○	×	○	×
	직계존속	○	○*	○	×
	직계비속	○	○*	○	×
	형제자매	○	○*	○	×
	수급자	○	○*	○	×
	위탁아동	○	○*	○	위탁아동은 다른 법에서 규정
	* 소득세법에 따른 장애인은 연령요건을 충족할 필요는 없음				

구 분	내 용
맞벌이 배우자를 위해 지출한 교육비	근로소득이 있는 맞벌이부부의 경우 배우자를 위해 지출한 교육비는 해당 배우자의 연간 소득금액의 합계액이 100만원 이하인 경우에는 교육비 공제 가능(다만, 해당 배우자의 연간 소득금액의 합계액이 100만원을 초과한 경우 교육비 공제 불가능)
맞벌이 부부의 자녀 교육비	〈사례〉 맞벌이 부부인 근로자가 자녀를 위해 교육비를 지급한 경우 ⇒ 근로자의 부양가족인 동시에 다른 근로자의 부양가족에 해당되는 경우에 해당되며, 기본공제 요건을 충족한 자녀의 경우 해당 자녀에 기본공제를 받지 아니한 근로자(배우자)는 그 자녀를 위해 지출한 교육비에 대해 공제를 받을 수 없음
나이 초과로 기본 공제대상이 아닌 부양가족의 교육비를 2인 이상의 근로자가 각각 지출한 경우	〈사례〉 맞벌이 부부가 만 23세 대학생 자녀의 교육비를 각각 반반씩 지출한 경우 ⇒ 맞벌이부부 모두가 공제받을 수는 없으며, 해당 자녀에 대해 교육비 공제 등을 받기 위해 근로소득자공제신고서에 기재한 근로자(또는 배우자) 본인이 해당 자녀를 위해 지출한 교육비에 한해 공제 가능

나. 교육비 공제 대상

다음과 같이 부양가족에 따라 교육비 공제대상 교육기관이 특정되어 있다.

구 분	근로자 본인	배우자	직계존속	직계비속 ·입양자	형제자매	수급자	위탁아동
유치원, 초등학교, 중학교, 대학교, 특별법에 따른 학교	O	O	×	O	O	×	O
원격대학, 학위취득과정	O	O	×	O	O	×	O
국외교육기관	O	O	×	O	O	×	O
보육시설, 학원 등	×	×	×	O	O	×	O
직업능력개발훈련시설	O	×	×	×	×	×	×
시간제과정	O	×	×	×	×	×	×

구 분	근로자 본인	배우자	직계존속	직계비속 ·입양자	형제자매	수급자	위탁아동
대학원	○	×	×	×	×	×	×
장애인재활교육 (소득세법에 따른 장애인에 한함)	○	○	○	○	○	○	○

* 학습지, 과외는 교육비공제대상에 해당하지 아니함

〈사례〉

학원, 체육시설 및 대학원은 교육비 공제가 가능한 지출 대상자가 다음과 같다.

구 분		초등학교 취학 전 아동	초등학생	중·고등학생	대학생	근로자 본인
학원·체육시설	⇨	○	×	×	×	×
대학원	⇨	×	×	×	×	○

① 교육비공제대상에 포함되는 비용

구 분	공제대상 교육비에 포함되는 비용	
유치원	종일반 운영비	수업료·입학금 및 그 밖의 공과금
초등학생	학교급식비, 교과서대금, 방과후학교 수업료 (교재구입비 제외)	
중·고등학생	학급급식비, 교과서대금, 방과후학교 수업료 (교재구입비 제외), 교복구입비용(1명당 연 50만원 한도)	
대학생	계절학기 수업료	

② 국외교육비 공제대상

교육비 공제 대상 교육기관은 우리나라 유치원, 초등학교, 중학교, 고등학교, 대학교에 해당하는 학교로 보육시설, 외국대학의 예비 교육과정*은 이에 해당하지 아니함

* 예비 교육과정: 정규 교육과정이 아닌 해당 대학의 편·입학을 위해 설치된 교육과정

〈국외교육비 공제 요건〉

근로자 구분	공제 요건
국내 근무	다음의 어느 하나에 해당하는 학생을 위해 지출한 교육비에 한함 −국외유학에 관한 규정 제5조에 따른 자비유학자격을 갖춘 경우 • 유학을 떠날 당시 국내중학교 졸업 이상의 학력 −국외유학에 관한 규정 제15조에 따라 유학을 하는 자로 부양의무자와 국외에서 동거한 기간이 1년 이상
국외 근무	별도 요건 없음

③ 학원 및 체육시설에 지출하는 수강료에 대한 교육비 공제 요건

㉮ 초등학교 취학 전 아동을 위해 지출하여야 함

㉯ 월단위로 실시하는 교습과정으로 1주 1회 이상 실시하는 과정만 해당

④ 장애인 특수교육비

㉮ 지출 대상자: 기본공제대상자인 장애인으로 소득의 제한(연간 소득금액

100만원 이하)을 받지 아니함

㉯ 교육기관

- 사회복지사업법에 따른 사회복지시설(이와 유사한 시설로서 외국에 있
  는 시설 포함)
- 민법에 따라 설립된 비영리법인으로서 보건복지부장관이 장애인재활교
  육을 실시하는 기관으로 인정한 법인(이와 유사한 법인으로 외국에 있
  는 법인 포함)

다. 교육비 공제금액 계산

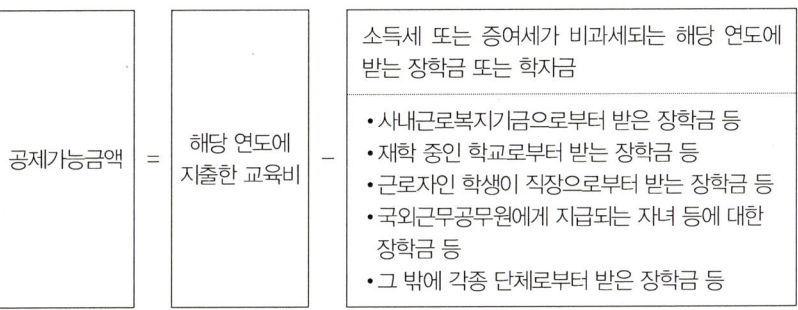

〈사례〉 근로자 본인을 위해 지출한 직업능력개발훈련을 위해 지급한 수강료

| 공제가능금액 | = | 수강료 | − | 근로자 수강 지원금 |

라. 교육비 공제 한도

구분	교육비 공제 한도
초등학교 취학 전 아동	1인당 연 300만원
초등학생	1인당 연 300만원
중학생	1인당 연 300만원
고등학생	1인당 연 300만원
대학생	1인당 연 900만원
근로자본인	공제 한도 제한 없음
장애인재활교육비	공제 한도 제한 없음

〈사례〉

―국외에 유학 중인 고등학생을 위해 지출한 교육비의 경우 1명당 최대공제 금액은 300만원이고, 대학생을 위해 지출한 교육비의 경우 1명당 최대공제 금액은 900만원이다.

―동일 연도 중 고등학생에서 대학생이 된 경우 교육비공제 한도 적용

	3.1	8.31	9.1⇩	12.31
		고등학생	대학생	
교육비 지출액	500만원		850만원	⇨ 1,350만원
공제한도	300만원		900만원	⇨ 900만원
공제금액	300만원		600만원	⇨ (900만원)

마. 주요 질문 사례

① 사립학교가 해당 대학에 재학 중인 교직원 자녀에게 학비를 면제하는 경우

㉠ 그 면제받은 금액은 해당 교직원의 근로소득 범위에 포함
㉡ 공제대상 교육비 납입금액은 해당 면제금액이 포함된 금액으로 함

② 근로자가 회사로부터 지급받는 고등학생 자녀의 학자보조금

㉠ 해당 학자보조금은 근로자의 근로소득의 범위에 포함
㉡ 납부한 교육비는 연말정산 시 교육비 공제대상에 포함

③ 비과세학자금의 교육비 공제 여부

㉠ 비과세 학자금 개념
해당 근로자가 종사하는 사업체의 업무와 관련 있는 교육·훈련을 위하여 사업체의 규칙 등에 의하여 정해진 지급기준에 따라 받는 학자금으로서 교육·훈련 기간이 6월 이상인 경우 교육·훈련 후 해당 교육기간을 초과하여 근무하지 아니할 때에는 지급받은 금액을 반납할 것을 조건으로 하는 경우에는 해당 학자금은 비과세소득에 해당됨
㉡ 교육비 공제 여부
해당 비과세학자금으로 납부한 교육비는 교육비 공제대상에 해당하지 아니함

6

주택자금 소득공제

○ 근로자의 주거안정을 위해 소득세법에서는 주택의 전세, 월세 및 구입비용에 대해 소득공제 규정을 두고 있다.

– 월세 주택에 기거하는 경우: 월세 소득공제 또는 신용카드 사용액 공제 가능

– 주택 임차자금 대출 시: 전세자금 원리금 상환액에 대한 소득공제 가능

– 주택 구입 시 차입금: 이자상환액 소득공제 가능

구분	주택 임대		주택 취득
	월세 ⇩	전세 자금 ⇩	취득 시 차입 ⇩
저소득 근로자	월세 지출액에 대한 소득공제	전세자금을 개인 및 금융기관에서 차입한 경우 차입금 원리금 상환액공제	국민주택 취득 시 차입한 금액에 대한 이자상환액에 대해 소득공제
그 밖의 근로자	월세 지출액 현금영수증 발급에 따른 신용카드 사용액 공제	전세자금을 금융기관에서 차입한 경우 차입금 원리금 상환액 공제	

가. 월세 지출액에 대한 소득공제

해당 연도 종료일 현재 주택을 소유하지 아니한 세대의 세대주로서 근로소득이 있는 거주자가 국민주택규모의 주택을 임차하기 위하여 다음에 해당하는 요건을 갖추고 월세액을 지급하는 경우 해당 월세액에 대해서 연말정산 시 소득공제를 받을 수 있다.

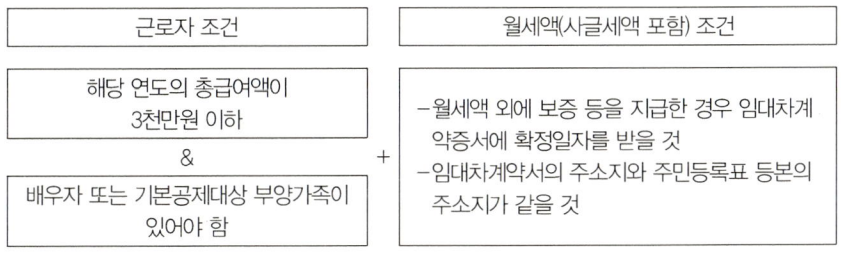

근로자 조건		월세액(사글세액 포함) 조건
해당 연도의 총급여액이 3천만원 이하 & 배우자 또는 기본공제대상 부양가족이 있어야 함	+	–월세액 외에 보증 등을 지급한 경우 임대차계약증서에 확정일자를 받을 것 –임대차계약서의 주소지와 주민등록표 등본의 주소지가 같을 것

① 세대 개념

거주자와 그 배우자, 거주자와 같은 주소 또는 거소에서 생계를 같이하는 거주자와 그 배우자의 직계존비속(그 배우자를 포함) 및 형제자매를 모두 포함한다.

이 경우 거주자와 그 배우자는 생계를 달리하더라도 동일한 세대로 본다.

② 국민주택규모의 주택

주택법에 따른 국민주택규모의 주택으로 주거의 용도로만 쓰이는 면적(이하 '주거전용면적'이라 한다)이 1호(戶) 또는 1세대당 85제곱미터 이하인 주택을 말한다. 다만, 「수도권정비계획법」 제2조 제1호에 따른 수도권(서울특별시, 인천광역시, 경기도)을 제외한 도시지역*이 아닌 읍 또는 면 지역은 1호 또는 1세대당 주거전용면적이 100제곱미터 이하인 주택을 말한다.

* 국토의 계획 및 이용에 관한 법률에 따른 도시지역
  인구와 산업이 밀집되어 있거나 밀집이 예상되어 그 지역에 대하여 체계적인 개발·정비·관리·보전 등이 필요한 지역(다가구주택의 경우 국민주택규모의 주택 판정 시 가구당 전용면적을 기준으로 한다)

③ 공제금액

공제가능금액	=	연간 월세지출액	×	40%

④ 공제한도

월세액에 대한 소득공제는 연 300만원을 초과할 수 없다. 다만, 주택마련저축에 따른 소득공제 또는 주택임차차입금 원리금상환액공제가 있는 이와 합하여 연 300만원을 초과할 수 없다.

나. 월세지출액 현금영수증 발급

근로소득자가 주택임차와 관련하여 월세액을 지출하는 경우 국세청에 신고하면 현금영수증을 발급받을 수 있으며, 이와 관련된 신용카드 사용금액 소득공제 혜택을 받을 수 있다.

① 현금거래 확인신청 신고대상

대한주택공사, SH공사, 인천, 경기, 부산, 광주 도시공사, 전북개발공사, (주)부영은 주택 월세에 대하여 현금영수증을 발급하고 있으므로 현금거래 확인신청 신고대상에 해당되지 아니한다.

② 신청방법

근로자는 다음에 해당하는 방법 중 편리한 방법을 선택하여 현금영수증을 발급받을 수 있다.

㉮ 현금영수증 홈페이지(www.taxsave.go.kr)에서 현금거래 확인신청 신고서작성 후 임대차계약서를 스캔·첨부하여 인터넷으로 제출
 - 이용 경로 : 현금영수증 홈페이지(www.taxsave.go.kr) ⇨ 부가서비스
  ⇨ 현금영수증 발급거부/주택임차료(월세) 신고
㉯ 현금거래 확인신청 신고서 작성·출력 후 임대차계약서 사본을 첨부하여 가까운 세무서에 방문하거나 우편으로 제출

③ 현금영수증 발급과 관련 소득공제

㉮ 신청일로부터 1개월 전부터 임대차계약서에 기재된 월세기간 만료일까
  지의 월세액에 대해 현금영수증 발급
㉯ 현금영수증 발급된 금액은 신용카드 사용금액 소득공제 대상에 포함

〈신용카드 사용금액 공제 개요〉

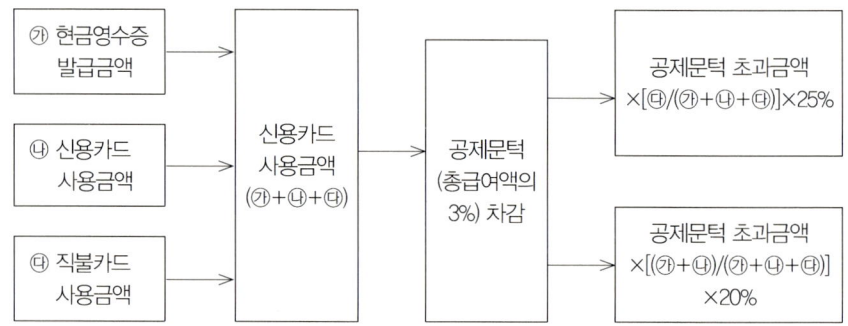

④ 주요 질문 사항 정리

㉮ 현금영수증 발급은 임대차계약서상 임차인 명의로 발급됨
㉯ 임대인의 사업자 등록 여부와 관계없이 월세에 대한 현금영수증 발급
  신청이 가능
㉰ 현금영수증 발급 신청 시 임대인의 동의는 필요 없음
㉱ 최초 신고 후 월세지급일에 국세청에서 현금영수증을 발급하며, 현금영
  수증 발급내역은 현금영수증홈페이지(www.taxsave.go.kr)에서 조회
  가능

⑪ 최초 신고 후 임대차계약서의 계약기간 동안 월세지급일에 국세청에서 현금영수증을 발급하여 임대계약서의 임대기간 동안은 별도 신고할 필요 없으며, 임대계약이 연장 등으로 변경된 경우에는 신고를 하여야 함

〈월세 지급에 따른 소득공제와 현금영수증 발급 비교〉

구분		월세소득공제	현금영수증 발급
근로자	총급여액	해당 연도 총급여액 3천만원 이하	별도 규정 없음
	부양가족	배우자 또는 기본공제대상자 부양가족 有	별도 규정 없음
	무주택	요건 충족	별도 규정 없음
	세대주	요건 충족	별도 규정 없음
주택	국민주택규모	요건 충복	별도 규정 없음
월세	대상금액	해당 연도 월세액	신청서 제출 이후 해당 연도 월세액
	공제요건	보증금이 있는 경우 확정일자 주민등록상 주소지와 임대차계약서의 주소지 동일	별도 규정 없음
	중복공제	–	월세소득공제를 받는 경우 신용카드 공제 배제

다. 주택임차차입금 원리금 상환액공제

① 대출기관으로부터 차입한 경우

㉮ 공제대상자

다음에 해당하는 사람이 국민주택규모의 주택을 임차하기 위해 대출기관에서 차입한 경우를 말한다.

| 해당 연도 종료일 현재 주택을 소유하지 아니한 세대의 | → | 세대주로서 | → | 근로소득이 있는 거주자 |

⑭ 차입금 요건

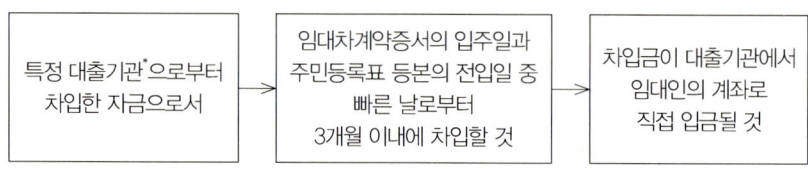

| 특정 대출기관*으로부터 차입한 자금으로서 | → | 임대차계약증서의 입주일과 주민등록표 등본의 전입일 중 빠른 날로부터 3개월 이내에 차입할 것 | → | 차입금이 대출기관에서 임대인의 계좌로 직접 입금될 것 |

* 특정 대출기관은 책자 부록 참조

㉺ 공제금액

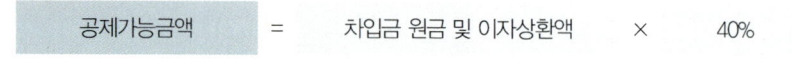

| 공제가능금액 | = | 차입금 원금 및 이자상환액 | × | 40% |

㉻ 공제한도

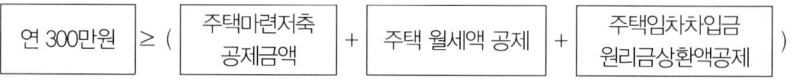

| 연 300만원 | ≥ (| 주택마련저축 공제금액 | + | 주택 월세액 공제 | + | 주택임차차입금 원리금상환액공제 |) |

② 대출기관이 아닌 사인으로부터 차입한 경우

㉮ 공제대상자

다음에 해당하는 사람이 국민주택규모의 주택을 임차하기 위해 대부업 등의 등록 및 금융이용자 보호에 관한 법률에 따른 대부업 등을 경영하지 아니하는 거주자로부터 차입한 경우를 말한다.

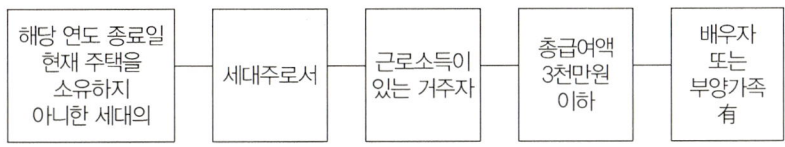

ⓝ 차입금 요건

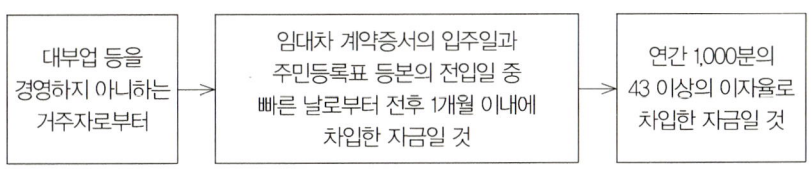

ⓓ 공제금액

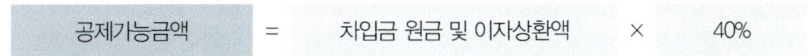

ⓡ 공제한도

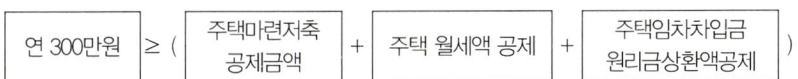

라. 장기주택저당차입금 이자상환액공제

① 세대주가 주택을 취득하는 경우

㉮ 공제대상자

다음에 해당하는 사람이 국민주택규모의 주택을 취득하기 위해 금융회사 등 또는 주택법에 따른 국민주택기금으로부터 차입한 경우를 말한다.

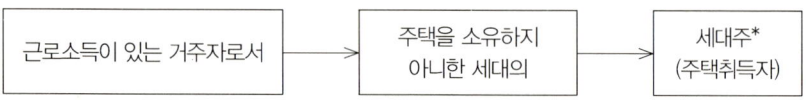

* 세대주 여부의 판정은 과세기간 종료일 현재의 상황에 따른다.

㉯ 주택요건

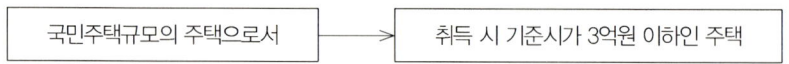

㉰ 장기주택저당차입금 요건

취득한 주택에 저당권을 설정하고 금융기관 등으로부터 차입한 차입금
은 다음의 요건을 갖추어야 한다.

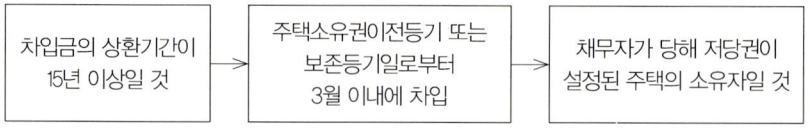

㉱ 거주요건

세대주에 대해서는 실제 거주 여부에 관계없이 적용한다.

② 세대원이 주택을 취득하는 경우

㉮ 공제대상자

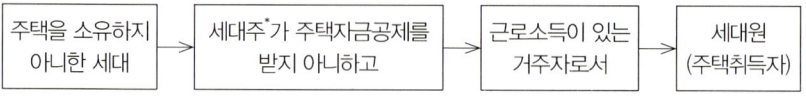

* 세대주 여부의 판정은 과세기간 종료일 현재의 상황에 따른다.

㉯ 주택요건

| 국민주택규모의 주택으로서 | → | 취득 시 기준시가 3억원 이하인 주택 |

㉰ 장기주택저당차입금 요건

취득한 주택에 저당권을 설정하고 금융기관 등으로부터 차입한 차입금
은 다음의 요건을 갖추어야 한다.

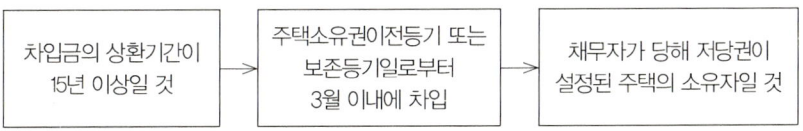

| 차입금의 상환기간이 15년 이상일 것 | → | 주택소유권이전등기 또는 보존등기일로부터 3월 이내에 차입 | → | 채무자가 당해 저당권이 설정된 주택의 소유자일 것 |

㉱ 거주요건

세대주가 아닌 거주자에 대해서는 실제 거주하는 경우에만 적용이 가능
하다.

③ 예외적으로 장기주택저당차입금으로 보는 경우

다음에 해당하는 경우에는 장기주택저당차입금 요건을 모두 갖추지 아니
한 경우에도 예외적으로 장기주택저당차입금으로 보고 있다.

㉮ 양도소득세 감면대상 신축주택 최초 취득 시 금융회사 등으로부터 차
입한 차입금

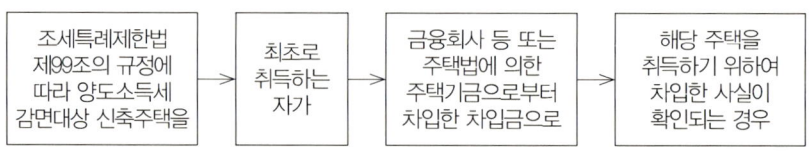

㉯ 장기주택저당차입금의 차입자가 다른 장기주택저당차입금으로 이전하는 경우

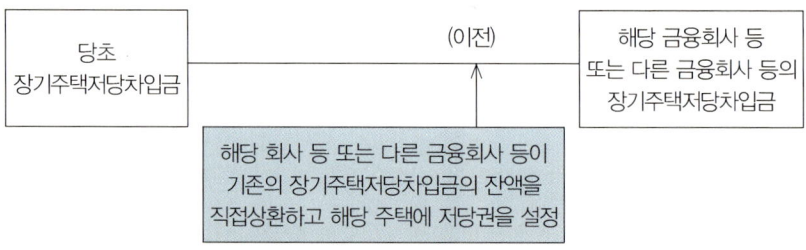

－차입금의 상환기간이 15년 이상 조건을 충족하여야 함

－상환기간 계산

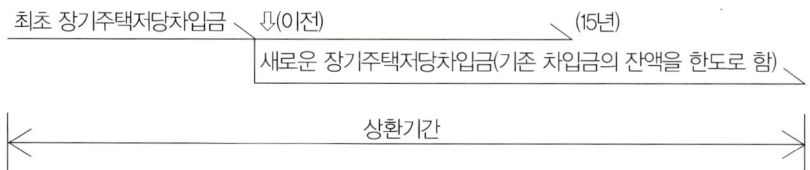

㉰ 주택양수자가 금융회사 등 또는 국민주택기금으로부터 주택양도자의 주택을 담보로 차입금의 상환기간이 15년 이상인 차입금을 차입한 후 즉시 소유권을 주택양수자에게로 이전하는 경우

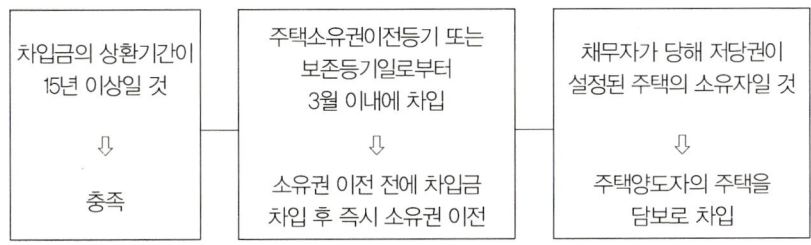

㉑ 다음에 해당하는 차입금의 차입자가 그 상환기간을 15년 이상으로 연장하거나 신규 차입금으로 기존의 차입금을 상환하는 경우

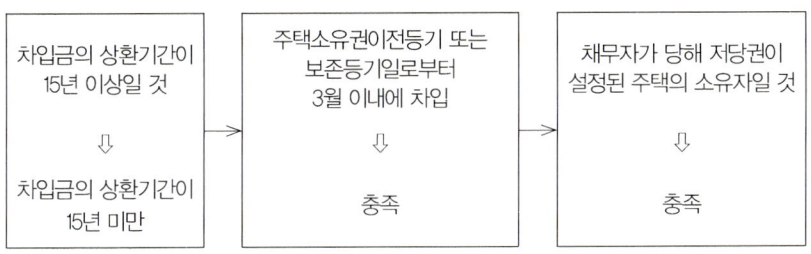

－기존 차입금의 상환기간을 연장하는 경우

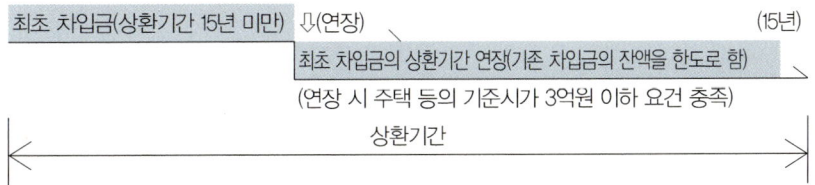

－신규 차입금으로 기존의 차입금을 상환하는 경우

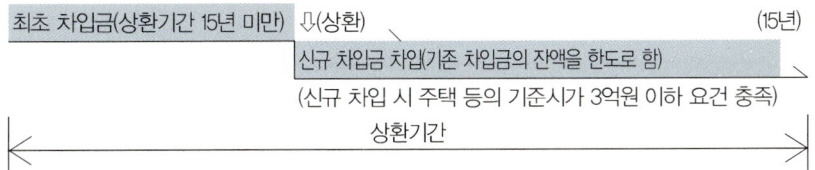

㉒ 조세특례제한법 제98조의 3에 따른 양도소득세 과세특례대상 주택을 2009.2.12~2010.2.11까지의 기준 중에 최초로 취득하는 경우

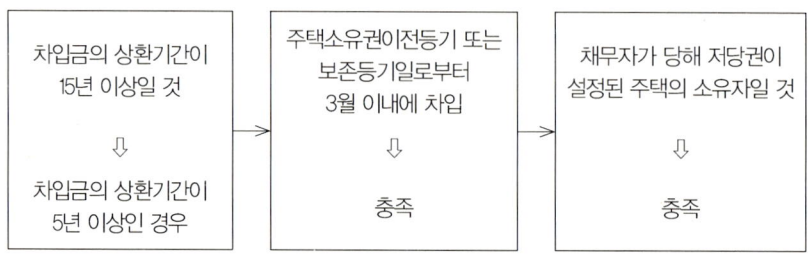

* 해당 주택의 전소유자가 당해 주택에 저당권을 설정하고 차입한 장기주택저당차입금에 대한 채무를 해당 주택의 양수인이 주택취득과 함께 인수한 경우

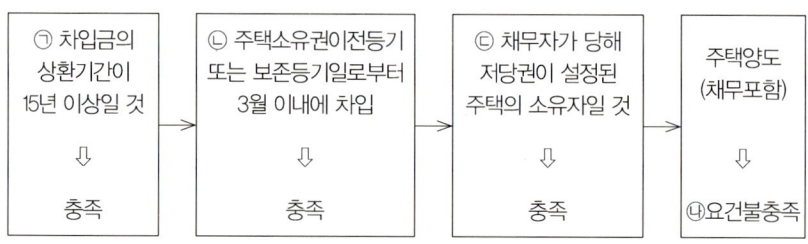

(주택)	A 소유	⇩(양수)	B 소유
(차입금)	(취득일로부터 3월 이내 차입)	(채무인수) ⇒ 취득할 당시 기준시가 3억원 이하 요건 충족	

↑(취득일로부터 3월 이내 차입 요건 예외 허용)

상환기간계산 ←———————————— 상환기간 ————————————→

(15년)

④ 공제배제 요건

세대 구성원이 보유한 주택을 포함하여 과세기간 종료일 현재 2주택 이상을 보유하거나 해당 과세기간에 2주택 이상을 보유한 기간이 3개월을 초과한 경우에는 공제를 적용하지 아니한다.

〈사례〉

구주택을 처분하지 아니한 상태에서 신주택을 취득한 경우 신주택의 경우 주택 취득 당시 무주택세대 요건에 해당하지 아니하여 장기주택저당차입금 이자상환액공제 대상에 해당하지 아니함

⑤ 주택분양권을 취득하는 경우

㉮ 공제대상자: 무주택자인 세대주

㉯ 주택분양권 범위

주택법에 따른 사업계획의 승인을 받아 건설되는 국민주택규모의 주택 (주택법에 따른 주택조합 및 도시 및 주거환경정비법에 따른 정비사업조합의 조합원이 취득하는 주택 또는 그 조합을 취득하는 주택을 포함)을 취득할 수 있는 권리로서 다음에 해당하는 가격이 3억원 이하인 권리

구분		가격
주택분양권		분양가격
조합원 입주권	청산금을 납부한 경우	기존건물과 그 부수토지의 평가액+납부한 청산금
	청산금을 지급받은 경우	기존건물과 그 부수토지의 평가액−지급받은 청산금

㉓ 차입금

– 주택분양권을 취득하고 그 주택을 취득하기 위하여 그 주택의 완공 시 장기주택저당차입금으로 전환할 것을 조건으로 금융회사 등 또는 주택법에 따른 국민주택기금으로부터 차입한 경우

```
(차입일)        주택분양권           ⇩(소유권이전등기일)
├─────────────────────────────────┤
│ 해당 기간의 차입금을 장기주택저당차입금으로 본다.   주택완공 시 장기주택저당차입금으로 전환
```

– 주택분양권을 취득하고 그 주택을 취득하기 위하여 금융회사 등으로부터 차입하고, 그 주택을 완공 전에 해당 차입금의 차입조건을 그 주택 완공 시 장기주택저당차입금으로 전환할 것을 조건으로 변경하는 경우

```
(차입일)     ⇩(차입조건 변경일) 주택분양권        ⇩(소유권이전등기일)
├───────────────────────────────────────┤  주택완공 시 장기주택저당차입금으로
        해당 기간의 차입금을 장기주택저당차입금으로 본다.  전환할 것으로 차입조건 변경
```

㉔ 공제 적용배제

거주자가 분양권을 둘 이상 보유하게 된 경우에는 그 보유기간이 속하는 과세기간에는 해당 차입금을 장기주택저당차입금으로 보지 아니한다.

⑥ 공제금액 및 공제한도

㉮ 이자상환액에 대해 공제하되 장기주택저당차입금의 이자상환액 공제는
다음에 해당하는 공제한도를 적용받는다.

㉯ 일반적인 장기주택저당차입금

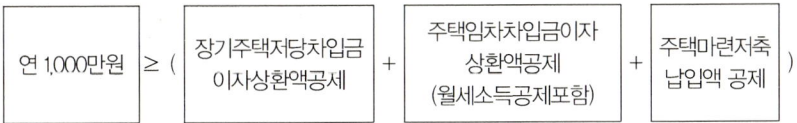

| 연 1,000만원 ≥ (| 장기주택저당차입금 이자상환액공세 | + | 주택임차차입금이자 상환액공제 (월세소득공제포함) | + | 주택마련저축 납입액 공제 |) |

㉰ 차입금의 상환기간이 30년 이상인 경우

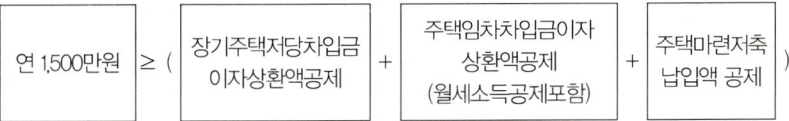

| 연 1,500만원 ≥ (| 장기주택저당차입금 이자상환액공제 | + | 주택임차차입금이자 상환액공제 (월세소득공제포함) | + | 주택마련저축 납입액 공제 |) |

7

기부금 소득공제

✓ 아내가 이끄는 알기쉬운 세금절약 레시피

○ 기부금 공제금액

- 기부금액과 공제한도 중 적은 금액을 공제금액으로 한다.

  예) 지정기부금 단체에 기부한 금액 2백만원이고, 해당 근로자의 지정기부금 공제한도가 180만원이면 지정기부금공제금액은 180만원이고, 공제받지 못한 20만원은 향후 5년간 이월하여 공제 가능

- 기부금 유형은 정치자금, 법정, 특례, 우리사주조합, 지정기부금으로 구분되며, 그 유형에 따라 기부금 공제대상 부양가족, 공제한도 및 이월공제기간이 달리 취급한다.

가. 정치자금기부금

① 공제 개요

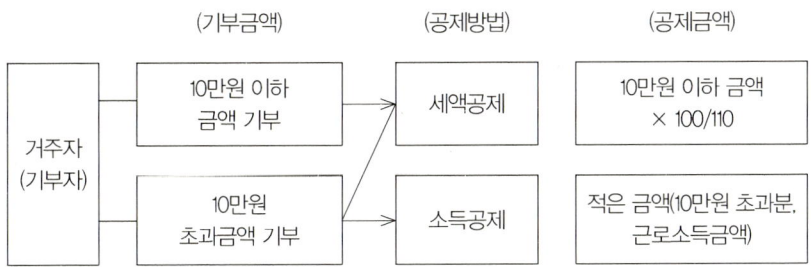

② 특징

    ㉮ 정치자금기부금은 근로자 등 소득자 본인이 지출한 경우에만 공제대상
에 해당하며, 기부금액이 기부금공제한도를 초과한 경우에는 이월공제
를 허용하지 않음에 유의

    ㉯ 기부금영수증 : 정치자금법에 따른 별도 영수증을 사용

    ㉰ 기부처 : 정당, 후원회, 선거관리위원회

〈사례〉

정치자금기부금으로 50만원을 기부한 경우 세액공제금액은 90,909원*, 기부금소
득공제금액은 40만원**이다.

* 90,909원＝100,000원×100/110
** 400,000원＝기부금액 500,000원 - 세액공제대상 100,000원

나. 법정기부금

① 법정기부금은 거주자가 공익성이 강한 기부금단체로서 소득세법에서 구체적으로 열거하고 있는 단체에 기부한 기부금으로 근로소득금액의 범위 내에서 기부금공제가 가능하다.

② 주요 법정기부금 단체
 - 국가나 지방자치단체
 - 국방헌금과 위문금품
 - 천재지변이나 특별재난지역으로 선포된 경우 그 선포의 사유가 된 재난으로 생긴 이재민을 위한 구호금품의 가액
 - 특별재난지역을 복구하기 위한 자원봉사
 - 무료 또는 실비로 이용할 수 있는 사회복지시설
 - 불우이웃돕기 결연기관
   (어린이재단, 한국재가노인복지협회, 한국뇌성마비복지회, 대한정신보건가족협회, 한국수양부모협회, 한국노인복지시설협회, 한국장애인복지시설협회)
 - 학교 등에 시설비, 교육비, 장학금 또는 연구비로 지출하는 기부금
 - 사회복지공동모금회에 지출하는 기부금
 - 대한적십자에 지출하는 기부금
 - 문화예술진흥기금으로 출연하는 기부금

③ 공제대상

소득자 본인, 기본공제대상 배우자 및 기본공제대상 직계비속이 법정기부금단체에 지출한 기부금에 대해서 종합소득이 있는 소득자가 기부금공제를 받을 수 있다.

| 공제 가능 기부금 | = | 소득자 본인이 지출한 기부금 | + | 기본공제대상자 배우자가 지출한 기부금 | + | 기본공제대상 직계비속이 지출한 기부금 |

④ 특별재난지역을 복구하기 위한 자원봉사 가액 산출

| 기부금액 | = | 자원봉사가액 | + | 당해 자원봉사용역에 부수되어 발생하는 유류비·재료비 등 직접비용 (⇨ 제공할 당시의 시가 또는 장부가액) |

지방자치단체장 또는 자원봉사센터장이 확인한 특별재난지역 자원봉사용역 등에 대한 기부금 확인서의 자원봉사시간에 대한 기부금액은 다음과 같이 산출한다.

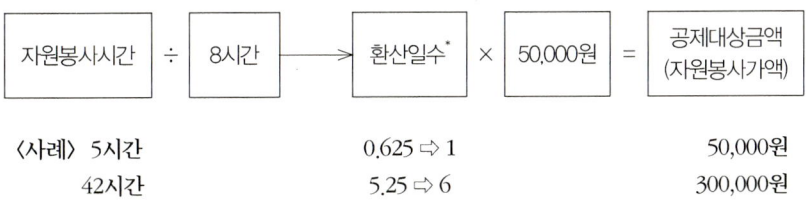

| 자원봉사시간 | ÷ | 8시간 | → | 환산일수* | × | 50,000원 | = | 공제대상금액 (자원봉사가액) |

| 〈사례〉 5시간 | | | | 0.625 ⇨ 1 | | | | 50,000원 |
| 42시간 | | | | 5.25 ⇨ 6 | | | | 300,000원 |

* 환산일수 계산 시 소수점 이하 부분은 1일로 계산함

⑤ 공제금액 및 공제한도

법정기부금 합계액과 공제한도 중 적은 금액을 공제금액으로 한다.

$$\boxed{\text{공제한도}} = \boxed{\begin{array}{c}\text{근로소득금액}\\(\text{= 총급여액 − 근로소득공제})\end{array}} \times \boxed{100\%}$$

〈사례〉

총급여액이 3천만원인 근로자가 기본공제 대상 배우자·직계비속이 지출한 법정기부금 합계액이 250만원인 경우 법정기부금에 대한 공제금액은 250만원*이다.

* 적은 금액{법정기부금 지출금액 250만원, 법정기부금공제한도 1,875만원[=(총급여액 3천만원−근로소득공제 1,125만원)×100%]}

⑥ 기부금영수증

법정기부금의 경우 기부금영수증에 '유형'란에 '법정', '코드'란에 '10'으로 기재되어 있다.

⑦ 법정기부금 중 공제한도를 초과한 경우

해당 연도에 공제한도를 초과하여 공제받지 못한 법정기부금은 다음 연도에 이월하여 공제받을 수 있다.

다. 특례기부금

① 특례기부금은 거주자가 공익성이 강한 기부금단체로서 조세특례제한법에서 구체적으로 열거하고 있는 단체에 기부한 기부금으로 근로소득금액에서

정치자금기부금 및 법정기부금 공제 금액을 차감한 금액의 50% 범위 내에서 기부금공제가 가능하다.

② 주요 특례기부금 종류

㉮ 독립기념관에 지출하는 기부금
㉯ 한국교육방송공사에 지출하는 기부금
㉰ 한국국제교류재단에 지출하는 기부금
㉱ 국민신탁법인에 지출하는 기부금 등

③ 공제대상

소득자 본인, 기본공제대상 배우자 및 기본공제대상 직계비속이 특례기부금단체에 지출한 기부금에 대해서 종합소득이 있는 소득자가 기부금공제를 받을 수 있다.

$$
\boxed{\begin{array}{c}\text{공제 가능}\\\text{기부금}\end{array}} = \boxed{\begin{array}{c}\text{소득자 본인이}\\\text{지출한 기부금}\end{array}} + \boxed{\begin{array}{c}\text{기본공제대상 배우자}\\\text{가 지출한 기부금}\end{array}} + \boxed{\begin{array}{c}\text{기본공제대상 직계비속이}\\\text{지출한 기부금}\end{array}}
$$

④ 공제금액 및 공제한도

특례기부금 합계액과 공제한도 중 적은 금액을 공제금액으로 한다.

$$
\boxed{\text{공제한도}} = \left(\boxed{\begin{array}{c}\text{근로소득금액}\\\text{(=총급여액-근로소득공제)}\end{array}} - \boxed{\begin{array}{c}\text{정치자금기부금 및}\\\text{법정기부금 공제금액}\end{array}} \right) \times \boxed{50\%}
$$

〈사례〉

총급여액이 3천만원인 근로자가 기본공제 대상 배우자·직계비속이 지출한 법정기부금 합계액이 250만원, 특례기부금의 합계액이 300만원인 경우 특례기부금에 대한 공제금액은 300만원*이다.

* 적은 금액{특례기부금 지출금액 300만원, 특례기부금공제한도 812.5만원[=(근로소득금액 1,875만원−법정기부금 공제금액 250만원)×50%]}

⑤ 기부금영수증

　㉮ 특례기부금의 경우 기부금영수증에 '유형'란에 '조특법 73', '코드'란에 '30'으로 기재되어 있다.

　㉯ 특례기부금 중 공익법인신탁기부금의 경우 기부금영수증에 '유형'란에 '조특법 73 ① 11', '코드'란에 '31'로 기재되어 있다.

⑥ 특례기부금 중 공제한도를 초과한 경우

　해당 연도에 공제한도를 초과하여 공제받지 못한 특례기부금은 2년(공익법인신탁기부금은 3년)간 이월하여 공제받을 수 있다.

라. 우리사주조합 기부금

① 우리사주조합기부금*은 우리사주조합원이 아닌 거주자가 우리사주조합에 기부한 기부금으로 근로소득금액에서 정치자금기부금소득공제, 법정기부금 및 특례기부금 공제 금액을 차감한 금액의 30% 범위 내에서 기부금공제가

가능하다.

② 공제금액 및 공제한도

특례기부금 합계액과 공제한도 중 적은 금액을 공제금액으로 한다.

$$공제한도 = \left(\frac{근로소득금액}{(=총급여액-근로소득공제)} - \frac{정치자금기부금\ 및}{법정기부금\ 공제금액} \right) \times 30\%$$

③ 기부금영수증

우리사주조합 기부금의 경우 기부금영수증에 '유형'란에 '우리사주', '코드'란에 '42'로 기재되어 있다.

마. 지정기부금

① 지정기부금은 사회복지·문화·예술·교육·종교·자선 등을 고려하여 소득세법에서 정하고 있는 기부금단체에 거주자가 근로소득금액에서 정치자금기부금소득공제, 법정기부금, 특례기부금 및 우리사주조합기부금 공제 금액을 차감한 금액의 20% 범위 내에서 기부금공제가 가능하다.

② 주요 지정기부금 대상
- 노동조합에 가입한 사람이 납부한 회비
- 교원단체에 가입한 사람이 납부한 회비

- 공무원 직장협의회에 가입한 사람이 납부한 회비

- 기부금대상민간단체에 지출하는 기부금

 • 비영리민간단체 지원법에 따라 등록된 단체 중 행정안전부장관의 추천
   을 받아 기획재정부장관이 지정한 단체(반기별로 지정)

 • 지정일이 속하는 과세기간의 1월 1일부터 5년간 지출하는 기부금만 해당

- 사회복지법인

- 정부로부터 허가 또는 인가를 받은 학술연구단체·장학단체

- 종교의 보급, 그 밖에 교화를 목적으로 민법 제32조에 따라 문화체육관
  광부장관 또는 지방자치단체의 장의 허가를 받아 설립한 비영리법인(그
  소속단체를 포함)

- 의료법에 따른 의료법인

- 민법 제32조에 따라 주무관청의 허가를 받아 설립된 비영리법인 중 주무
  관청의 추천을 받아 기획재정부장관이 지정한 법인

- 학교의 장이 추천하는 개인에게 교육비·연구비 또는 장학금으로 지출
  하는 기부금

- 대한적십자사에 지출한 기부금

- 새마을운동중앙본부(그 산하조직 포함)에 지출하는 기부금

- 한국학술진흥재단에 지출하는 기부금

- 박물관 또는 미술관에 지출하는 기부금

- 불우이웃을 돕기 위하여 지출하는 기부금

③ 공제대상

소득자 본인, 기본공제대상 배우자 및 기본공제대상 직계비속이 지정기부

급단체에 지출한 기부금에 대해서 종합소득이 있는 소득자가 기부금공제를 받을 수 있다.

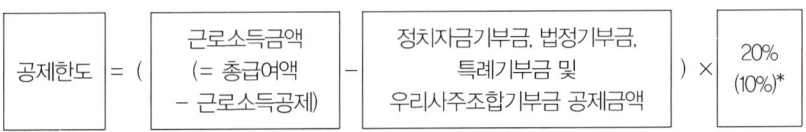

④ 공제금액 및 공제한도

지정기부금 합계액과 공제한도 중 적은 금액을 공제금액으로 한다.

공제한도	= (	근로소득금액 (= 총급여액 – 근로소득공제)	–	정치자금기부금, 법정기부금, 특례기부금 및 우리사주조합기부금 공제금액	) ×	20% (10%)*

* 종교단체에 지출한 지정기부금은 공제한도 계산 시 10% 적용

〈사례〉

총급여액이 3천만원인 근로자가 기본공제 대상 배우자·직계비속이 지출한 법정기부금 합계액이 250만원, 특례기부금의 합계액이 300만원 및 지정기부금 합계액이 200만원인 경우 지정기부금에 대한 공제금액은 다음과 같다.

— 지정기부금 합계액 200만원 중 종교단체 기부금액이 없는 경우 지정기부금 공제금액은 200만원*이다.

  * 적은 금액{지정기부금 지출금액 200만원, 지정기부금 공제한도 265만원[=(근로소득금액 1,875만원 – 법정기부금 공제금액 250만원 – 특례기부금 공제금액 300만원)×20%]}

— 지정기부금 합계액 200만원 중 종교단체 기부금액이 150만원인 경우 지정기부금 공제금액은 182.5만원이다.

구분		계산 내역
적은 금액 182.5만원	기부금액	200만원
	공제한도	[(근로소득금액 1,875만원−법정기부금 공제금액 250만원 −특례기부금 공제금액 300만원) ×10%+min(132.5만원*, 종교단체 외 지정기부금 50만원)] =132.5만원+50만원=182.5만원 * (근로소득금액 1,875만원−법정기부금 공제금액 250만원 −특례기부금 공제금액 300만원)×10%

− 지정기부금 합계액 200만원 중 종교단체 기부금액이 200만원인 경우 지정기부금 공제금액은 132.5만원이다.

구분		계산 내역
적은 금액 132.5만원	기부금액	200만원
	공제한도	[(근로소득금액 1,875만원−법정기부금 공제금액 250만원 −특례기부금 공제금액 300만원)×10% +min(132.5만원*, 종교단체 외 지정기부금 0원)] =132.5만원+0만원=132.5만원 * (근로소득금액 1,875만원−법정기부금 공제금액 250만원 −특례기부금 공제금액 300만원)×10%

* 지정기부금 중 종교단체 기부금만 있는 경우에는 기부금공제한도는 다음과 같이 적용한다.
132.5만원 = (근로소득금액 1,875만원−법정기부금 공제금액 250만원−특례기부금 공제
금액 300만원)×10%

⑤ 기부금영수증

㉮ 지정기부금(종교단체 기부금 제외)의 경우 기부금영수증에 '유형'란에 '지정', '코드'란에 '40'으로 기재되어 있다.

㉯ 지정기부금(종교단체 기부금)의 경우 기부금영수증에 '유형'란에 '종교단

체', '코드'란에 '41'로 기재되어 있다.

⑥ 지정기부금 중 공제한도를 초과한 경우

해당 연도에 공제한도를 초과하여 공제받지 못한 지정기부금은 향후 5년 간 이월하여 공제받을 수 있다.

○ 이월공제
해당 과세연도에 공제한도를 초과하여 공제받지 못한 공제액이 있는 경우 그 다음 해부터 일정기간 동안 과세연도까지 이월하여 공제받는 경우를 말한다.

8

신용카드 등 **사용금액 소득공제**

○ 소득공제 대상 신용카드 등 사용금액 등이란?
- 신용카드 사용금액, 현금영수증 발급금액, 학원지로납부금액, 직불카드
  사용금액 등을 합계한 금액을 말한다.

○ 공제문턱
- 신용카드 사용금액 등의 합계액 전부에 대해 공제하는 것이 아니라 일정
  금액을 초과한 경우에만 소득공제가 가능하다.

○ 공제금액
- 신용카드 등 사용금액 중 공제문턱을 초과한 금액에 공제비율을 곱하여
  공제 가능 금액을 계산하고 공제한도와 비교하여 적은 금액을 공제금액
  으로 한다.

가. 신용카드 등 사용금액 소득공제 개요

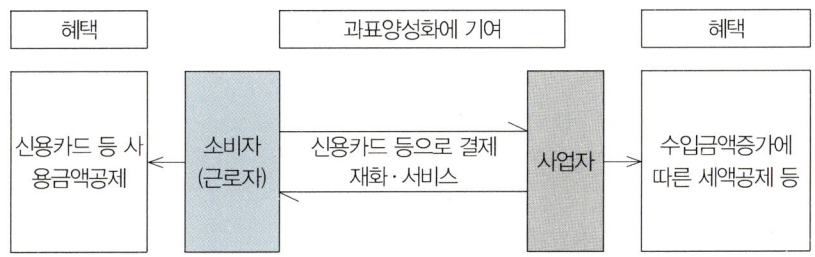

나. 신용카드 등 사용금액

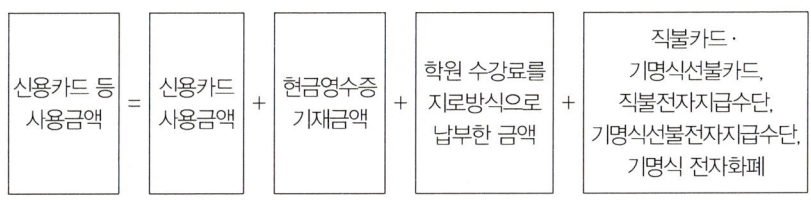

① 거주자인 근로자의 신용카드 사용금액에 포함할 수 있는 부양가족의 신용카드 등 사용금액 범위

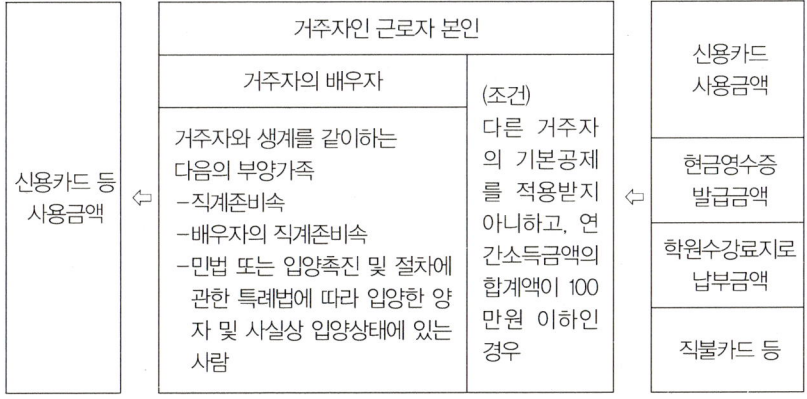

* 근로자가 부양하고 있는 형제자매의 신용카드 등 사용금액은 공제대상 신용카드 등 사용금액에 해당하지 아니함

〈사례〉

근로자의 배우자가 해당 연도 중에 퇴직한 경우 기본공제 및 배우자의 신용카드 사용액에 대한 연말정산 시 처리방법은?

구분	배우자에 대한 기본공제	배우자의 신용카드 사용액
배우자의 연간 소득금액이 100만원 이하인 경우	기본공제 가능	근로자의 신용카드 사용금액에 포함 가능
배우자의 연간 소득금액이 100만원 초과인 경우	기본공제 불가능	근로자의 신용카드 사용금액에 포함할 수 없음

② 신용카드 등 사용금액에서 제외되는 사용액

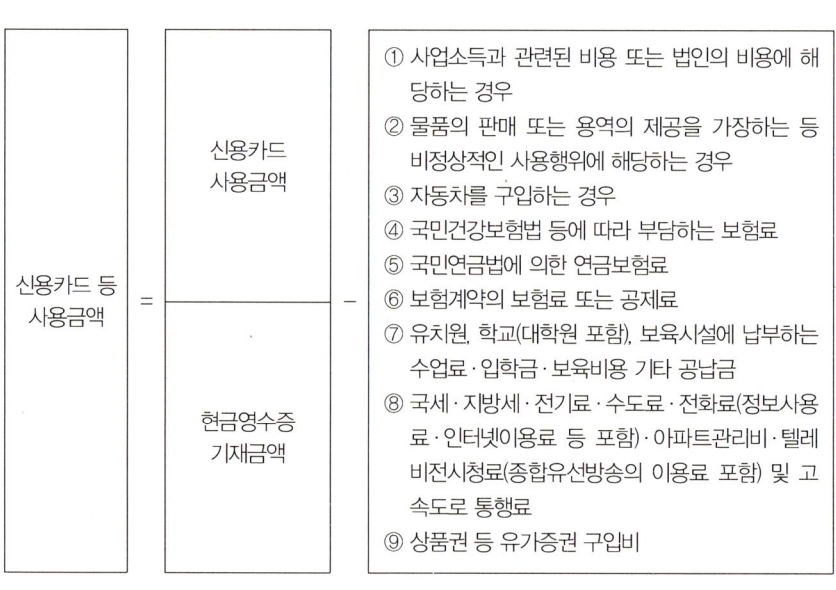

신용카드 등 사용금액 = (신용카드 사용금액 + 현금영수증 기재금액) −

① 사업소득과 관련된 비용 또는 법인의 비용에 해당하는 경우
② 물품의 판매 또는 용역의 제공을 가장하는 등 비정상적인 사용행위에 해당하는 경우
③ 자동차를 구입하는 경우
④ 국민건강보험법 등에 따라 부담하는 보험료
⑤ 국민연금법에 의한 연금보험료
⑥ 보험계약의 보험료 또는 공제료
⑦ 유치원, 학교(대학원 포함), 보육시설에 납부하는 수업료·입학금·보육비용 기타 공납금
⑧ 국세·지방세·전기료·수도료·전화료(정보사용료·인터넷이용료 등 포함)·아파트관리비·텔레비전시청료(종합유선방송의 이용료 포함) 및 고속도로 통행료
⑨ 상품권 등 유가증권 구입비

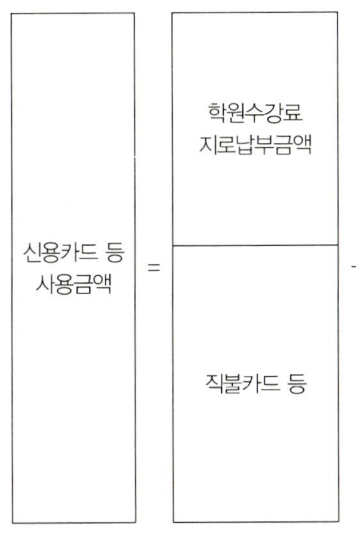

신용카드 등 사용금액	=	학원수강료 지로납부금액	−	⑩ 리스료(자동차대여사업의 자동차대여료 포함) ⑪ 지방세법에 의하여 취득세 또는 등록세가 부과 되는 재산의 구입비용 ⑫ 국가·지방자치단체 또는 지방자치단체조합에 지급하는 사용료 수수료 등의 대가 (다만, 의료법에 의한 의료기관 및 보건소에 지급 하는 경우는 제외) ⑬ 차입금 이자상환액, 증권거래수수료 등 금융·보 험용역과 관련한 지급액, 수수료, 보증료 및 이와 비슷한 대가 ⑭ 정당, 후원회 및 각급 선거관리위원회에 신용카 드 등으로 결제하여 기부하는 정치자금(기부금 세액공제 및 소득공제를 받는 경우에 한함) ⑮ 월세액 소득공제를 받은 월세액
		직불카드 등		

다. 공제문턱

신용카드 사용금액 등의 전부에 대해 공제하는 것이 아니라 일정금액(=공제문턱)을 초과한 경우에만 소득공제가 가능하다.

공제 가능 금액 = 신용카드 등 사용금액 − 공제문턱(총급여액의 25%)

⟨사례⟩

구분	총급여액	신용카드 등 사용금액	공제문턱 (총급여액의 25%)	공제초과금액
사례 A	4,000만원	1,000만원	1,000만원	0원
사례 B	4,000만원	1,500만원	1,000만원	500만원
사례 C	4,000만원	2,500만원	1,000만원	1,500만원

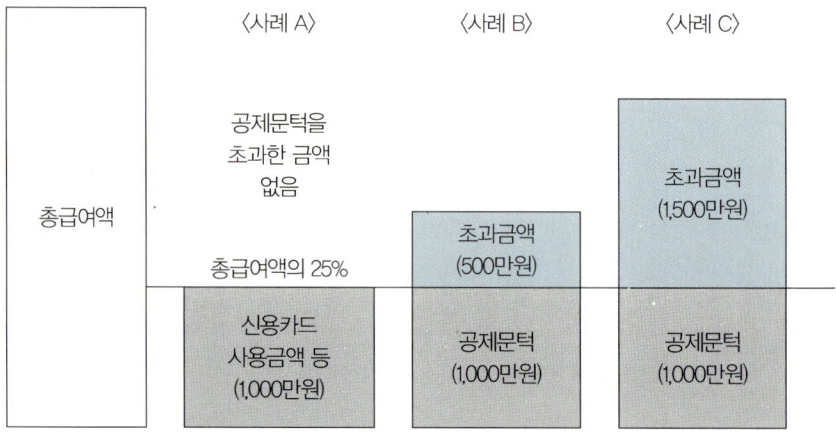

〈사례 A〉   〈사례 B〉   〈사례 C〉

총급여액

공제문턱을
초과한 금액
없음

초과금액
(1,500만원)

초과금액
(500만원)

총급여액의 25%

신용카드
사용금액 등
(1,000만원)

공제문턱
(1,000만원)

공제문턱
(1,000만원)

라. 공제 가능 금액

신용카드 등 사용금액 중 공제문턱을 초과한 금액에 대해 다음에 해당하는 공제비율을 곱하여 공제 가능 금액을 계산한다.

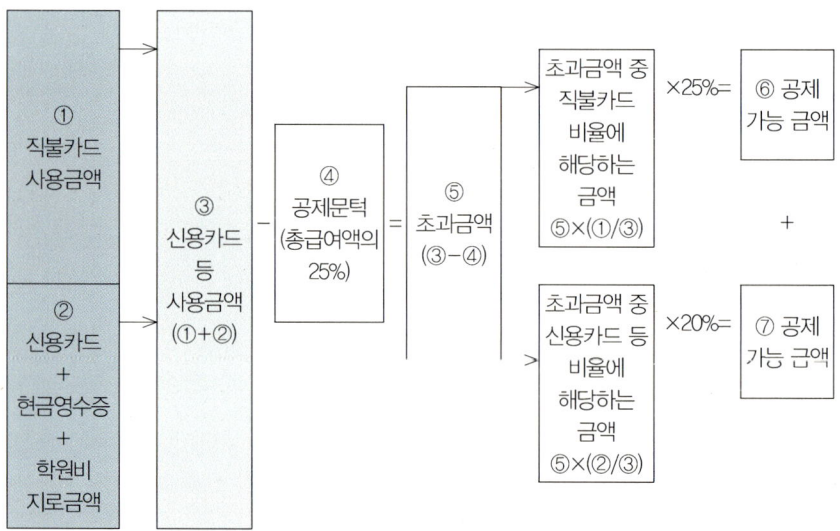

① 직불카드 사용금액

② 신용카드 + 현금영수증 + 학원비 지로금액

③ 신용카드 등 사용금액 (①+②)

－ ④ 공제문턱 (총급여액의 25%)

＝ ⑤ 초과금액 (③-④)

초과금액 중 직불카드 비율에 해당하는 금액 ⑤×(①/③) ×25%＝ ⑥ 공제 가능 금액

＋

초과금액 중 신용카드 등 비율에 해당하는 금액 ⑤×(②/③) ×20%＝ ⑦ 공제 가능 금액

마. 공제금액

> 공제한도 = 적은 금액(총급여액의 20%, 300만원)
>
> 공제 가능 금액 = 적은 금액[공제 가능 금액(라의 ⑥과 ⑦금액의 합계액),
>
> 공제한도]

〈사례〉 다음에 해당하는 경우 신용카드 등 사용금액 소득공제금액은?

구분	총급여액	직불카드	그 외 신용카드 등	신용카드 등 사용금액 합계
금액	4,000만원	1,250만원	750만원	2,000만원

-공제문턱 : 총급여액의 25% 4,000만원×25%=1,000만원

-공제문턱 초과금액 : 신용카드 등 사용금액 2,000만원-공제문턱 1,000만원

= 1,000만원

-공제문턱 초과금액 중 직불카드 사용비율에 해당하는 금액

1,000만원×(1,250만원/2,000만원)=625만원

-공제문턱 초과금액 중 직불카드 외 사용비율에 해당하는 금액

1,000만원×(750만원/2,000만원)=375만원

-공제 가능 금액

(625만원×25%)+(375만원×20%)=156.25만원+75만원=2,312,500원

-공제한도

적은 금액(총급여액의 20%에 해당하는 금액 1,000만원, 300만원)=300만원

-공제금액

적은 금액(공제 가능 금액 2,312,500원, 공제한도 300만원)=2,312,500원

〈참고〉현금영수증 가입 및 발급하기

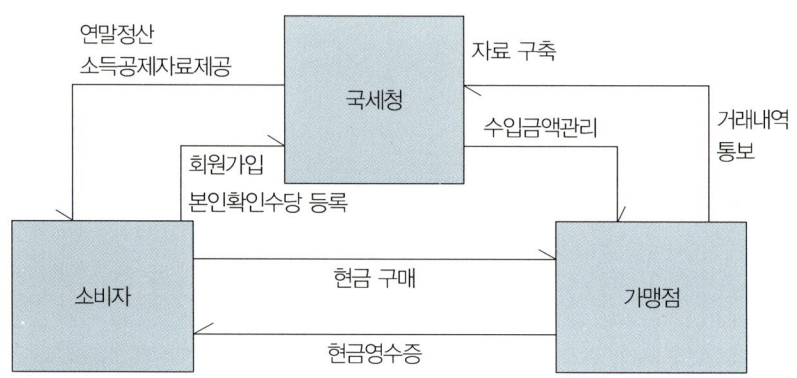

〈현금영수증 거래 시스템〉

- 현금영수증 회원 가입 방법

현금영수증(www.hometax.go.kr)⇒'회원 가입' 메뉴 클릭⇒이용자 구분

(소비자) 선택⇒기본정보 입력 후 확인 클릭⇒현금영수증 발급 요청 시

사용하는 핸드폰 번호, 카드번호 등을 입력 후 확인 클릭

바. 주요 질문 사항

① 현금영수증 발급 방법

물건 또는 서비스 구입 대가로 현금 지급 시 거래자의 휴대폰 번호 등에 의

한 현금영수증 발급 요청한다. 다만, 현금을 지급하더라도 과표양성화와 무

관한 다음의 경우에는 현금영수증 발급대상에 해당하지 아니한다.

- 의료보험, 고용보험, 국민연금 보험료 및 각종 보험료

- 유치원, 학교(대학원 포함) 및 보육시설의 수업료 등 공납금

- 국세, 지방세, 전기료, 수도료, 가스료, 전화료(정보사용료 및 인터넷이
  용료 포함), 아파트관리비, tv 시청료, 고속도로 통행료

- 상품권 등 유가증권 구입비, 리스료

- 취득·등록세 과세대상 재산의 구입비

- 국가·지방자치단체가 제공하는 재화·용역(부가가치세 면제)에 대한 대가

- 금융·보험용역(부가가치세 면제)에 대한 대가

- 복권, 우표, 수입인지·수입증지 구입비용

② 과거 현금결제분에 대한 소급 발급 가능 여부

현금으로 구매대금을 지불할 때 현금영수증을 요구하여야 하나, 미처 요구
하지 못한 경우에는 증빙을 갖추어 1개월 이내에 세무서로 신고하면 소득공제
대상 현금영수증으로 인정받을 수 있다.

③ 현금영수증 홈페이지에서 사용내역이 조회하지 않은 경우

㉮ 발급받은 영수증에 '현금(소득공제)' 또는 '현금(지출증빙)'이라고 기재되
  어 있지 아니하면 현금영수증이 아님

㉯ 현금영수증 발급받을 때 휴대전화번호 등이 현금영수증 홈페이지에 등
  록되지 아니한 경우에도 이런 일이 발생할 수 있으며, 이런 경우 현금영
  수증 홈페이지 '카드·핸드폰번호 변경' 메뉴를 이용하여 휴대전화번호,
  카드 번호 등을 홈페이지에 등록하면 등록일 다음 날부터 사용내역을
  확인할 수 있음

④ 현금 거래 후 현금영수증을 요청하지 않았는데 가맹점에서 자진 발급한 현금영수증(010-000-****)을 보관하고 있는 경우 본인의 현금영수증으로 전환하는 방법

  ⇒ 현금영수증홈페이지 화면에서 '자진발급분 사용자 등록'을 클릭 ⇒ 현금영수증에 표기된 가맹점 사업자번호, 금액, 승인번호, 거래일자를 입력하면 본인의 현금영수증으로 전환이 가능함

⑤ 소득공제 신청방법

  홈페이지에서 현금영수증 연간 사용금액(공제대상 가족 사용분도 각각 조회하여 포함)을 확인하여 '신용카드 등 사용금액 신청서'에 금액 기재하여 회사에 제출

〈선불형 교통카드 사용액 소득공제 챙기기〉

−선불형 교통카드 사용금액에 대한 소득공제를 받기 위해서는 선불형 교통카드 홈페이지에서 사용자등록을 하여야 한다.

−사용자 등록이 된 카드의 경우 카드사 홈페이지나 연말정산간소화 서비스 홈페이지(www.yesone.go.kr)에서 조회가 가능하다.

〈선불형 교통카드 홈페이지〉

구 분	홈페이지
한국스마트카드(T-money)	www.t-money.co.kr
카드넷(대경카드)	www.kardnet.com
myb카드	www.mybi.co.kr
부산하나로카드	www.busanhanaro.com

9

연말정산간소화 서비스
제대로 이용하기

✓ 아내가 이끄는 알기쉬운 세금절약 레시피

○ 연말정산간소화 서비스
연말정산 소득공제에 필요한 영수증을 국세청이 수집하여 인터넷에서 근로자가 조회 및 출력할 수 있도록 한 서비스

○ 이용 시 공인인증서 필요
연말정산 연말정산간소화 서비스에서 본인에 해당하는 소득공제 영수증을 조회 및 출력하기 위해서는 공인인증서 필요

○ 제공되는 소득공제 항목
– 근로자퇴직급여 보장법 또는 과학기술인공제회법에 따라 근로자가 부담하는 부담금
– 보험료
– 의료비(병의원, 약국에 지출한 의료비에 한정)

- 교육비(학교에 지출한 교육비, 직업능력개발훈련시설에 한정)
- 주택임차자금 차입금 원리금 상환액, 장기주택저당차입금 이자상환액
- 개인연금저축, 연금저축, 공제부금, 청약저축, 주택청약종합저축, 장기주식형 저축
- 신용카드 등 사용금액(학원지로납부 금액 제외)
- 기부금

○ 연말정산간소화 서비스에서 조회 및 출력된 자료 이용방법
홈페이지에서 조회한 자료금액이 정확한 경우 이를 출력하여 회사에 제출

가. 연말정산간소화 서비스 구조

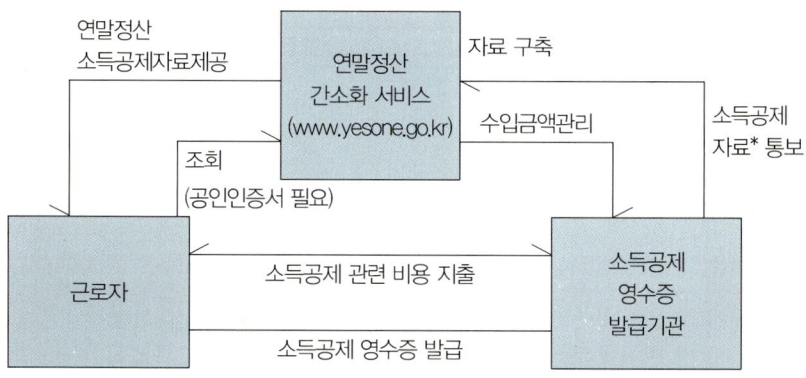

* 다음에 해당하는 소득공제 항목만 제공되므로 다음에 해당하지 아니한 경우에는 소득공제 영수증 발급기관으로부터 소득공제 영수증을 발급받아야 한다.
  - 근로자퇴직급여 보장법 또는 과학기술인공제회법에 따라 근로자가 부담하는 부담금
  - 보험료
  - 의료비(병의원, 약국에 지출한 의료비에 한정)
  - 교육비(학교에 지출한 교육비, 직업능력개발훈련시설에 한정)

- 주택임차자금 차입금 원리금 상환액, 장기주택저당차입금 이자상환액
- 개인연금저축, 연금저축, 공제부금, 청약저축, 주택청약종합저축, 장기주식형 저축
- 신용카드 등 사용금액(학원지로납부 금액 제외)
- 기부금(기부금단체에서 국세청에 자료를 제출하는 경우에만 제공)

연말정산간소화 서비스는 소득공제 자료 조회 및 출력기능만 제공하므로 근로자가 연말정산 간소화 서비스에서 조회하는 경우 그 자료가 자동적으로 연말정산에 사용되는 것이 아니므로 필요한 자료를 출력하여 회사에 제출하여야 한다.

나. 연말정산 간소화 서비스 조회 가능 범위

연말정산 간소화 서비스에서는 로그인 시 공인인증서에 의해 본인 여부를 확인하고 로그인한 사람에 해당하는 자료만 보여 주는 것이 원칙이나

연말정산 업무 편의를 위해 근로자가 해당 가족의 사전동의를 얻은 경우에는 부양가족의 소득공제 자료를 조회할 수 있다.

* 다만, 근로자는 미성년(만 20세 미만) 자녀의 소득공제 자료에 대해서는 별도 동의절차 없이 조회할 수 있다.

〈참고〉 부양가족 사전동의 절차
 - 연말정산간소화 서비스 홈페이지를 통한 인터넷 동의 신청
   근로자가 소득공제를 조회할 수 있도록 사전동의를 하고자 하는 부양가족이 연말정산 간소화 서비스 홈페이지에 접속하여 이동전화, 신용카드 및 팩스를 활용하여 인터넷으로 동의 신청

‒ 세무서 방문으로 동의 신청

근로자가 소득공제를 조회할 수 있도록 사전동의를 하고자 하는 부양
가족이 신분증을 지참하여 가까운 세무서에 '소득공제자료제공 동의 신
청서'를 작성하여 제출

* 신분증: 주민등록증, 운전면허증, 여권, 외국인등록증. 다만, 근로자와 부양가족이 동
  일한 주소에서 거주하지 않은 경우에는 근로자와 해당 부양가족의 관계가 표시된
  가족관계부를 제출하여야 함

다. 연말정산간소화 서비스에서 확인한 소득공제 자료 활용방법

홈페이지에서 확인한 자료 금액이 정확한 경우에는 이를 출력하여 회사에
제출하고, 실제 금액과 다른 경우에는 해당 소득공제 영수증 발급기관으로부
터 해당 소득공제 영수증을 발급받아 회사에 제출한다.

* 주택자금공제 및 주택마련저축 자료 이용 시 유의사항
  연말정산간소화 서비스는 소득공제영수증 발급기관이 제출한 자료를 제공하므로, 근로
  자가 주택자금소득공제 또는 주택마련저축 소득공제를 받기 위해서는 무주택 세대주 등
  다른 공제 요건을 충족하였는지 스스로 검토하여야 한다.

제9장
노후생활에 뒷받침이 되는 퇴직소득

1

퇴직소득 범위

✓ 아내가 이끄는 알기쉬운 세금절약 레시피

○ 퇴직소득
퇴직소득은 퇴직함으로써 받는 소득 중 일시금으로 해당 연도의 종합소득
에 합산하지 아니하고 해당 연도에 발생한 퇴직소득만을 별도 과세하고
있다.

가. 퇴직소득에 포함되는 금액

퇴직소득은 일반적으로 퇴직함으로 받는 소득 중 일시금으로 다음에 해당하는 소득도 퇴직소득에 포함하여 과세하고 있다.

① 퇴직함으로써 받는 소득 중 일시금

국민연금법 제88조에 따라 사용자가 국민연금기금에 납부하여 종업원의 퇴직전환금을 포함하며 이 경우 퇴직전환금은 해당 근로자가 현실적으로 퇴직할 때 받는 것으로 본다.

② 각종 공무원 및 사립학교 교직원에게 지급되는 명예퇴직수당

③ 퇴직함으로써 받는 다음에 해당하는 퇴직보험금 중 일시금

 ㉮ 단체퇴직보험*의 보험금

 * 단체퇴직보험: 종업원의 퇴직을 보험금의 지급사유로 하고 종업원을 피보험자와 수익자로 하는 보험

 ㉯ 퇴직보험 또는 퇴직일시금신탁의 보험금 또는 신탁반환금

④ 국민연금법에 따라 받는 반환일시금 또는 사망일시금

⑤ 공무원연금법, 군인연금법, 사립학교교직원연금법 또는 별정우체국법에 따라 받는 일시금

⑥ 건설근로자의 고용개선 등에 관한 법률 제17조의 규정에 의하여 퇴직금을 미리 지급한 것으로 보는 금액

⑦ 불특정다수의 퇴직자에게 적용되는 퇴직급여규정·취업규칙 또는 노사합의에 의하여 지급받는 퇴직수당·퇴직위로금 기타 이와 유사한 성질의 급여

⑧ 퇴직급여지급규정·취업규칙의 개정 등으로 퇴직금지급제도가 변경됨에 따라 퇴직금정산액을 지급하면서 퇴직금지급제도 변경에 따른 손실보상을 위하여 지급되는 금액

⑨ 「근로자퇴직급여 보장법」에 따라 지급받는 일시금으로서 다음의 어느 하나에 해당되는 금액

    ㉮ 퇴직연금제도에서 지급받는 일시금
    ㉯ 개인퇴직계좌에서 지급받는 일시금
    ㉰ 확정기여형 퇴직연금 및 개인퇴직계좌에서 중도 인출되는 금액
    ㉱ 연금을 수급하던 자가 연금계약의 중도해지 등으로 지급받는 일시금

⑩ 「과학기술인공제회법」에 따른 퇴직연금급여로서 일시금으로 지급받는 금액 또는 과학기술발전장려금으로서 일시금으로 지급받는 금액

* 국민연금법에 따라 받는 반환일시금 또는 사망일시금을 제외하고, 거주자·비거주자 또는 법인의 종업원이 현실적으로 퇴직함으로써 받는 퇴직소득만 해당한다.

○ 해고예고수당

사용자가 30일 전에 예고를 하지 아니하고 근로자를 해고하는 경우 근로자에게 지급하는 근로기준법 제26조의 규정에 의한 해고예고 수당은 퇴직소득으로 본다.

나. 국민연금 및 직역연금 가입자가 받는 일시금 과세방법

국민연금법에 따라 받는 반환일시금 또는 사망일시금과 공무원연금법, 군인연금법, 사립학교교직원연금법 또는 별정우체국법에 따라 받는 일시금은 퇴직소득에 해당하나, 2002년 1월 1일 이후에 납입된 연금기여금 및 사용자 부담금을 기초로 하거나 2002년 1월 1일 이후 근로의 제공을 기초로 하여 받는 일시금으로 한다.

구 분	2001년 12월 31일 이전 납입된 연금기여금 등을 기초로 하거나 근로의 제공을 기초		2002년 1월 1일 이후에 납입된 연금기여금 및 사용자 부담금을 기초로 하거나 근로의 제공을 기초	
	연금소득으로 받는 경우	일시금으로 받는 경우	연금소득으로 받는 경우	일시금으로 받는 경우
국민연금	과세제외	과세제외	연금소득으로 과세	퇴직소득으로 과세
직역연금 (공무원연금법, 군인연금법, 사립학교교직원 연금법 또는 별정우체국법)	과세제외	과세제외	연금소득으로 과세	퇴직소득으로 과세

① 국민연금 가입자가 지급받는 반환일시금 중 과세대상

　㉮ 반환일시금으로서 사망일시금 한도를 초과하는 경우

　　　총 수령액

　× (2002년 1월 1일 이후 납입월수/총 납입월수)

　－ 2002년 1월 1일 이후 납입기간 중 소득공제 받은
　　 금액을 초과하여 납입한 연금보험료 누계액 ⇒ 해당 수급권자가 제출한 증거자료
　　　　　　　　　　　　　　　　　　　　　　에 의하여 확인되는 금액에 한함
　──────────────────────────
　＝ 과세대상 일시금

　㉯ 그 밖의 경우

　　　2002년 1월 1일 이후 납입한 연금보험료 누계액과
　　　이에 대한 이자 및 가산이자
　－ 2002년 1월 1일 이후 납입기간 중 소득공제 받은
　　 금액을 초과하여 납입한 연금보험료 누계액 ⇒ 해당 수급권자가 제출한 증거자료
　　　　　　　　　　　　　　　　　　　　　　에 의하여 확인되는 금액에 한함
　──────────────────────────
　＝ 과세대상 일시금

② 공무원연금법, 군인연금법, 사립학교교직원연금법 또는 별정우체국법에 따라 받는 일시금 중 과세대상

　이 경우 「국민금과직역연금의연계에관한법률」 제8조 제2항에 따라 급여를 반납한 경우 그에 상응하는 재직기간에 대한 일시금은 제외한다.

　　　총 수령액

　× (2002년 1월 1일 이후 기여금 불입월수 / 총 기여금 불입월수)
　──────────────────────────
　＝ 과세대상 일시금

③ 퇴직한 공무원·군인·사립학교교직원 또는 별정우체국 직원이 2002년 1월 1일 이후 공무원·군인·사립학교교직원 또는 별정우체국 직원으로 임용·임명되어 「공무원연금법」, 「군인연금법」, 「사립학교교직원 연금법」 또는 「별정우체국법」에 따라 퇴직 당시 수령한 퇴직급여액을 반납하고 재직기간을 합산하는 경우의 일시금

$$
\frac{\text{총 수령액} \times (\text{재임용일 이후의 기여금 불입월수/총 기여금 불입월수})}{} = \text{과세대상 일시금}
$$

2

퇴직연금제도

가. 도입 배경

① 도산 등에 따른 퇴직금 수령 권리 보호 미흡

저출산 고령화 사회 진입에 따라 은퇴 이후의 경제적인 안정이 더욱 중요시되고 있는 반면 기존의 퇴직금 제도는 기업이 갑자기 도산하는 경우에는 퇴직금을 전액 지급받지 못하고 체불되는 사례가 빈번하였다.

② 노동시장 환경 변화에 따른 퇴직금 지급방법 변경

IMF 이후 노동시장의 환경 변화로 잦은 이직과 근무 실적에 따라 급여를 지급받는 연봉제가 확산되고 정기적으로 퇴직금 중간정산을 실시하는 기업이 많아지면서, 퇴직금이 노후를 위해 적립되지 못하고 이직 및 중간정산 등에 의해 소액으로 지급받게 되는 경우, 근로자 입장에서도 새로운 직장을 찾는 기간 동안 생활자금으로 사용되었다.

나. 퇴직연금제도

2005.12.1일부터 시행된 우리나라의 퇴직연금제도는 기업이 사내에 적립하던 퇴직금제도를 대체하여, 금융기관에 매년 퇴직금 해당금액을 적립하여 근로자가 퇴직할 때 연금 또는 일시금으로 지급받아 노후설계가 가능한 제도이다.

① 퇴직금 수령할 수 있도록 근로자 보호 강화

종 류	확정기여형 퇴직연금	확정급여형 퇴직연금
퇴직금 수령 권리 보호	전액 사외적립 되어 근로자의 퇴직금 수령이 보장됨	종전의 퇴직금의 제도보다 근로자가 퇴직금 수령할 수 있도록 개선

② 안정적인 노후생활자금 보장

직장이동에 따른 부작용을 최소화하기 위해 직장을 이동하더라도 퇴직금을 은퇴할 때까지 관리하고 운용할 수 있도록 개인퇴직계좌*를 마련하여 직장을 이동할 때마다 퇴직금을 써버리지 말고 세금혜택을 받아 가면서 개인퇴직계좌에 적립하였다가 55세 이후에 연금 또는 일시금으로 수령 가능

* 개인퇴직계좌
  개인퇴직계좌에 퇴직금을 불입하면 퇴직소득세를 내지 않으며, 55세 이후 실제 연금 등을 수령할 때 연금소득세 등을 부담하는 과세이연 장치를 말한다.

③ 세금절약 혜택

확정기여형 퇴직연금의 경우 근로자가 추가로 납부하는 납입금에 대해서 연금저축과 합산하여 300만원까지 소득공제 가능

다. 관련 연금 비교 분석

구 분	목 적	특 징
국민연금	기초생활 보장	-소득이 있는 의무적으로 가입 -국가에서 운영
퇴직연금	안정적인 생활	-근로소득이 있는 경우 가입 -회사나 근로자가 자산운영
개인연금저축 및 연금저축	여유 있는 생활	-개인이 자유롭게 선택하여 가입 -금융기관에서 운영

라. 퇴직연금의 종류

구 분	확정기여형	확정급여형
운영방식	퇴직연금 적립금의 운용방식을 근로자 개개인의 선호를 반영하여 결정	퇴직연금 적립금의 운용방식을 사용자가 결정
퇴직급여	사용자가 매년 납부한 퇴직부담금에 운영수익을 더하여 결정	퇴직 전 평균임금에 근로 연수를 곱하여 결정
근로자 부담	가능	불가능

마. 퇴직연금 과세방법

구 분	연금으로 수령하는 경우	일시금으로 수령하는 경우
과세방법	연금소득으로 과세	퇴직소득으로 과세

〈일시금으로 수령하는 경우 퇴직소득으로 과세되는 금액 계산방법〉

$$총 수령액 \times \left[1 - \frac{근로자가\ 실제\ 소득공제\ 받은\ 금액을\ 초과하여\ 불입한\ 금액의\ 누계액}{지급개시일\ 현재의\ 원리금\ 합계액} \right]$$

바. 과세이연 방법

거주자가 퇴직으로 인하여 지급받는 퇴직급여액(명예퇴직수당과 단체퇴직 보험금을 포함한다)의 100분의 80에 해당하는 금액 이상을 퇴직한 날부터 60 일 이내에 「근로자퇴직급여 보장법」에 따른 확정기여형 퇴직연금 또는 개인퇴 직계좌로 이체 또는 입금하는 경우 당해 퇴직급여액은 실제로 지급받기 전까 지 퇴직소득으로 보지 아니한다.

3

퇴직소득에 따른 세금계산

퇴직급여액

− 퇴직급여의 45%

− 근속연수에 따른 공제

근속 연수	공제금액
5년 이하	30만원×근속 연수
5년 초과 10년 이하	150만원+50만원×(근속 연수−5년)
10년 초과 20년 이하	400만원+80만원×(근속 연수−10년)
20년 초과	1,200만원+120만원×(근속 연수−20년)

= 퇴직소득 과세표준

÷ 근속연수

= 연평균 퇴직소득 과세표준

× 기본세율

과세표준		세율		(누진공제액)
1,200만원 이하	×	6%	−	−
1,200만원~4,600만원 이하	×	15%	−	108만원
4,600만원~8,800만원 이하	×	24%	−	522만원
8,800만원 초과	×	35%	−	1,490만원

= 연평균 산출세액

× 근속연수

= 퇴직소득 산출세액

〈사례〉

20년간 근무하고 퇴직금을 1억 5천만원 수령한 경우 퇴직소득세액은 423만원이다.

퇴직급여액		150,000,000원
− 퇴직급여의 45%	−	67,500,000원
− 근속연수에 따른 공제	−	12,000,000원 * 400만원+80만원×(20년−10년)
= 퇴직소득 과세표준	=	70,500,000원
÷ 근속연수	÷	20년
= 연평균 퇴직소득 과세표준	=	3,525,000원
× 기본세율	×	6%
= 연평균 산출세액	=	211,500원
× 근속연수	×	20년
= 퇴직소득 산출세액	=	4,230,000원

부록

1. 금융실명거래 및 비밀보장에 관한 법률 제2조 제1호에서 규정하는 주요 금융기관

가. 한국은행·한국산업은행·한국수출입은행·중소기업은행 및 「은행법」에 따른 은행

나. 장기신용은행법에 의한 장기신용은행

다. 자본시장과 금융투자업에 관한 법률」에 따른 투자매매업자·투자중개 업자·집합투자업자·신탁업자·증권금융회사·종합금융회사 및 명의개 서대행회사

라. 상호저축은행법에 의한 상호저축은행과 그 중앙회

마. 농업협동조합법에 의한 농업협동조합과 그 중앙회

바. 수산업협동조합법에 의한 수산업협동조합과 그 중앙회

사. 축산업협동조합법에 의한 축산업협동조합과 그 중앙회

아. 인삼협동조합법에 의한 인삼협동조합과 그 중앙회

자. 신용협동조합법에 의한 신용협동조합과 그 중앙회

차. 새마을금고법에 의한 금고와 그 연합회

카. 보험업법에 의한 보험사업자

타. 우체국예금·보험에관한법률에 의한 체신관서

2. 주택임차차입금 대출기관

가. 한국은행·한국산업은행·한국수출입은행·중소기업은행 및 「은행법」에
　　 따른 은행

나. 「상호저축은행법」에 따른 상호저축은행과 그 중앙회

다. 「농업협동조합법」에 따른 농업협동조합과 그 중앙회

라. 「수산업협동조합법」에 따른 수산업협동조합과 그 중앙회

마. 「신용협동조합법」에 따른 신용협동조합과 그 중앙회

바. 「새마을금고법」에 따른 금고와 그 연합회

사. 「보험업법」에 따른 보험회사

아. 「우체국예금·보험에 관한 법률」에 따른 체신관서

자. 「주택법」에 따른 국민주택기금

차. 「한국주택금융공사법」에 따른 한국주택금융공사

카. 「여신전문금융업법」에 따른 여신전문금융회사

3. 2009년~2010년 귀속 근로소득자의 연말정산 세액 계산 비교

구 분	2010년 귀속		2009년 귀속	
연간 근로소득	근로를 제공하고 받는 대가(비과세 소득 포함, 일용근로소득 제외)			
비과세소득	실비변상적 소득, 국외근로소득 등			
총급여액	연간 근로소득－비과세소득			
근로소득공제	총급여액	공제액	총급여액	공제액
	500만원 이하	80%	500만원 이하	80%
	500만원 초과 1,500만원 이하	400만원+500만원 초과금액의 50%	500만원 초과 1,500만원 이하	400만원+500만원 초과금액의 50%
	1,500만원 초과 3,000만원 이하	900만원+1,500만원 초과금액의 15%	1,500만원 초과 3,000만원 이하	900만원+1,500만원 초과금액의 15%
	3,000만원 초과 4,500만원 이하	1,125만원+3,000만원 초과금액의 10%	3,000만원 초과 4,500만원 이하	1,125만원+3,000만원 초과금액의 10%
	4,500만원 초과	1,275만원+4,500만원 초과금액의 5%	4,500만원 초과	1,275만원+4,500만원 초과금액의 5%

		1인당 150만원 (장애인의 나이제한 없음)						1인당 150만원 (장애인의 나이제한 없음)					
인적공제	기본공제	부양가족	직계존속	직계비속	형제자매	위탁아동	수급자	부양가족	직계존속	직계비속	형제자매	위탁아동	수급자
		나이요건	60세 이상	20세 이하	20세 이하 60세 이상	18세 미만	제한 없음	나이요건	60세 이상	20세 이하	20세 이하 60세 이상	18세 미만	제한 없음
	추가공제	요건	경로우대 (70세 이상)	장애인 (소득세법)	자녀양육비 (6세 이하)	여성근로자 (부양/기혼)	출생입양	나이요건	60세 이상	20세 이하	20세 이하 60세 이상	18세 미만	제한 없음

구 분		2010년 귀속						2009년 귀속					
	추가공제	공제금액	100만원	200만원	100만원	50만원	200만원	공제금액	100만원	200만원	100만원	50만원	200만원
인적공제	다자녀 추가공제	−기본공제 자녀 2안: 연 50만원 −기본공제 자녀 3명 이상: 연 50만원+2명 초과인원×100만원						−기본공제 자녀 2안: 연 50만원 −기본공제 자녀 3명 이상: 연 50만원+2명 초과인원×100만원					
연금보험료	국민연금	근로자가 부담하는 연금보험료(전액공제)											
	직역연금	공무원 연금법 등 직역연금에 근로자가 부담하는 기여금 또는 부담금(전액공제)											
	퇴직연금	근로자퇴직급여 보장법 또는 과학기술인공제회법에 따라 근로자가 부담하는 부담금으로 연금소득공제와 합하여 연 300만원 한도											
특별공제 (보험료)	국민건강	전액공제						전액공제					
	고용보험	전액공제						전액공제					
	노인장기	전액공제						전액공제					
	보장성	연 100만원 한도						연 100만원 한도					
	장애인 전용	연 100만원 한도						연 100만원 한도					
특별공제	의료비 공제문턱	총 급여의 3%						총 급여액의 3%의료비					
	본인 등	공제한도 없음 (본인, 만 65세 이상, 장애인)						공제한도 없음 (본인, 만 65세 이상, 장애인)					
	그 외	공제한도: 연 700만원						공제한도: 연 700만원					
	교육비 취학전아동	1인당 연 300만원						1인당 연 300만원					
	초·중·고	1인당 연 300만원						1인당 연 300만원					
	대학생	1인당 연 900만원						1인당 연 900만원					
	본인	전액 공제						전액 공제					
	장애인 재활	전액 공제						전액 공제					
	주택자금 임차차입금	임차차입금 원리금×40%			주택마련저축공제와 합하여 연 300만원			임차차입금 원리금×40%			주택마련저축공제와 합하여 연 300만원		
	월세액	(신설) 월세액×40% * 총 급여액 3천만원 이히 부양가족						해당 없음(2010년 신설)					
	장기주택저당차입금	−이사상환액 공세 −주택자금 + 주택마련저축공제≤1,000만원 (단 상환기간 30년 이상인 1,500만원 한도)						−이자상환엑 공제 −주택자금 + 주택마련저축공제≤1,000만원 (단 상환기간 30년 이상인 1,500만원 한도)					

구 분			2010년 귀속		2009년 귀속
		구분	공제한도	이월기간	공제한도
특별공제	기부금	① 정치자금	근로소득금액	없음	근로소득금액
		② 법정	근로소득금액	1년	근로소득금액
		③ 특례	(근로소득금액-①-②)×50%	2년	(근로소득금액-①-②)×50%
		④ 우리사주	(근로소득금액-①-②-③)×30%	없음	(근로소득금액-①-②-③)×30%
		⑤ 지정	(근로소득금액-①-②-③-④)×20% (종교단체 10%)	5년	(근로소득금액-①-②-③-④)×15% (종교단체 10%)
	표준공제		특별공제를 신청하지 아니하거나 특별공제 신청금액이 100만원 미만인 경우 100만원 공제		
그 밖의 소득공제	개인연금		2000.12.31 이전 가입 공제금액 min(연간 납입액×40%, 연 72만원)		2000.12.31 이전 가입 공제금액 min(연간 납입액×40%, 연 72만원)
	연금저축		2001.1.1 이후 가입 공제금액 min (연간 납입액, 연 300만원) 퇴직연금 소득공제금액과 합하여 연 300만원을 초과할 수 없음		2001.1.1 이후 가입 공제금액 min (연간 납입액, 연 300만원) 퇴직연금 소득공제금액과 합하여 연 300만원을 초과할 수 없음
	소기업·소상공인		공제금액 min (연 300만원, 연간 납입액)		공제금액 min (연 300만원, 연간 납입액)
	주택마련		(저축) 장기주택마련, 청약저축, 주택청약종합저축 (공제금액) 저축 납입액의 40% 공제 (공제한도) 월세액공제+주택임차차입금원리금상환액공제+ 주택마련저축공제≤300만원 * 장기주택마련저축의 경우 2009.12.31 이전 가입분에 대해 2010년 귀속 총 급여 8,800만원 이하인 경우에만 공제가능		(저축) 장기주택마련, 청약저축, 주택청약종합저축 (공제금액) 저축 납입액의 40% 공제 (공제한도) 주택임차차입금원리금상환액공제+주택마련저축공제≤300만원 * 장기주택마련 저축 공제시 총 급여액 제한 없음
	중소기업 창업투자		(공제금액) 출자 투자액의 10% (공제한도) 종합소득금액의 30%. 다만, 2008년 이전 투자분은 종합소득금액의 50%		(공제금액) 출자 투자액의 10% (공제한도) 종합소득금액의 30%. 다만, 2008년 이전 투자분은 종합소득금액의 50%
	신용카드		(공제문턱) 총 급여액의 25% (공제비율) 공제문턱 초과금액 중 직불카드의 경우 25%, 그 외(신용카드 등) 20% (공제한도) min(총 급여액의 20%, 300만원)		(공제문턱) 총 급여액의 20% (공제비율) 공제문턱 초과금액의 20% (공제한도) min(총 급여액의 20%, 500만원)

구 분		2010년 귀속				2009년 귀속			
그 밖 의 소 득 공 제	우리사주	min(출연금액, 연 400만원)				min(출연금액, 연 400만원)			
	장기주식형	(불입금액) 분기당 300만원				(불입금액) 분기당 300만원			
		구분	1년차	2년차	3년차	구분	1년차	2년차	3년차
		공제 비율	20%	10%	5%	공제 비율	20%	10%	5%
	고용유지	min(1,000만원, 임금삭감액의 50%)				〈신설〉 min(1,000만원, 임금삭감액의 50%)			
과세표준		근로소득금액－인적공제－연금보험료공제－특별공제－그 밖의 소득공제							
기본세율		과세표준 구간		기본세율		과세표준		기본세율	
		1,200만원 이하		6%		1,200만원 이하		6%	
		1,200만원 초과 4,600만원 이하		15%		1,200만원 초과 4,600만원 이하		16%	
		4,600만원 초과 8,800만원 이하		24%		4,600만원 초과 8,800만원 이하		25%	
		8,800만원 초과		35%		8,800만원 초과		35%	
산출세액		과세표준 구간에 해당되는 기본세율을 적용				과세표준구간에 해당되는 기본세율을 적용			
세 액 공 제 및 감 면	근로소득 세액공제	산출세액 50만원 이하: 산출세액×55% 산출세액 50만원 초과: 275,000원+50만원 초과 산출세액의 30% (공제한도 50만원)				산출세액 50만원 이하: 산출세액×55% 산출세액 50만원 초과: 275,000원+50만원 초과 산출세액의 30% (공제한도 50만원)			
	정치자금기부금 세액공제	10만원 이하 기부금액의 100/110				10만원 이하 기부금액의 100/110			
	납세조합공제	납세조합에 의하여 원천징수된 근로소득에 대해 종합소득 산출세액의 10%							
	주택차입금이자 세액공제	구 조감법에 의해 주택자금차입금에 대해 해당 연도 이자상환액의 30%							
	외국납부세액 공제	거주자의 외국소득세액을 해당 연도의 종합소득산출세액에서 공제							
결정세액		산출세액－세액공제－세액감면							
기납부세액		주(현)근무지의 기납부세액＋종(전)근무지의 결정세액							
차감징수세액		결정세액－기납부세액 * 결정세액 〉 기납부세액: 차액을 납부 결정세액 〈 기납부세액: 차액을 환급							

4. 2007년~2008년 귀속 근로소득자의 연말정산 세액 계산 비교

구 분		2008년 귀속		2007년 귀속	
연간 근로소득		근로를 제공하고 받는 대가(비과세 소득 포함, 일용근로소득 제외)			
비과세소득		실비변상적 소득, 국외근로소득 등			
총 급여액		연간 근로소득−비과세소득			
근로소득공제		**총 급여액** / **공제액**		**총 급여액** / **공제액**	
		500만원 이하 / 100%		500만원 이하 / 100%	
		500만원 초과 1,500만원 이하 / 500만원+500만원 초과금액의 50%		500만원 초과 1,500만원 이하 / 500만원+500만원 초과금액의 50%	
		1,500만원 초과 3,000만원 이하 / 1,000만원+1,500만원 초과금액의 15%		1,500만원 초과 3,000만원 이하 / 1,000만원+1,500만원 초과금액의 15%	
		3,000만원 초과 4,500만원 이하 / 1,225만원+3,000만원 초과금액의 10%		3,000만원 초과 4,500만원 이하 / 1,225만원+3,000만원 초과금액의 10%	
		4,500만원 초과 / 1,375만원+4,500만원 초과금액의 5%		4,500만원 초과 / 1,375만원+4,500만원 초과금액의 5%	

인적공제

기본공제

1인당 100만원 (장애인의 나이제한 없음)

	부양가족	직계존속	직계비속	형제자매	수급자
2008년 귀속	나이요건	60세 이상(여 55세이상)	20세 이하	20세이하 60(여 55)세이상	제한없음
2007년 귀속	나이요건	60세 이상(여55세이상)	20세 이하	20세이하 60(여55)세이상	제한없음

추가공제

	요건	경로우대(70세이상)(65세이상)	장애인(소득세법)	자녀양육비(6세이하)	여성근로자(부양/기혼)	출생·입양
2008년 귀속	공제금액	150만원 / 100만원	200만원	100만원	50만원	200만원
2007년 귀속	공제금액	150만원 / 100만원	200만원	100만원	50만원	

다자녀 추가공제

2008년 귀속
- 기본공제 자녀 2인: 연 50만원
- 기본공제 자녀 3명 이상: 연 50만원+2명 초과인원×100만원

2007년 귀속
(신설) 소수공제자 추가공제는 폐지
- 기본공제 자녀 2인: 연 50만원
- 기본공제 자녀 3명 이상: 연 50만원+2명 초과인원×100만원

구 분			2008년 귀속	2007년 귀속
연금 보험료		국민연금	근로자가 부담하는 연금보험료(전액공제)	
		직역연금	공무원 연금법 등 직역연금에 근로자가 부담하는 기여금 또는 부담금(전액공제)	
		퇴직연금	근로자퇴직급여 보장법 또는 과학기술인공제회법에 따라 근로자가 부담하는 부담금으로 연금소득공제와 합하여 연 300만원 한도 * 2007년 귀속의 경우 퇴직연금은 그 밖의 소득공제에 포함되었으며 과학기술인공제회는 2008년부터 추가	
특별 공제	보 험 료	국민건강	전액공제	전액공제
		고용보험	전액공제	전액공제
		노인장기	전액공제(신설)	해당 없음(2008년 신설)
		보장성	연 100만원 한도	연 100만원 한도
		장애인전용	연 100만원 한도	연 100만원 한도
	의 료 비	공제문턱	총 급여의 3%	총 급여액의 3%
		본인 등	공제한도 없음(본인, 만 65세 이상, 장애인)	공제한도 없음(본인, 만 65세 이상, 장애인)
		그 외	공제한도: 연 500만원	공제한도: 연 500만원
	교 육 비	취학전아동	1인당 연 200만원	1인당 연 200만원
		초·중·고	1인당 연 200만원	1인당 연 200만원
		대학생	1인당 연 700만원	1인당 연 700만원
		본인	전액 공제	전액 공제
		장애인재활	전액 공제	전액 공제
	주 택 자 금	임차차입금	임차차입금 원리금×40%	주택마련저축공제와 연 300만원	임차차입금 원리금×40%	주택마련저축공제와 연 300만원
		월세액	해당 없음(2010년 신설)		해당 없음(2010년 신설)	
		주택마련	(저축)장기주택마련, 청약저축 등 (공제금액)저축 납입액의 40% 공제 (공제한도)주택임차차입금원리금상환액공제+ 주택마련저축공제≤300만원	(저축)장기주택마련, 청약저축 등 (공제금액)저축 납입액의 40% 공제 (공제한도) 주택임차차입금원리금상환액공제+ 주택마련저축공제≤300만원
		장기주택저당 차입금	-이자상환액 공제 -임차차입금+이자상환액+주택마련저축≤ 1,000만원	-이자상환액 공제 -임차차입금+이자상황액+주택마련저축≤ 1,000만원
	기 부 금	구분	공제한도	공제한도
		①정치자금	근로소득금액	근로소득금액
		②법정	근로소득금액	근로소득금액
		③특례	(근로소득금액-①-②)×50%	(근로소득금액-①-②)×50%

구 분			2008년 귀속	2007년 귀속
특별공제	기부금	④우리사주	(근로소득금액-①-②-③)×30%	(근로소득금액-①-②-③)×30%
		⑤지정	(근로소득금액-①-②-③-④)× 15% (종교단체 10%)	(근로소득금액-①-②-③-④)× 10%
	혼인·장례		총 급여액의 2,500만원 이하인 근로자에 대해 기본공제대상자의 혼인·장례 등에 대해 해당 사유당 100만원 공제	
	표준공제		특별공제를 신청하지 아니하거나 특별공제 신청금액이 100만원 미만인 경우 100만원 공제	
그 밖의 소득공제	개인연금		2000.12.31 이전 가입 공제금액 min(연간 납입액×40%, 연 72만원)	2000.12.31 이전 가입 공제금액 min(연간 납입액×40%, 연 72만원)
	연금저축		2001.1.1 이후 가입 공제금액 min(연간 납입액, 연 300 만원) 퇴직연금 소득공제금액과 합하여 연 300만원을 초과할 수 없음	2001.1.1 이후 가입 공제금액 min(연간 납입액, 연 300 만원) 퇴직연금 소득공제금액과 합하여 연 300만원을 초과할 수 없음
	소기업· 소상공인		공제금액 min(연 300만원, 연간 납 입액)	공제금액 min(연 300만원, 연간 납 입액) *2007년 9월 1일 신설
	중소기업 창업투자		(공제금액) 출자 투자금액의 10% (2001년~2006년 투자분 15%) (공제한도) 종합소득금액의 50%	(공제금액) 출자 투자금액의 10% (2001년~2006년 투자분 15%) (공제한도) 종합소득금액의 50%
	신용카드		(공제문턱) 총 급여액의 20% (공제비율) 공제문턱 초과금액의 경 우 20% (공제한도) min(총 급여액의 20%, 500만원) * 의료비를 신용카드로 지출한 경우 의료비와 신용카드 공제 모두 가능	(공제문턱) 총 급여액의 15% (공제비율) 공제문턱 초과금액의 15% (공제한도) min(총 급여액의 20%, 500만원) * 신용카드 사용금액에서 의료비중 복공제 배제
	우리사주		min(출연금액, 연 400만원)	min(출연금액, 연 400만원)
	장기주식형		〈신설〉 (불입금액) 분기당 300만원	해당 없음(2008년 신설)
	고용유지		해당 없음(2009년 신설)	해당 없음(2009년 신설)
과세표준			근로소득금액-인적공제-연금보험료공제-특별공제-그 밖의 소득공제	

장기주식형 (2008년 귀속):

구분	1년차	2년차	3년차
공제 비율	20%	10%	5%

구 분		2008년 귀속		2007년 귀속	
기본세율		과세표준 구간	기본세율	과세표준	기본세율
		1,200만원 이하	8%	1,000만원 이하	8%
		1,200만원 초과 4,600만원 이하	17%	1,000만원 초과 4,000만원 이하	17%
		4,600만원 초과 8,800만원 이하	26%	4,000만원 초과 8,000만원 이하	26%
		8,800만원 초과	35%	8,000만원 초과	35%
산출세액		과세표준 구간에 해당되는 기본세율을 적용		과세표준구간에 해당되는 기본세율을 적용	
세액공제 및 감면	근로소득 세액공제	산출세액 50만원 이하: 산출세액×55% 산출세액 50만원 초과: 275,000원 +50만원 초과 산출세액의 30% (공제한도 50만원)		산출세액 50만원 이하: 산출세액×55% 산출세액 50만원 초과: 275,000원 +50만원 초과 산출세액의 30% (공제한도 50만원)	
	정치자금기부금 세액공제	10만원 이하 기부금액의 100/110		10만원 이하 기부금액의 100/110	
	납세조합공제	납세조합에 의하여 원천징수된 근로소득에 대해 종합소득 산출세액의 10%			
	주택차입금이자 세액공제	구 조감법에 의해 주택자금차입금에 대해 해당 연도 이자상환액의 30%			
	외국납부 세액공제	거주자의 외국소득세액을 해당 연도의 종합소득산출세액에서 공제			
결정세액		산출세액−세액공제−세액감면			
기납부세액		주(현)근무지의 기납부세액+종(전)근무지의 결정세액			
차감징수세액		결정세액−기납부세액 * 결정세액 > 기납부세액: 차액을 납부 결정세액 < 기납부세액: 차액을 환급			

5. 2005년~2006년 귀속 근로소득자의 연말정산 세액 계산 비교

구 분		2006년 귀속		2005년 귀속	
연간 근로소득		근로를 제공하고 받는 대가(비과세 소득 포함, 일용근로소득 제외)			
비과세소득		실비변상적 소득, 국외근로소득 등			
총 급여액		연간 근로소득−비과세소득			
근로소득공제		총 급여액	공제액	총 급여액	공제액
		500만원 이하	100%	500만원 이하	100%
		500만원 초과 1,500만원 이하	500만원+500만원 초과금액의 50%	500만원 초과 1,500만원 이하	500만원+500만원 초과금액의 50%
		1,500만원 초과 3,000만원 이하	1,000만원+1,500만원 초과금액의 15%	1,500만원 초과 3,000만원 이하	1,000만원+1,500만원 초과금액의 15%
		3,000만원 초과 4,500만원 이하	1,225만원+3,000만원 초과금액의 10%	3,000만원 초과 4,500만원 이하	1,225만원+3,000만원 초과금액의 10%
		4,500만원 초과	1,375만원+4,500만원 초과금액의 5%	4,500만원 초과	1,375만원+4,500만원 초과금액의 5%

인적공제	기본공제	1인당 100만원 (장애인의 나이제한 없음)					1인당 100만원(장애인의 나이제한 없음)				
		부양가족	직계존속	직계비속	형제자매	수급자	부양가족	직계존속	직계비속	형제자매	수급자
		나이요건	60세이상 (여 55세이상)	20세 이하	20세이하 60(여 55)세이상	제한 없음	나이요건	60세이상 (여55세이상)	20세 이하	20세이하 60(여55)세이상	제한없음
	추가공제	요건	경로우대 (70세이상) (65세이상)	장애인 (소득세법)	자녀양육비 (6세이하)	여성근로자 (부양/기혼)	요건	경로우대 (70세이상) (65세이상)	장애인 (소득세법)	자녀양육비 (6세이하)	여성근로자 (부양/기혼)
		공제금액	150만원 100만원	200만원	100만원	50만원	공제금액	150만원 100만원	200만원	100만원	50만원
	소수공제자 추가공제	−기본공제대상자가 1인당의 경우 연 100만원 −2인의 경우 연 50만원					−기본공제대상자가 1인당의 경우 연 100만원 −2인의 경우 연 50만원				

구 분		2008년 귀속	2007년 귀속
연금 보험료	국민연금	근로자가 부담하는 연금보험료(전액공제)	
	직역연금	공무원 연금법 등 직역연금에 근로자가 부담하는 기여금 또는 부담금(전 액공제)	
특별 공제	보 험 료	국민건강	전액공제	전액공제
		고용보험	전액공제	전액공제
		노인장기	전액공제(신설)	해당 없음(2008년 신설)
		보장성	연 100만원 한도	연 100만원 한도
		장애인전용	연 100만원 한도	연 100만원 한도
	의 료 비	공제문턱	총 급여의 3%	총 급여액의 3%
		본인 등	공제한도 없음(본인, 만 65세 이상, 장애인)	공제한도 없음(본인, 만 65세 이상, 장애인)
		그 외	공제한도: 연 500만원	공제한도: 연 500만원
	교 육 비	취학전아동	1인당 연 200만원	1인당 연 200만원
		초·중·고	1인당 연 200만원	1인당 연 200만원
		대학생	1인당 연 700만원	1인당 연 700만원
		본인	전액 공제	전액 공제
		장애인재활	전액 공제	전액 공제
	주 택 자 금	임차차입금	임차차입금 원리금× 40%	임차차입금 원리금× 40%
		취득차입금	(폐지)	주택취득차입금 원리 금상환액×40%
		월세액	없음(2010년 신설)	없음(2010년 신설)
		주택마련	(저축)장기주택마련, 청약저축 등 (공제금액)저축 납입 액의 40% 공제	(저축)장기주택마련, 청약저축 등 (공제금액)저축 납입 액의 40% 공제
		장기주택저당 차입금	-이자상환액 공제 -임차차입금+주택마련저축+이자 상환액≤1,000만원	-이자상환액 공제 -임차차입금+취득차입금+주택마 련저축+이자상환액≤1,000만원
	기 부 금	구분	공제한도	공제한도
		①정치자금	근로소득금액	근로소득금액
		②법정	근로소득금액	근로소득금액
		③특례	(근로소득금액-①-②)×50%	(근로소득금액-①-②)×50%
		④우리사주	(근로소득금액-①-②-③)×30%	(근로소득금액-①-②-③)×30%
		⑤지정	(근로소득금액-①-②-③-④)× 10%	(근로소득금액-①-②-③-④)× 10%

(주택자금 행의 "연 300만원"은 2008년·2007년 귀속 각각에 적용됨)

구 분		2008년 귀속	2007년 귀속
	혼인·장례	총 급여액의 2,500만원 이하인 근로자에 대해 기본공제대상자의 혼인·장례 등에 대해 해당 사유당 100만원 공제	
	표준공제	특별공제를 신청하지 아니하거나 특별공제 신청금액이 100만원 미만인 경우 100만원 공제	
그 밖의 소득공제	개인연금	2000.12.31 이전 가입 공제금액 min(연간 납입액×40%, 연 72만원)	2000.12.31 이전 가입 공제금액 min(연간 납입액×40%, 연 72만원)
	연금저축	2001.1.1 이후 가입 공제금액 min(연간 납입액, 연 300만원) 퇴직연금 소득공제금액과 합하여 연 300만원을 초과할 수 없음	2001.1.1 이후 가입 공제금액 min(연간 납입액, 연 240만원) 퇴직연금 소득공제금액과 합하여 연 300만원을 초과할 수 없음
	퇴직연금 소득공제	근로자퇴직급여 보장법에 따라 근로자가 부담하는 부담금으로 연금 소득공제와 합하여 연 300만원 한도 적용	근로자퇴직급여 보장법에 따라 근로자가 부담하는 부담금으로 연금 소득공제와 합하여 연 300만원 한도 적용
	소기업·소상공인	해당 없음(2008년 신설)	해당 없음(2008년 신설)
	중소기업 창업투자	(공제금액)출자 투자금액의 15% (공제한도)종합소득금액의 50%	(공제금액)출자 투자금액의 15% (공제한도)종합소득금액의 50%
	신용카드	(공제문턱)총 급여액의 15% (공제비율)공제문턱 초과금액의 경우 15% (공제한도)min(총 급여액의 20%, 500만원) * 의료비를 신용카드로 지출한 경우 의료비와 신용카드 공제 모두 가능	(공제문턱)총 급여액의 15% (공제비율)공제문턱 초과금액의 20% (공제한도)min(총 급여액의 20%, 500만원)
	우리사주	min(출연금액, 연 400만원)	min(출연금액, 연 400만원)
	장기주식형	해당 없음(2008년 신설)	해당 없음(2008년 신설)
	고용유지	해당 없음(2009년 신설)	해당 없음(2009년 신설)
과세표준		근로소득금액-인적공제-연금보험료공제-특별공제-그 밖의 소득공제	
기본세율		과세표준 구간 / 기본세율	과세표준 / 기본세율
		1,000만원 이하 / 8%	1,000만원 이하 / 8%
		1,000만원 초과 4,000만원 이하 / 17%	1,000만원 초과 4,000만원 이하 / 17%
		4,000만원 초과 8,000만원 이하 / 26%	4,000만원 초과 8,000만원 이하 / 26%
		8,000만원 초과 / 35%	8,000만원 초과 / 35%
산출세액		과세표준 구간에 해당되는 기본세율을 적용	과세표준구간에 해당되는 기본세율을 적용

구 분		2008년 귀속	2007년 귀속
세액공제및감면	근로소득 세액공제	산출세액 50만원 이하: 산출세액× 55% 산출세액 50만원 초과: 275,000원＋ 50만원 초과 산출세액의 30% (공제 한도 50만원)	산출세액 50만원 이하: 산출세액× 55% 산출세액 50만원 초과: 275,000원＋ 50만원 초과 산출세액의 30% (공제 한도 50만원)
	정치자금기부금 세액공제	10만원 이하 기부금액의 100/100	10만원 이하 기부금액의 100/100
	납세조합공제	납세조합에 의하여 원천징수된 근로소득에 대해 종합소득 산출세액의 10%	
	주택차입금이자 세액공제	구 조감법에 의해 주택자금차입금에 대해 해당 연도 이자상환액의 30%	
	외국납부 세액공제	거주자의 외국소득세액을 해당 연도의 종합소득산출세액에서 공제	
결정세액		산출세액－세액공제－세액감면	
기납부세액		주(현)근무지의 기납부세액＋종(전)근무지의 결정세액	
차감징수세액		결정세액－기납부세액 ＊ 결정세액＞기납부세액: 차액을 납부 결정세액＜기납부세액: 차액을 환급	

6. 2010년 세제개편(안) 주요 내용

기획재정부, 2010년 8월 23일 발표자료 요약

□ 세제개편(안) 추진방향

```
┌──────────────────────────────────┐
│          2010년 세제개편 기조          │
└──────────────────────────────────┘
```

◆ 일자리 창출을 지원하기 위해 고용친화적 세제를 구축

◆ 경제회복의 성과가 취약계층 전반에 확산될 수 있도록 서민 중산층에 대한 지원을 지속 추진

◆ 재정건전성 제고를 위해 불요 불급한 비과세 감면 정비, 세원투명성 제고 등을 통한 세입기반 확대 추진

비전	지속 가능 성장을 위한 조세체계 구축 (활력 있는 경제ㆍ건전한 재정)

4대 기본 방향	일자리 창출 지원	서민생활 안정	지속성장 지원	재정건전성 제고
추진 전략	• 고용친화적 세 제 구축 • 고용유발효과 가 큰 업종 지 원 강화 • 취약계층 고용 인센티브 강화	• 저소득 근로자 지원 • 농어민 등 취 약계층 지원 • 중소상공인 및 중소기업 지원 • 기부문화 활성 화	• 신성장동력 확 충 지원 • 기업 경쟁력 강화 • 국제회계기준 도입 관련 보 완 • 저출산ㆍ고령 화 대응	• 과표 양성화 • 비과세ㆍ감면 축소 • 신규세원 발굴

□ 주요 세제 개편(안) 내용

Ⅰ. 저소득 근로자 지원

(1) 일용근로자 원천징수세율 인하(소득법 §129)

ㅇ 저소득 일용근로자의 근로의욕 고취 및 실질소득 지원을 위해 일용근로자의 원천징수세율 인하(8%→6%)

현행	개정안
□ 일용근로자 근로소득에 대한 원천징수세율 • 원천징수세율: 8%	□ 일용근로자 근로소득에 대한 원천징수세율 인하 • 원천징수세율: 6%

<개정이유> 저소득 일용근로자들에 대한 세제지원
<적용 시기> '11.1.1 이후 발생하는 소득분부터 적용

일용근로자의 정의 및 근로소득세 계산방법
□ 일용근로자의 정의(소득세법 시행령 제20조) • 일당 또는 시급 단위로 급여를 받는 자로서 동일고용주에게 3개월 이상(건설노동자의 경우는 1년) 고용되어 있지 않은 자 □ 일용근로자의 근로소득세 산출방법 • ((일급여액−10만원)×원천징수세율(8%→6%)) 　−근로소득세액공제(산출세액×55%) • 여타 소득과 연단위로 합산하여 과세하지 않고, 일별로 소득세를 원천징수 하고 종결

(2) 근로장학금 소득세 비과세(소득법 §12)

ㅇ 대학생이 받는 근로장학금에 대해 소득세를 비과세하여 근로장학금 수령으로 인해 기
초생활수급권자에서 제외되는 문제 해소

현행	개정안
〈신설〉	□ 비과세 근로소득의 범위에 근로장학금 포함

〈개정이유〉 근로장학금을 받은 대학생이 기초생활수급권자 자격을 유지할 수 있도록 지원
〈적용 시기〉 '11.1.1 이후 발생하는 소득분부터 적용

① 근로장학금 제도 개요 및 지원 현황

□ 근로장학금 제도 개요
• (법적근거)대학 근로장학제도 운영규정(교육과학기술부 훈령)
• (개념)기초생활수급자 등 경제적 사정이 곤란한 대학생을 선정하여 학교 내의 장소에서 근
로를 제공하게 하고 근로장학금을 지급
• (지급액)시간급 근로자의 최저임금 수준 이상으로 하되, 실제 근무한 시간에 시간당 금액
을 곱한 금액을 지급(월 30~50만원 지급)
• (근로시간)주당 20시간 이내(방학기간 중에는 주당 40시간 이내)

② 근로장학금을 비과세하는 취지

□ 대학에서 근로를 제공하고 받는 근로장학금 비과세 이유
• 일반적으로 대학생이 받는 장학금에 대해서는 소득세가 과세되지 않으나 대학생이 학교
도서관 등에서 일을 하고 대학으로부터 받는 근로장학금은 「소득세법」상 근로소득에 해당
함에 따라
– 근로장학금을 받은 대학생이 기초생활수급자인 경우에는 「국민기초생활보장법」상 소득
인정액*이 증가하여 기초생활수급자에서 제외되는 문제 발생
* 근로의 제공으로 얻는 근로소득 포함, 「소득세법」에 따라 비과세되는 근로소득은 제외

⇒ 근로장학금을 「소득세법」상 비과세소득에 포함시켜 근로장학생이 기초생활수급자에서
제외되는 문제를 해결

II. 기부문화 활성화

□ 기부금 제도 간소화 및 지원 확대

기부금단체별 기부금 소득공제한도를 간소화(3단계→2단계)하고, 기부금단체 간 구분 기준을 명확히 규정하여 형평성 제고

기부문화 활성화를 위해 지정기부금의 소득공제 한도를 확대
-개인 기부금: 현행 20%→30%로 확대
-법인 기부금: 현행 5%→10%로 확대

① 기부금 구분체계 간소화(조특법 §73, 법인법 §24②, 소득법 §34②)

현행	개정안
□ 기부금 구분 • 법정기부금: 소득금액의 50%(개인 100%) 한도 손비 인정 • 특례기부금: 소득금액의 50% 한도 손비 인정('12년 말 일몰') 　* 대학교 시설비등 기부금은 '10년 말 일몰 • 지정기부금: 소득금액의 5%(개인 20%) 한도 손비 인정	□ 기부금 구분체계 간소화 • (좌동) • (폐지) • (좌동)

〈개정이유〉 기부금 구분 체계 간소화
〈적용 시기〉 '11.7.1 이후 지출하는 기부금부터 적용

② 기부금 구분 공익성 기준 명확화(법인법 §24②, 소득법 §34②)

현행	개정안
▫ 소득금액의 50%(개인 100%) 한도 소득공제(법정기부금 또는 특례기부금) 기부금	▫ 소득금액의 50%(개인 100%) 한도 소득공제(법정기부금) 기부금
• 법정기부금 –국가, 지자체, 국방헌금, 국군장병 위문금품 –천재·지변에 따른 이재민 구호금품 –공공 교육기관에 시설비·교육비·장학금·연구비로 지출하는 기부금 • 특례기부금 –문화예술진흥기금, 사내근로복지기금, 독립기념관, EBS, 한국국제교류재단, 국민신탁법인, 특정연구기관 및 과학기술분야 정부출연연구기관, 사회복지공동모금회, 대학병원 등	• 국가, 지자체, 국방헌금, 국군장병 위문금품 • 천재·지변에 따른 이재민 구호금품 • 공공 교육·의료기관(시설비·교육비·장학금·연구비 한정) • 전문모금기관* * 기부금 모집·배분을 주된 목적으로 하는 비영리법인으로서 대통령령으로 정하는 요건을 갖춘 법인(法) • 「공공기관운영법」上 공공기관(단, 공기업 제외) 및 개별법에 설립근거가 있는 기관으로서 수입 상당부분이 기부금·정부지원금인 법인·단체 * (예시) '기부금＋정부지원액(보조금·출연금등)'이 총 수입의 1/2 이상

<개정이유> 기부금을 구분하는 공익성 기준 명확화

<적용 시기> '11.7.1 이후 지출하는 기부금부터 적용

③ 개인·법인 기부금단체 간 형평성 제고(법인법 §24②, 소득법 §34②, 법인영 §36, 소득영 §80)

현행			개정안	
▫ 개인·법인 기부금 간 기부금 구분 (법정·특례·지정)의 차이			▫ 개인·법인 기부금간 기부금 구분 (법정·지정) 통일	
단체	개인	법인	단체	개인·법인
대한적십자사	법정	지정	대한적십자사	법정 (단, 수입금액 요건 충족 필요)
KAIST	법정	지정	KAIST	
문화예술진흥기금	법정	특례	문화예술진흥기금	
사회복지공동모금회	법정	특례	사회복지공동모금회	법정
공공의료기관 (대학병원, 국립암센터 등)	법정	특례	공공의료기관(대학병원, 국립암센터 등)	법정
사내근로복지기금	–	특례	사내근로복지기금	지정

<개정이유> 기부금을 공익성 기준으로 구분하여 개인·법인 간 통일성 있게 운용

<적용 시기> '11.7.1 이후 지출하는 기부금부터 적용

④ 지정기부금 한도 확대(소득법 §34, 법인법 §24)

현행	개정안
▫ 지정기부금* 기부 시 소득공제·손금산입 한도 　* 학술·종교·복지·문화예술단체 등 일반적 비영리단체에 대한 기부금 　• (개인)소득금액의 20%* 內 　　* 단, 종교단체 기부금은 10% 　• (법인)소득금액의 5% 內	▫ 지정기부금에 대한 소득공제·손금산입 한도 확대 　• (개인)소득금액의 30%* 內 　　* 종교단체 기부금은 현행 유지 　• (법인)소득금액의 10% 內

<개정이유> 세제상 인센티브 확대를 통해 기부 활성화 도모

<적용 시기> '11.1.1 이후 지출하는 기부금부터 적용

⑤ 해외단체의 지정기부금단체 인정(법인령 §36, 소득령 §80)

현행	개정안
〈신설〉	□ 일정요건을 갖춘 비영리 외국법인·단체에 대해 지정기부금단체로 지정 • 요건 　－일반적 시정기부금단체의 지정요건 충족 　－내국인 기부금의 모집·활용실적 제출에 관하여 국세청과 협약(MOU) 체결 • 대상: 해외교민 협력·지원, 한국 홍보, 국제협력 분야 단체 및 국제적으로 공인된 국제기구 • 사후관리: 지정요건 위반 시 지정 취소

<개정이유> 국제화·국가 품격 등을 감안하여 해외 기부 시 소득공제

<적용 시기> '11.1.1 이후 지출하는 기부금부터 적용

⑥ 사회적기업에 대한 기부금 인정범위 확대(법인규칙 §18)

현행	개정안
□ 연계기업*이 비영리 사회적 기업에 기부하는 경우 지정기부금으로 인정 • 법인 소득금액의 5%(개인은 20%)를 한도로 손금산입 허용 * 사회적 기업에 대해 재정지원·경영자문 등 다양한 지원을 하는 기업으로 그 사회적 기업과 인적·물적·법적으로 독립된 자 (사회적 기업 육성법 §2.「4」)	□ 일반법인 및 개인이 비영리 사회적 기업에 기부하는 경우에도 지정기부금으로 인정 • 법인 소득금액의 10%(개인은 30%)를 한도로 손금산입 허용 * 지정기부금 한도가 법인은 10%, 개인은 30%로 각각 확대

<개정이유> 비영리 사회적 기업 육성 지원

<적용 시기> '11.1.1 이후 지출하는 기부금부터 적용

---

① 기부금 세제 개편의 추진 배경 및 주요 내용은?

▫ 그간 기부 활성화를 위해 기부금단체별로 소득공제 한도를 확대하는 과정에서 기부금 구분 체계가 지나치게 복잡해지고 기부금단체 간 불형평성 문제가 발생하였음
  * 기부금 구분 체계가 법정·특례·지정기부금으로 3단계로 구분되어 있으나, 주요 외국은 구분이 없거나 2단계로 구분함이 일반적
  ** 기부금단체의 공익성 정도에 따라 기부금을 구분하고 있으나, 공익성 구분 기준이 불명확하고 동일한 기부금단체에 대해 개인·법인 간 기부금 구분이 서로 달라 단체 간 불형평성 문제 발생

▫ 이에 따라, 기부금 지원 세제를 종합적으로 개선하여 우리 사회의 기부 활성화를 뒷받침하려는 것임
  • 기부금 지원 세제를 간소화·합리화
    – 특례기부금을 폐지하여 법정·지정기부금으로 이원화함으로써 기부금 지원 세제를 간소화
    – 개인·법인 기부금 간, 기부금단체 간 세제지원의 형평성 제고

  • 기부금에 대한 세제지원 확대
    – 개인 및 법인의 지정기부금에 대한 소득공제 한도를 확대(개인은 20%→30%, 법인은 5%→10%)
    – 해외교민 교육·지원, 국제교류협력 등 해외 기부금단체 기부에 대한 세제지원 확대

---

② 소득공제 한도가 높은 법정기부금의 대상기관, 요건 및 선정 절차는?

▫ (대상 기관)법률에서 직접 규정하는 경우(㉠)와 법령상 요건을 충족하는지 여부를 심사·지정하는 경우(㉡)로 구분
  ㉠ 공익성이 큰 국가, 지자체, 공공 교육·의료기관 등*은 법률에서 직접 공공기부금 대상으로 인정
    * 천재·지변에 따른 이재민 구호금품, 국방헌금·국군장병위문금품, 특별재난 지역 내 자원봉사(개인기부 한정)
  ㉡ 전문모금기관* 및 공공기관 등**은 법령(법률 및 시행령)에서 정하는 일정 요건을 충족하는 경우 공공기부금 대상으로 지정
    * 기부금 모집·배분을 주된 목적으로 하는 비영리법인
    ** 「공공기관운영법」上 공공기관(단, 공기업 제외) 및 개별법에 해당 법인·단체에 대한 설립 근거가 있는 기관

□ ⓒ의 경우 지정요건 및 지정절차

• (지정 요건) 시행령에서 구체적 요건을 정할 예정

　＊〈例示〉

　－(전문모금기관으로 인정되는 요건)

　　·기부금 모집·배분 내용을 홈페이지에 공개할 것

　　·외부감사를 받고 결산서 등을 공개할 것

　　·별도의 기부금 계좌를 개설·운영할 것

　　·해당 단체의 운영비로 기부금 수입의 15% 미만을 쓸 것

　－(공공기관 등이 공공기부금 대상이 되기 위한 요건)

　　·교육·의료·학술·연구·장학·자선·사회복지·문화

　　·예술·환경보호를 목적으로 하는 법인일 것

　　·수입의 상당부분이 기부금·정부지원금＊일 것

　＊직전 5년간 평균적으로 '기부금＋정부지원금'이 총 수입금액의 1/2 이상(설립 후 5년 미만은 신청일이 속한 사업연도 이전의 사업연도를 기준으로 함)

• (지정 절차) 해당 단체의 신청→주무관청의 추천→기획재정부장관의 심사 및 지정 절차를 거쳐 법정기부금 대상으로 인정

　＊법령에서 정하는 증빙서류를 갖추어 해당 단체가 주무관청에 신청→주무관청이 기획재정부장관에 추천→기획재정부장관이 심사·지정→공표(법인세법시행규칙 개정)

③ 기존 특례기부금 단체들은 어떻게 되는지?

□ 기부금 구분 체계를 현행 법정·특례·지정기부금 3단계에서 공공·지정기부금 2단계로 개편함에 따라 내년 7월부터＊ 특례기부금은 폐지됨

　＊(향후 일정) 금년 말까지 법률 개정→내년 2월 중순까지 시행령 개정→내년 5월 말까지 해당단체 신청·주무관청 추천·기획재정부 심사→내년 6월 말까지 시행규칙 개정을 통해 지정

□ 이에 따라, 모든 기부금단체는 새로운 분류 기준에 따라 법정기부금 또는 지정 기부금 단체로 재분류됨

• 기존 특례기부금 단체의 대부분은 법정기부금 요건을 충족하여 법정기부금 단체로 될 것으로 예상

　－ 이 경우, 법인 기부금은 소득공제 한도가 50%로 동일하고 개인 기부금은 소득공제 한도가 50%→100%로 확대되는 효과가 발생함

• 다만, 일부 특례기부금 단체는 기부금 모집 실적 등이 크지 않아 지정기부금 단체로 조정될 수 있으나

　－ 내년부터 지정기부금 소득공제 한도가 대폭 확대(개인은 20%→30%, 법인은 5%→10%)됨을 감안할 때, 큰 애로는 없을 것으로 예상

　＊지정기부금의 경우 공제한도를 초과하더라도 5년간 이월하여 공제 가능

III. 저출산·고령화 지원

(1) 다자녀 추가공제 확대(소득법 §51의 2)

출산 장려를 위해 다자녀 추가공제 확대
(2자녀 50만원→100만원, 2자녀 초과 시 1인당 100만원→200만원)

현행	개정안
□ 다자녀 추가공제 • 자녀 2명: 50만원 • 자녀 2인 초과: 1인당 100만원	□ 다자녀 추가공제 확대 • 자녀 2명: 100만원 • 자녀 2인 초과: 1인당 200만원

〈개정이유〉 다자녀 가구에 대한 세제지원 강화

〈적용 시기〉 '11.1.1 이후 발생하는 소득분부터 적용

다자녀 추가공제를 확대할 필요성

□ '09년 우리나라 합계출산율*은 1.15명으로 OECD 국가 중 최하위 수준('08년 OECD 평균: 1.71명, 「2010 OECD 통계연보」)
  * 여성 1명이 평생 동안 낳을 것으로 예상되는 평균 출생아 수
  • 저출산 추세가 지속될 경우 총 인구 및 생산가능인구가 감소하여 경제의 활력을 상실할 우려

□ 특히 2자녀 이상의 출산 감소가 크게 나타나고 있어 2자녀 이상 출산을 유도하는 것이 시급한 상황
  • 2자녀 이상 가구에만 적용되는 다자녀 추가공제를 확대해 출산 여력이 있는 가구의 '다자녀' 유도

(2) 퇴직급여 세제 보완

퇴직연금 및 연금저축 불입액의 소득공제 한도를 확대(300만원→400만원)하여 고령층의 안정적인 노후소득 확보 지원(조특법 §86의 2)

현행	개정안
□ 「퇴직연금＋연금저축」불입액 소득공제 • 한도: 300만원	□ 「퇴직연금＋연금저축」불입액 소득공제 한도 확대 • 한도: 400만원

〈개정이유〉 안정적인 노후소득 확보 및 저축 장려 지원
〈적용 시기〉 '11.1.1 이후 불입하는 분부터 적용

근로자가 받는 퇴직일시금을 퇴직연금으로 전환하도록 유도하기 위해 퇴직일시금에 대한 소득공제한도 축소(45%→40%) (소득법 §48①)

현행	개정안
□ 퇴직소득 정률공제 • 퇴직소득금액의 45%	□ 퇴직소득 정률공제 축소 • 퇴직소득금액의 40%

〈개정이유〉 근로자 퇴직 시 일시금보다 연금 수령방식을 선택하도록 유도
〈적용 시기〉 '11.1.1 이후 개시하는 과세기간에 발생하는 분부터 적용

Ⅳ. 비과세·감면 정비

(1) 배당소득 등에 대한 비과세·감면제도 정비

비과세·감면 정비내용	정비사유
① 장기보유주식 배당소득 비과세제도* 일몰종료 　* 3년 이상 보유한 상장주식으로부터의 배당소득에 대해 액면가 3천만원 이하 자 비과세, 1억 원 이하 자 5% 저율 과세	• 제도의 실효성이 낮은 점을 감안
② 선박펀드 배당소득 과세특례제도 축소*(3억 원→1억 원) 및 일몰연장('10년 말→'13년 말) 　* 개인의 선박펀드 배당소득 중 액면가 3억 원 이하분 5%, 3억 원 초과분 14%로 분리과세→1억 원 이하분 5%, 1억 원 초과분 14%로 분리과세	• 해운산업 경쟁력 강화 지원을 위해 일몰연장 하되, 제도의 실효성에 비해 과도한 감면을 축소
③ 창투조합 등 출자 소득공제제도* 일몰종료 　* 창투조합, 벤처조합, 벤처기업 등에 출자하는 경우 출자 금액의 10%(종합소득의 30% 한도) 소득공제	• 제도의 실효성이 낮고, 창투조합을 통한 주식 등 양도세 비과세와 중복되는 점을 감안
④ 공익기부집합투자기구 배당소득 과세특례제도* 일몰종료 　* 이익을 기부금으로 지출하는 집합투자기구로부터 받은 배당소득 중 일부(지정기부금등/집합투자기구 수익) 비과세	• 이용실적이 없는 점을 감안

○ 장기보유주식 배당소득 과세특례 일몰종료(조특법 §91)

현행	개정안
▫ 3년 이상 장기보유주식 배당소득 분리과세 　• 세율: 액면가액 3천만원 이하 비과세, 1억 원 이하 5% 　• 일몰기한: '10.12.31	▫ 일몰종료

<개정이유> 세제지원의 실효성이 크지 않은 점을 감안

<적용 시기> '11.1.1 이후 지급받는 분부터 적용

○ 선박투자회사 배당소득 과세특례 축소(조특법 §87의 5)

현행	개정안
□ 선박펀드 배당소득 분리과세 • 세율: 액면가액 3억 원 이하분 5%, 3억 원 초과분 14% • 일몰기한: '10.12.31	• 세율: 액면가액 1억 원 이하분 5%, 1억 원 초과분 14% • 일몰연장: '13.12.31

<개정이유> 해운산업 경쟁력 강화 지원을 위해 일몰을 연장하되, 제도의 실효성에 비해 과
도한 감면 축소

<적용 시기> '11.1.1 이후 지급받는 분부터 적용

○ 창투조합 등 출자금 소득공제 일몰종료(조특법 §16)

현행	개정안
□ 창투조합 등 출자금 소득공제 • 공제금액: 출자금액의 10%(종합소득의 30% 한도) • 일몰기한: '10.12.31까지 출자분	□ 일몰종료

<개정이유> 소득공제 제도의 실효성이 크지 않으며, 창투조합을 통한 주식 등 양도세 비과
세와의 중복지원 고려

<적용 시기> '11.1.1 이후 출자·투자하는 분부터 적용

○ 공익기부집합투자기구 과세특례 일몰종료(조특법 §91의 8)

현행	개정안
▫ 공익기부집합투자기구 과세특례 • 과세특례: 기부금으로 지출한 금액 상당액 비과세 • 일몰기한: '10.12.31	▫ 일몰종료

〈개정이유〉 실제 적용사례가 없는 점을 고려

〈적용 시기〉 '11.1.1 이후 발생하는 분부터 적용

○ 재외동포전용 투자신탁 등에 대한 과세특례 일몰종료(조특법 §91의 12)

현행	개정안
▫ 재외동포전용 투자신탁 등에 대한 과세특례 • 세율: 투자금액 1억 원까지 비과세, 1억 원 초과분은 5% • 일몰기한: '10.12.31까지 가입분('12.12.31까지 받는 배당소득)	▫ 일몰종료

〈개정이유〉 외환위기 확산에 대비하여 한시적으로 도입된 제도로서 외환시장 상황이 개선
된 점을 감안

〈적용 시기〉 '11.1.1 이후 가입하는 분부터 적용

(2) 인프라펀드 배당소득 과세특례 일몰연장(조특법 §91의 4)

현행	개정안
▫ 사회기반시설투융자회사 배당소득 분리과세 • 세율: 액면가액 1억 원 이하 5%, 1억 원 초과 14% • 일몰기한: '10.12.31	▫ 일몰연장 : '12.12.31

<개정이유> SOC 투자 활성화 등 지원

<적용 시기> '11.1.1 이후 지급받는 분부터 적용

(3) 기타 비과세·감면제도 정비

비과세·감면 정비내용	정비사유
① 직장공제회 초과반환금 소득세 과세 시 공제금액 축소 (50%→40%)	일반 근로자의 퇴직소득과의 형평을 감안
② 고용유지기업 및 근로자에 대한 소득공제 일몰종료	고용증대세액공제 등 각종 고용지원세제를 신설한 점을 감안

○ 직장공제회 초과반환금 공제금액 축소(소득법 §63)

현행	개정안
▫ 직장공제회 초과반환금 공제 • 초과반환금의 50%+납입연수별 공제금액	▫ 공제금액 축소 • 초과반환금의 40%+납입연수별 공제금액

<개정이유> 일반 근로자의 퇴직소득과의 과세형평성 고려

<적용 시기> '11.1.1 이후 발생하는 분부터 적용

직장공제회 초과반환금에 대한 공제율 축소 이유?

▫ 직장공제회 초과반환금은 퇴직소득과 성격이 유사한 점을 고려하여 퇴직소득과 유사한 방법으로 과세*하고 있으나

* 직장공제회 초과반환금에 대해 정률공제(50%)와 납입연수공제 후 연분연승법(과세표준÷납입연수×기본세율×납입연수) 적용

• 공제율(50%)의 경우 퇴직소득(45%)에 비해 과도한 수준

▫ 금년 세제개편 시 퇴직소득에 대한 공제율을 축소(45%→40%)하는 점을 고려하여 이와 동일한 수준으로 공제율을 조정하려는 것임

V. 기타 과세제도 보완

□ 『노동조합법』에 위반하여 노조전임자 급여 지급 시 비용 불인정

- Time-off 제도 한도를 초과하여 지급된 노조전임자 급여는 위법하게 지급한 경비로서 비용 처리를 불인정

* '10.7.1부터 노조전임자 급여지급은 원칙적으로 위법이나, 예외적으로 사용자와의 교섭, 노조 유지·관리 활동 등을 할 경우 일정(Time-off) 한도 내에서 급여지급 허용

○ 『노조법』에 위반하여 노조전임자 급여 지급 시 손비 부인 및 기타소득으로 과세(법인령 §50①5, 소득법 §21①)

현행	개정안
□법인이 노조전임자등에 임금 지급 시 • 인건비로 하여 손비 인정 　– (신설) □ 노조전임자가 단체협약 등에 의하여 사용자로부터 지급받는 임금은 근로소득으로 과세	• (좌동) 　– 「노동조합법」 제24조에 위반하여 지급 시 손금산입 불허(슈) □ 노조전임자가 「노동조합법」 제24조에 위반하여 사용자로부터 지급받는 임금은 기타소득으로 과세

〈개정이유〉

위법하게 지급된 경비의 손비 부인 근거 명확화

위법하게 지급받은 소득에 대해 기존의 근로소득으로 받던 각종 공제혜택을 배제

〈적용 시기〉

(법인세) '11.1.1 이후 지급하는 분부터 적용

(소득세) '11.1.1이 속하는 과세기간에 발생하는 소득분부터 적용

○ 비영업대금의 이익 과세방법 보완(소득법 §14, §62, §73)

현행	개정안
□ 비영업대금의 이익에 대한 과세방법 • 25% 세율로 원천징수 * 금융소득이 4천만원 이하인 경우 원천징수로 과세절차 종결 〈신설〉	□ 비영업대금의 이익에 대한 과세방법 보완 • (좌동) • 원천징수 되지 않은 비영업대금의 이익은 종합과세

〈개정이유〉 소득세가 원천징수 되지 않은 경우 소득자에게 직접 과세할 수 있도록 개선

〈적용 시기〉 '11.1.1 이후 지급하는 분부터 적용

카르페 디엠 샐리던트 연구모임

카르페 디엠 [carpe diem]
지금 살고 있는 현재 '이 순간에 충실하라'는 뜻의 라틴어

샐리던트 [Saladent]
샐러리맨과 스튜던트의 합성어로 '공부하는 직장인'이라는 뜻의 신조어

카르페 디엠을 모토로 하는 공부하는 직장인들의 연구모임으로 개인자산관리의 주된 관심을 표방하고 투자상담사, APFK 등의 자산관리사 자격 취득을 목표로 개인 역량개발에 노력하고 있으며, 금융자산관리 관련 자격 공부를 하면서 이해하기 어려운 세테크상식을 이해하기 쉽도록 안내하기 위해 본 책자를 발간하게 되었다.

아내가 이끄는

알기쉬운
세테크

초판인쇄 | 2010년 12월 27일
초판발행 | 2010년 12월 27일

엮은이 | 카르페 디엠 샐리던트 연구모임
펴낸이 | 채종준
기 획 | 김남동
아트디렉터 | 양은정
표지디자인 | 이효정

펴낸곳 | 한국학술정보(주)
주 소 | 경기도 파주시 교하읍 문발리 파주출판문화정보산업단지 513-5
전 화 | 031) 908-3181(대표)
팩 스 | 031) 908-3189
홈페이지 | http ://ebook.kstudy.com
E-mail | 출판사업부 publish@kstudy.com
등 록 | 제일산-115호(2000. 6. 19)

ISBN   978-89-268-1819-0 03320 [Paper Book]
         978-89-268-1820-6 08320 [e-Book]

이담
Books 는 한국학술정보(주)의 지식실용서 브랜드입니다.